OS DESAFIOS DO CRESCIMENTO

Celso Pinto

Os desafios do crescimento

2ª edição

Dos militares a Lula

Valor Econômico
PubliFolha

Nota dos Editores

Os 90 artigos desta coletânea constituem uma história do Brasil contemporâneo. É uma história sobretudo econômica, mas a política nacional e a conjuntura internacional não são meras coadjuvantes. Elas compõem o painel que dá sentido à análise da informação econômica, colocando-a em relevo.

Embora sejam anotações feitas para o jornal do dia seguinte, estes textos, lidos em conjunto, ganham dimensão e longevidade. Eles estão separados em blocos, de acordo com o tema dominante. A divisão deve ser entendida como uma sugestão de leitura. Temas como juros, câmbio, inflação e crescimento não são estanques e permeiam os artigos, independentemente do bloco em que foram incluídos.

Os textos são uma amostra do trabalho de Celso Pinto publicado na *Gazeta Mercantil*, na *Folha de S.Paulo* e no *Valor Econômico*. A seleção privilegiou tópicos do debate econômico atual, como a anomalia representada pelos juros brasileiros, a expansão dos gastos públicos e a vulnerabilidade de uma economia dependente de capital estrangeiro. Também estão presentes leituras de momentos decisivos da política econômica nas últimas décadas, caso da renegociação da dívida externa, da criação do Comitê de Política Monetária e do início do regime de metas de inflação – os dois últimos introduzidos nesta edição. Notas de rodapé acrescentam, em benefício do leitor de hoje, o contexto que teria sido desnecessário para o leitor do jornal de dez ou vinte anos atrás.

O primeiro artigo data de agosto de 1984. O último, de maio de 2003, quando a carreira de Celso Pinto foi interrompida por uma parada cardiorrespiratória da qual ele convalesce.

Coordenação do projeto: Publifolha
Edição: Gustavo Patu
Editor-assistente: Rodrigo Villela
Assistência editorial: Adriane Piscitelli
Coordenação de produção gráfica: Soraia Pauli Scarpa
Assistência de produção gráfica: Mariana Metidieri
Capa: Publifolha
Editoração eletrônica: Carla Castilho | Estúdio
Revisão: Luicy Caetano de Oliveira
Índice onomástico: Cacá Mattos

Créditos da 1ª edição
Projeto, coordenação e produção editorial: Letras & Lucros
Edição: Mara Luquet e Oscar Pilagallo
Projeto gráfico: Beto Nejme

Dados Internacionais de Catalogação na Publicação (CIP)
(Câmara Brasileira do Livro, SP, Brasil)

Pinto, Celso
Os desafios do crescimento: Dos militares a Lula / Celso Pinto 2ª ed. – São Paulo : Publifolha, 2009.

ISBN 978-85-7914-005-1

1. Artigos jornalísticos 2. Brasil – Condições econômicas 3. Brasil – História 4. Brasil – Política e governo 5. Pinto, Celso I. Título.

07-9633 CDD-330.981

Índices para catálogo sistemático:
1. Brasil : História econômica : Artigos jornalísticos 330.981

A grafia deste livro segue as regras do **Novo Acordo Ortográfico da Língua Portuguesa.**

PUBLIFOLHA
Divisão de Publicações do Grupo Folha
Al. Barão de Limeira, 401, 6º andar,
CEP 01202-900, São Paulo, SP
Tel.: (11) 3224-2186/2187/2197
www.publifolha.com.br

Sumário

Parte 2 – A questão dos juros

Parte 3 – O fator cambial

Parte 4 – Economia e política

Parte 5 – Planos anti-inflacionários

Apresentação

Um jornalista independente

Liguei para a casa do Celso Pinto em Londres no começo de 1994 para convidá-lo a integrar a equipe econômica responsável pelo Plano Real. O telefonema foi feito em nome da equipe econômica e com a expressa aprovação do então ministro da Fazenda, Fernando Henrique Cardoso. A ideia era ter alguém que pudesse testemunhar e registrar por escrito, dia a dia, reunião a reunião, a formulação e execução do plano de estabilização. Ele não seria a interface com seus pares, nem teria que explicar o plano para ninguém; sua função não teria nada a ver com a de um assessor de imprensa. Seu papel seria outro, singular. Teria acesso irrestrito a todas as discussões e documentos para registrar os prós e contras das várias alternativas, os riscos, o porquê de certas ideias vingarem enquanto outras foram postas de lado. Mais à frente, escreveria um livro mostrando a política econômica por dentro, um relato tanto do que aconteceu quanto do que poderia ter acontecido, um relato tanto das limitações impostas pelas circunstâncias vigentes quanto do horizonte de possibilidades que então se abria.

O convite ao Celso Pinto tinha sido uma unanimidade. Era o melhor jornalista econômico da nossa geração, respeitado e admirado por seus pares; tinha gabarito para acompanhar qualquer discussão econômica, mesmo que crivada de tecnicalidades; sua escrita era clara e fidedigna; ele tinha a confiança de todos.

Celso não aceitou a proposta. A razão, explicou-me, não tinha a ver com a logística, por estar morando em Londres, longe do Brasil há alguns anos, nem tampouco porque desconsiderasse a oportunidade que julgava fascinante, mas porque o envolvimento com o governo, com qualquer governo, afetaria a neutralidade que um jornalista deve ter. Disse que nos desejava boa sorte, que o Plano, se bem-sucedido, seria de extraordinária importância para o país, mas preferia preservar sua independência e ser percebido como um jornalista desvinculado de qualquer projeto político, por melhor que fosse. Só assim, longe de qualquer pecha partisan, poderia assegurar que suas matérias tivessem credibilidade.

Independentemente dos méritos ou deméritos da proposta, a neutralidade a que Celso Pinto se referia sempre lhe rendeu acesso aos responsáveis pela política econômica, assim como aos executivos do mundo financeiro e industrial. Não havia quem se recusasse a falar com ele, por diversas que fossem as extrações e as visões de mundo. Celso tinha, ademais, o charme das pessoas inteligentes; a conversa era agradável, o entrevistado tinha certeza de que tudo o que dissesse seria reproduzido fielmente e que o *off* seria sagradamente respeitado.

Celso Pinto cultivava um estilo próprio. Nas suas matérias não se lê a reconstituição do ambiente em que as entrevistas foram feitas. Não há nenhuma observação sobre a psicologia ou a figura do entrevistado, nem sobre a dinâmica da entrevista, se o entrevistado vacilava diante de uma pergunta inesperada ou se respondia de imediato, se a entrevista foi curta ou longa. Nada mais longe dele do que o Novo Jornalismo. Ele tampouco fazia entrevistas pingue-pongue, perguntas e respostas. Em vez de entrevistar, conversava. Só escrevia quando se assenhoreava do assunto. E sua forma de escrever era característica – frases curtas e articuladas, raciocínio passo a passo, explicação cristalina. O objetivo era transmitir ao leitor o raciocínio das suas fontes, as premissas e informações que utilizavam, para que o leitor pudesse entender o propósito (ou o despropósito) das políticas que viriam a afetá-lo na sua vida cotidiana.

A leitura dos artigos aqui reunidos, uma pequena fração do que ele escreveu, ilustra bem a excelência de seu jornalismo. Neles se revela a obsessão apaixonada com que Celso Pinto seguia os desdobramentos da macroeconomia e os grandes temas do debate nacional. O que o leitor aqui não pode perceber é o impacto de suas matérias. Na sua trajetória pela *Folha de S.Paulo, Gazeta Mercantil* e *Valor Econômico* ele volta e meia escrevia na primeira página do jornal. Fazia sua própria pauta e seu artigo tinha o peso de uma notícia. Nada do que escrevia passava despercebido. Seu senso de disciplina, no entanto, fez com que nunca cruzasse a linha divisória entre o jornalista e o especialista e passasse a emitir opiniões como se macroeconomista fosse. Seu entendimento das questões transparecia de forma apenas oblíqua, na ênfase em determinados assuntos e não em outros, na escolha de quem entrevistava, no tecido das matérias, mas jamais como um comentário idiossincrático. Celso Pinto não se situava na primeira pessoa – em nenhum dos artigos ele aparece como personagem ou cai na tentação de dar um cunho pessoal às matérias que escreve.

Sua carreira como jornalista solo teve uma inflexão decisiva quando foi convidado, pela *Folha* e pelo *Globo*, para ser o editor-chefe de um novo jornal, o *Valor Econômico*. O convite era o reconhecimento de sua competência no jornalismo econômico e, ao mesmo tempo, um extraordinário desafio. Os acionistas deram-lhe carta-branca para escolher o time de colaboradores, definir as linhas-mestras de condução do jornal e tocar o dia-a-dia. Se, de um lado, a carta-branca demonstrava confiança, de outro aumentava a responsabilidade. Poderia continuar escrevendo seus artigos, como de fato o fez, mas agora lhe incumbia também o desenho estratégico e a execução de um plano de negócios do novo jornal.

Conversamos bastante nessa ocasião. Ele tinha uma visão do jornalismo impresso como um filtro de qualidade, tão mais necessário quanto mais informações pudessem ser obtidas pela internet. O jornal serviria para organizar o mundo de informações on-line, no qual a notícia boa convive com a notícia fantasiosa, mal apurada, enviesada, quando não errada por inteiro. O jornalismo impresso atenderia ao interesse público apenas sendo uma imprensa de qualidade e comprometida com a verdade criteriosamente apurada.

Hoje, o *Valor Econômico* se firma como o mais influente jornal de negócios do país. Celso Pinto, infelizmente, foi abrupta e prematuramente forçado a se afastar da vida profissional. Na última vez em que fui à sua casa ele falou meu nome baixinho e sorriu. Um de seus filhos estava lá. Era o Celso aos vinte e poucos anos. A mesma expressão, o mesmo sorriso, o mesmo modo de falar. Fui tomado por um mundo de memórias – Celso tocando jazz no piano, preparando churrascos, estudando sociologia, discutindo política e, surpreendentemente, jogando tênis. Eu sou um gordo ágil, ele dizia.

Que a leitura de seus artigos sirva de inspiração à nova geração de jornalistas e exemplo de uma carreira exemplar.

Persio Arida

Prefácio

Um intérprete do Brasil

Celso Pinto é filho de baiano e gosta de pimenta. No começo dos anos 80, em visita a Londres, foi jantar num restaurante indiano com amigos e escolheu o prato mais condimentado do cardápio. O garçom o aconselhou a mudar de ideia, mas ele sabia o que queria. O garçom insistiu: "O senhor não entendeu, o prato é tão 'quente' que vem direto do inferno." Celso não se abalou. Depois de servi-lo, o garçom ficou de olho. Numa emergência, poderia chamar o Corpo de Bombeiros. Celso provou a comida e não se deu por achado. Sem pestanejar, pediu uma pimentinha extra.

Assim é esse gigante do jornalismo econômico: brincalhão, amante do jazz, do bom vinho e da boa conversa. Sua marca é a independência. Não a que significa qualidades quase impossíveis de definir, como objetividade ou neutralidade, mas a independência que exige a capacidade de desvincular-se das pressões de grupos de interesse, governo e conveniências para recolher, apresentar e analisar notícias.

"Costumo dizer", frisou ele numa entrevista a Fábio Santos em 2000, "que a ética do jornalista não é muito diferente da ética do padeiro, ou seja, entregar o que o cliente quer. No caso, informação confiável. (...) Os nossos compromissos éticos são claros. O compromisso maior de um jornal é com a informação precisa, bem apurada, relevante para a opinião pública."

Sua independência nasce, em boa medida, de uma modéstia que lhe proíbe o orgulho da própria opinião. Em cada um dos artigos desta coletânea, Celso cita suas fontes com precisão, sem nunca se gabar de seu próprio julgamento presente ou passado. Essa mesma modéstia o faz respeitador e tolerante, mas destemido frente a leitores, autoridades e colegas.

Todas as grandes qualidades do jornalista lhe pertencem. A capacidade de perceber o traçado maior por trás de uma história. A convicção de que é um serviço público encontrar a trama dos fatos para contá-la aos leitores. A determinação de distinguir o que é um argumento do que é apenas a defesa de um interesse ou o desejo de persuadir. "Não estamos aqui para dizer que tem mocinho de um lado e bandido de outro, mas para contar a história relevante para o leitor", já comentou com seu jeito alegre.

Ele tomou a sério sua vocação e cultivou os atributos do bom jornalista: curiosidade, mente aberta a novas ideias, persistência e habilidade para fazer e manter os contatos certos. A capacidade de Celso em escutar e peneirar o que lhe disseram economistas de diversos matizes – e o interesse de todos eles em falar com o jornalista que entende suas ideias (e lhes adiciona prestígio, ao difundi-las com precisão) – alimentam os diálogos em que se baseiam os artigos aqui reproduzidos. Celso trata do crescimento e da política com a mesma desenvoltura com que explora as questões dos juros, câmbio, dívida e inflação. A clareza, a fluência e o equilíbrio marcam as colunas aqui reunidas.

Diretor de redação, Celso pôs de pé o *Valor Econômico*, cujo imenso sucesso reflete o espírito, o entusiasmo e a generosidade de seu criador. Como todo jornal de economia e finanças, o *Valor* não podia fugir à missão de dar aos seus leitores a informação que lhes confere uma vantagem competitiva.

Essa é uma velha tradição com raízes nos séculos 15 e 16, quando a família de banqueiros Fugger estabeleceu uma rede de correspondentes pela Europa (veja *Profits and Losses: Business Journalism and Its Role in Society*, de Chris Roush). A família distribuía um folhetim que alertava sua clientela para notícias que poderiam ter impactos comerciais, como a morte de reis e rainhas, a chegada de navios, o movimento da Bolsa de Antuérpia e os destinos da esquadra espanhola.

Com certeza, o jornal de economia moderno, e o *Valor Econômico* em particular, vai muito além de facilitar o lucro imediato do leitor. Sua qualidade se encontra refletida nas colunas e artigos que combinam informação e análise. Clarividentes, as colunas aqui reproduzidas são importante testemunho do desenrolar da história econômica do Brasil.

Situações, fatos e análises se sobrepõem, no texto exato e elucidativo do jornalista, à vontade no ato de escrever. Neste prefácio, escolho uma abordagem quase cronológica para um resumo muito breve.

A economia brasileira aqui retratada começa quando o plano de emergência do então candidato à Presidência da República, Tancredo Neves, adquiria seus primeiros contornos. Acertava-se um programa austero com o FMI e temia-se pela recuperação econômica. O país encontrava-se na fase de absorção dos prejuízos provocados pelos excessos dos anos 70.

Viriam a seguir os anos do governo Sarney, que Celso analisa em detalhe. Ele confere particular atenção à reforma monetária de 1986 e observa que até os economistas da oposição aplaudiram o Plano Cruzado. O sucesso do plano, entretanto, iria depender do equilíbrio fiscal do setor público. Dito e feito. Comprometido o equilíbrio fiscal, a implantação do plano foi um desastre marcado por disputas internas de poder. O resultado foi o que Celso chamou de esfacelamento nas hostes do pensamento econômico não ortodoxo e um novo repique inflacionário.

O livro acompanha passo a passo o roteiro das turbulências da crise externa de US$ 100 bilhões, as negociações com o FMI, e discute as lições de duas moratórias: a voluntária de Dilson Funaro, que Sarney lamentou como o maior equívoco de seu governo, e a de Maílson da Nóbrega. Esta segunda seguiu-se ao malogro de mais um plano anti-inflacionário e foi negociada com o FMI depois de esvaziado o caixa. Mas haja confronto ou negociação, os recursos externos não voltam sem ajuste interno, adverte o autor.

Quando o capital voltou, Celso seguiu suas idas e vindas durante a década de 90 e seus solavancos no princípio do século 21 até o período pré-eleitoral de 2002. Já em fevereiro daquele ano, Celso anunciava o que estava por vir entre agosto e outubro. O perigo não estava em movimentos de mercado que se desfazem com uma boa notícia, mas num refluxo mais prolongado, que pressionaria o câmbio e incendiaria as dúvidas sobre a solvência da dívida pública.

A sequência dos artigos mostra como os problemas se recriam. Já em 1985 o foco recaía sobre a questão dos elementos que prendiam o governo na armadilha do baixo crescimento. "Contar com a apreciação do real frente ao dólar para ajudar a conter a inflação não é uma solução e sim um enorme risco", lembra uma coluna. Celso Pinto foi um dos primeiros jornalistas a romper o silêncio mantido pela imprensa sobre a bomba que se armava com a âncora cambial. Em 2000 voltou ao tema, com uma discussão sobre os perigos do populismo cambial.

Aos políticos convém a inflação baixa com câmbio valorizado, mas o problema é que a valorização prejudica as exportações e o crescimento. Por outro lado, quando a ansiedade em relação à valorização do real frente ao dólar começou a se manifestar em 2003, Celso listou e discutiu as dificuldades implícitas nas propostas para manter uma cotação mais desvalorizada, tais como o aumento de reservas, o controle da entrada de capitais ou um corte da taxa de juros.

Celso é capaz de enxergar contradições e mostrar a colcha de retalhos que é a formulação da política econômica em diferentes períodos. Embora aponte a perda da capacidade do Estado de liderar investimentos, sua mensagem é otimista. Uma ou duas décadas de dificuldades podem exacerbar o pessimismo, que vai ficar fora de moda, ele avisa. Pois um jogo novo multiplica as oportunidades de negócios do capital internacional com o setor produtivo e "não há por que imaginar que o Brasil ficará fora desse jogo". É sua maneira de celebrar a mesma esperança que perpassa os versos de Gilberto Freyre: "Eu ouço as vozes/ eu vejo as cores/ eu sinto os passos/ de outro Brasil que vem aí/ mais tropical/ mais fraternal/ mais brasileiro".

Eliana Cardoso

Os desafios do crescimento

Quanto podemos crescer

Quanto a economia brasileira pode crescer? Oficialmente, 4% ao ano. Na prática, depende do interlocutor que se tenha em Brasília.

A diferença entre o discurso e o que se escuta está no escorregadio território das contas externas. Existem três posições distintas: os que acham que crescer 4% ao ano não vai gerar crise no setor externo, os que acham que vai, e os que acreditam que um buraco maior no setor externo não representa, necessariamente, um problema.

A relação entre crescimento e contas externas é simples de entender. O Brasil tem um déficit na conta externa financeira e de serviços, gerado por pagamento de juros, fretes, etc., alto e difícil de comprimir. Portanto, a variável que determina o tamanho total do buraco externo é a balança comercial: a diferença entre exportações e importações.

Desde a crise do México, em 1994, convencionou-se considerar que os países latino-americanos não deveriam ter déficit em conta corrente (soma do déficit comercial e financeiro) superior a 2,5% a 3% do PIB. No ano passado, o déficit externo brasileiro ficou no limite superior: 3% do PIB.

Para manter o déficit neste nível, a balança comercial precisa ficar equilibrada, ou superavitária. Pode-se conseguir isso aumentando as exportações, reduzindo as importações, ou combinando as duas coisas. Como o crescimento exige mais importações, se a opção for contê-las, o crescimento será menor.

O diretor da Área Externa do Banco Central, Gustavo Franco, está convencido que é possível manter uma taxa de crescimento superior a 4% ao ano. Acha que as exportações crescerão o suficiente, mas, se isso não acontecer, não será o fim do mundo.

Muitos países em desenvolvimento têm déficits em conta corrente superiores a 4% do PIB e conseguem financiá-los sem sobressaltos, costuma argumentar Franco. Como a qualidade dos capitais externos que chegam ao Brasil melhorou, com mais investimentos produtivos de longo prazo, ficou menor o risco de financiar o necessário no exterior.

O ministro da Fazenda, Pedro Malan, é mais cauteloso, como deixou claro numa entrevista recente a esta coluna. Ele está convencido que este ano o Brasil crescerá algo próximo a 4%. Em 97 e 98, a economia deverá crescer mais do que 4%.[1]

Como o crescimento do PIB foi de 4,2% em 93, de 5,8% em 94 e de 4,2% em 95, a média, de 1993 a 1998, ficaria folgadamente acima de 4% ao ano. Não seria desprezível, especialmente considerando, como costuma lembrar Malan, que o crescimento demográfico caiu em cerca de 1 ponto percentual. O crescimento *per capita*, portanto, será mantido, mesmo que a taxa de crescimento do PIB seja, em média, 1 ponto menor do que foi em décadas passadas.

Aos que argumentam que o Brasil deveria crescer no mínimo 7% ao ano, Malan argumenta que, para isso, seria preciso elevar a taxa de poupança interna. A taxa de poupança depende do setor público (eliminando seu déficit), do setor privado e do setor externo (déficits em conta corrente equivalem à absorção de poupança externa).

Ao contrário de Franco, Malan acha que a poupança externa deve ficar contida entre 2,5% e 3% do PIB. Ele acredita que será possível

1 O crescimento foi de 2,15% em 1996, 3,38% em 1997 e 0,04% em 1998.

crescer 4% e manter as contas externas sob controle. Se não for, o governo usará "instrumentos flexíveis" para lidar com o problema.

O ministro José Serra, do Planejamento, tem uma clara preocupação com o desempenho das exportações como condição para sustentar uma taxa de crescimento adequada, como já disse publicamente. Outros economistas do governo são ainda mais céticos: dizem que, nas condições atuais, o país não poderia crescer mais do que 2% a 3% ao ano sem provocar um déficit externo excessivo.

E o que pensa o presidente da República? Até agora, tem ouvido os vários lados e arbitrado, cedendo, pragmaticamente, às diferentes pressões. Enquanto a economia está próxima à estagnação, tudo bem. Quando começar a decolar, ficará mais claro quem tem razão e o presidente terá que sair do muro onde, tucanamente, se acomodou.

Folha de S. Paulo, 2/4/1996

Um crescimento mais uniforme

A crise dos últimos anos atingiu mais o Sul e, em especial, São Paulo. A recuperação do setor industrial deste ano [2000], ao contrário, está beneficiando o país de maneira muito mais uniforme.

O que pode ter alguma implicação política: assim como o mau humor da crise foi exacerbado pela forte deterioração de algumas metrópoles, o bom humor da recuperação pode vir a se espalhar de forma mais equânime.

A constatação é do economista José Roberto Mendonça de Barros, ex-assessor da Fazenda, hoje na consultoria MB Associados. Nos últimos dois anos [1998 e 1999], enquanto a região Sul sofreu uma retração na produção industrial de 3% em 1998 e 0,7% em 1999, o Nordeste registrou um crescimento de 2,5% e 2,3%. São Paulo e Rio Grande do Sul foram os Estados mais castigados: quedas de 3,7% e 3,6%, em 1998, e de 2,1% e 1,3%, em 1999.

Já neste ano e no próximo [2000 e 2001], pelas projeções da MB, a indústria no Nordeste deve crescer 4,5% e 5,8%, enquanto no Sul cresceria 4,6% e 5,9%, taxas quase idênticas. São Paulo lideraria, com 6,9% este ano e 7,3% no próximo. Não ficaria, contudo, tão distante de outros grandes Estados, como o Rio (6,2% e 6,9%), Minas (5,8% e 6,4%) e Rio Grande do Sul (5,1% e 6%).

A razão para o desequilíbrio anterior é que os setores industriais foram afetados de forma diferenciada. A indústria extrativa mineral (leia-se: petróleo), por exemplo, atravessou a retração de 1998 e 1999 crescendo espantosos 12,4% e 9,1%, ajudando a manter o crescimento industrial no Rio (2,4% em 1998 e 2,3% em 1999). Enquanto isso, a indústria de material de transporte (liderada pelos automóveis) despencava 15,2% e 5,1% em 1998 e 1999, afetando fortemente São Paulo. Além disso, algumas indústrias tradicionais do Sul se deslocaram para o Nordeste para ganhar competitividade.

Dessa vez, numa lista de 20 setores industriais do IBGE, a MB projeta queda apenas para cinco setores este ano: couros e peles (-4,4%), farmacêutica (-6,5%), produtos de matérias plásticas (-2,5%), produtos alimentares (-1,5%) e fumo (-0,2%). No próximo ano, apenas fumo teria uma pequena retração, de 0,2%; os outros 19 setores devem crescer. Alguns setores terão recuperação mais forte, até porque caíram mais nos últimos anos, como o setor de material de transporte (17,9% este ano e 10,6% no próximo).

A indústria responde apenas por cerca de um terço do Produto Interno Bruto (PIB), mas ainda é a mola propulsora do crescimento. Boa parte do crescimento do setor de serviços, que forma cerca de 60% do PIB e gera mais empregos, depende do dinamismo do setor industrial. Ou seja, direta e indiretamente, o bem-estar e os empregos têm a ver com a indústria.

Ou o mal-estar. A retração dos últimos anos atingiu duramente grandes metrópoles, como São Paulo, que são importantes centros formadores de opinião. Mesmo que algumas regiões, como o Nordeste, continuassem a crescer, o impacto da crise acabou definido pelo Sul.

Se esse maior equilíbrio regional ajuda, algum desequilíbrio entre setores também pode ajudar, de outra forma. O crescimento recente tem sido liderado pelos setores de bens de capital e de bens de consumo duráveis. Com a ajuda de quatro fatores: a retomada dos investimentos, o aumento das exportações, a substituição de importações e a recomposição do crédito. No miniciclo de crescimento de 1994 e 1995, a liderança veio do consumo interno, impulsionado pelo aumento da massa de rendimentos e pela baixa da inflação. Foi abortado pelo estrago que provocou nas contas externas, via aumento das importações, e pela pressão inflacionária.

A sequência, dessa vez, é muito mais sustentável, como tem argumentado o secretário de política econômica da Fazenda, Edward Amadeo. Bens de capital e bens de consumo duráveis são dois setores onde ainda existe razoável espaço para crescer usando a capacidade instalada, sem pressionar os preços.

São também dois setores que foram bastante beneficiados pela substituição de importações. De janeiro a julho deste ano, em comparação com o mesmo período de 1999, a produção de bens de capital subiu 9,4%, enquanto as importações caíram 11,5%. No setor de bens de consumo duráveis, a produção cresceu 21,8% e as importações caíram 18,8%.

Existe um gargalo no setor de bens intermediários. A produção cresceu 7,9%, mas as importações cresceram muito mais, 31,5%. A razão, diz Amadeo, é que a capacidade ociosa é muito menor. O atenuante é que este é um setor tradicionalmente mais aberto a importações. É de onde vem a pressão de importação neste ano. Se a balança não reagir, poderá afetar o crescimento, mas, a curto prazo, é uma pressão que pode ser absorvida pela abundância de financiamento e investimento externos.

O que ainda não decolou foi o consumo interno e isso explica por que a produção de bens de consumo não duráveis caiu 1,2% de janeiro a julho (e as importações caíram 2,3%). O rendimento médio real mal começou a crescer e ainda está longe dos picos de 1997 e 1998. O desemprego caiu, mas ainda é alto em termos históricos. Tudo isso atrasa a retomada do consumo interno e uma maior sensação de bem-estar, mas ajuda a dar mais consistência à retomada do crescimento.

Valor Econômico e *Folha de S.Paulo*, 28/9/2000.

Inflação e emprego, uma rima difícil

Até junho [de 2001], o Ministério da Fazenda terá que tomar uma decisão delicada. Além de definir a meta para a inflação no primeiro ano da administração do futuro presidente, em 2003, irá sinalizar um piso para o nível de preços.

Por enquanto, o regime de metas inflacionárias seguiu o bom senso. Criado em julho de 1999, quando a expectativa era de uma inflação de 20%, puxada pela desvalorização cambial, optou-se por um saudável gradualismo: 8% de inflação em 1999, caindo para 6% em 2000 e 4% neste ano.

Na época, a Fazenda e o BC foram criticados por alguns afoitos por "acomodar" uma inflação alta demais. Em retrospecto, foi uma decisão acertada. A coordenação das expectativas permitiu atingir as metas e seu gradualismo abriu espaço para algum crescimento em 1999 e uma expansão mais sólida, de 4,2%, no ano passado.

Ao fixar a meta para 2002, o BC voltou a ser cauteloso. A meta de 3,5% representa um ganho pequeno em relação aos 4% deste ano, mas é prudente para um ano eleitoral.

A meta para 2003 é mais complicada. Fixa um compromisso para um presidente desconhecido. O futuro presidente sempre pode mudar a meta, mas, se o fizer, pagará um preço alto em termos de credibilidade. De outro lado, a meta para 2003 embute, de alguma forma, uma visão sobre o que é desejável, a médio prazo, em termos de nível de inflação para o país. Não é uma questão trivial.

A Fazenda lembra que existe um compromisso firmado pelo Brasil, no âmbito do Mercosul, válido até 2005, de uma inflação não superior a 5%. No sistema atual de metas, que permite uma oscilação de até 2 pontos percentuais para cima e para baixo, os 5% equivaleriam a uma meta "central" de até 3%. Para depois de 2005, o Mercosul quer ter calculado um "núcleo de inflação", um indicador de tendência de preços expurgado da variação de preços sujeitos a oscilações cíclicas, como energia e alimentos.

Claramente, este governo [o de FHC] acha sensata uma transição para um regime de meta inflacionária que use o "núcleo" como meta. Tecnicamente, faz sentido. Até chegar lá, contudo, o país terá de escolher que piso de inflação quer usar. Ou se, a exemplo de outros países, prefere sair da meta central atual para uma faixa de oscilação de preços.

Quem acha que o objetivo ideal para a inflação é chegar a zero, quando possível, nada contra a corrente internacional. Existem imperfeições na medição de preços. Nos Estados Unidos, calcula-se que uma inflação que marque pouco mais de 1% equivale, na verdade, a preços estáveis. Além disso, um pouco de inflação, na visão de muitos economistas, ajuda a "lubrificar" o sistema. Por exemplo: se houver deflação, haverá resistências dos trabalhadores em aceitar uma redução nos salários nominais. Se a inflação for de 3% ou 4%, pode haver margem até para alguma redução de salários reais, se o ciclo econômico assim o exigir.

Mas qual o nível ótimo? Uma resposta interessante vem do Canadá. O professor Pierre Fortin, da Universidade de Quebec em Montreal, um dos mais respeitados especialistas em política monetária do país, acha que uma inflação inferior a 3%, no Canadá, aumenta o desemprego e não traz ganhos em eficiência (*Inflation Targeting: the Three Percent Solution* – www.irpp.org).

O BC canadense tem usado como meta uma inflação de 1,5% a 3%. Nos últimos nove anos, a inflação ficou em 1,5% ao ano. Em compensação, o desemprego médio anual, de 1991 a 2000, foi muito alto – 9,4% – e o crescimento médio anual ficou longe de ser brilhante, em 2,9%.

Os bancos centrais operam na crença de que existe um nível "natural" de desemprego, compatível com o máximo de crescimento possível com um mínimo de inflação. A política monetária, via aumento dos juros, pode reduzir a inflação à custa de algum aumento do desemprego, mas ele é temporário. Qualquer tentativa de reduzir o desemprego abaixo do nível natural, contudo, levará apenas a mais inflação. E mais inflação, na crença dos BCs, é sinônimo de mais ineficiência – e, portanto, de menos crescimento.

Fortin questiona todos os três pontos. Ele lembra que as pesquisas econômicas (como a de Robert Barro) são capazes apenas de provar que países com inflação acima de 15% crescem menos. Abaixo desse nível, as pesquisas são inconclusivas ou discutíveis.

Além disso, ele questiona a teoria por trás do nível natural de desemprego. Ele calcula o nível natural de desemprego no Canadá e conclui que, se a teoria funcionasse, a inflação canadense nos anos 90 teria caído 9,7% e não ficado estável em 1,5%. A diferença se explica, diz ele, porque, ao contrário do que diz a teoria, abaixo de um certo nível "ótimo" de inflação (que ele define como 3%), só se reduzem os preços à custa da criação permanente e não temporária de mais desemprego. Para trazer a inflação a zero, ele calcula que o desemprego teria de chegar a 10%, bem mais do que os 6,8% do ano passado.

Com 3% de inflação, pelo seu modelo, o nível de desemprego é o menor possível: 5,3%. Acima de 3% de inflação ele sobe, e acima de 6,5% não se consegue gerar mais empregos, só mais inflação, mais ineficiência e menos crescimento.

Em suma, o ideal, no caso do Canadá, seria o BC buscar uma inflação entre 2% e 4% e não entre 1,5% e 3%, como fez na última década, elevando inutilmente o desemprego.

O debate entre os economistas nessa área é interminável e o que se sabe sobre a relação entre inflação e desemprego é que ela é "inexorável e misteriosa", na definição de Gregory Mankiw (*The Inexorable and Mysterious Tradeoff between Inflation and Unemployment* – www.nber.org/papers/w7884).

Mesmo que Fortin tenha razão, não quer dizer que os cálculos para o Brasil sejam os mesmos. Se a decisão é atrelar o futuro a uma meta inflacionária, contudo, é bom que haja uma discussão ampla, geral e irrestrita.

Valor Econômico e *Folha de S.Paulo*, 8/3/2001.

O desafio de crescer sem capital

Mercado de capitais é o tipo de tema, no Brasil, em que há consenso a favor e convergência sobre o diagnóstico, mas pouquíssima ação na direção de soluções. Enquanto elas não chegam, o panorama é, em algumas áreas, desolador.

O economista Carlos Antonio Rocca há cinco anos [desde 1997] tem feito trabalhos extensos sobre o tema. Uma pesquisa recém-concluída, que acaba de se transformar em livro (*Soluções para o Desenvolvimento do Mercado de Capitais Brasileiro*, Estudos Ibmec 1), é uma radiografia preocupante.

A razão principal para se ter um mercado de capitais forte é simples. O Estado perdeu, há tempos, capacidade de liderar investimentos. O financiamento externo, que sustentou o ciclo recente, bateu em limites sérios. Sem um mercado de capitais forte, é difícil imaginar crescimento sustentável de longo prazo. Pesquisas indicam que ter um mercado de capitais forte e um sistema bancário eficiente acelera a taxa de crescimento econômico.

E como estamos? Mal, em quase todos os quesitos. O crédito é irrelevante (30% do PIB). A capitalização acionária tem variado entre 25% e 40% do PIB (comparado a 75% no Chile, 50% a 60% na Europa e 150% nos EUA). Os títulos de dívida privada representam menos de 4% do PIB (em 1997), comparado a 59% nos Estados Unidos (em 1995).

O custo dos empréstimos tem sido superior à taxa de retorno das empresas. Entre as abertas, o custo de capital de terceiros varia entre 23% e 35%, mas só 13,5% das empresas têm taxa de retorno dos ativos superior a 15%.

A capitalização da Bolsa estagnou desde a segunda metade dos anos 90. O volume negociado caiu de 22% do PIB, em 1998, para 16%, em 2000. As emissões primárias de ações, entre 1994 e 1999, significaram apenas entre 0,7% e 2,2% da formação bruta de capital fixo das empresas. Entre 52 países, o Brasil ocupava o número 45 no volume de emissões primárias em 1996.

Pesquisas indicam que as duas vantagens principais em emitir ações são a liquidez para os acionistas e a captação de novos recursos. Pouquíssimas empresas abertas têm acesso a esses benefícios. Várias pesquisas mostram um mercado altamente concentrado, com baixa liquidez e baixa valorização. O número de empresas abertas está em forte queda desde 1980.

O custo das empresas abertas para se financiarem, embora alto, é menor do que o das empresas fechadas. No entanto, o acesso tanto ao mercado de capitais quanto aos bancos é quase exclusivo das grandes empresas. E a concentração aumenta: as emissões primárias de ações caíram de 25 (média de US$ 33,6 milhões por emissão), em 1993, para 10 (média de US$ 145 milhões) em 1999. Emitir ações nos Estados Unidos, via ADRs,[2] traz vantagens em termos de custo de capital, liquidez e volatilidade, razão para a corrida para este mercado, em detrimento da Bolsa de São Paulo. A propriedade e o poder de voto nas empresas abertas, no Brasil, são altamente concentrados.

O mercado secundário de papéis de renda fixa emitidos por empresas representava irrisórios 2,6% do PIB, em março de 2000

2 ADRs (American Depositary Receipts) são títulos emitidos por bancos norte-americanos com lastro em papéis de empresas brasileiras.

(comparado a 60% nos Estados Unidos) e as emissões primárias são insignificantes. A carteira dos investidores institucionais tem crescido muito (de menos de 20% do PIB em 1996 para 33% em 2001), mas 58% dela se concentram em títulos públicos e só 7,8% em títulos privados.

Frente a este panorama, o diagnóstico de Rocca ataca em várias direções. É preciso baixar o custo de capital. No caso dos juros, isso depende da consistência macroeconômica. No caso das ações, pesquisas provam que baixa proteção a minoritários inibe mercados e eleva os custos de capital das empresas. A proteção aos minoritários envolve três aspectos: a governança corporativa (conjunto de regras e leis), a transparência e a garantia de aplicação da lei. Nos três quesitos nosso mercado de capitais vai mal.

Daria para melhorar? Rocca diz que sim, e lembra o caso da Alemanha com seu Novo Mercado (*Neuer Markt*). Era um país com baixa proteção a minoritários, princípios contábeis ruins e mercado acionário menos desenvolvido do que em outros países ricos. O Novo Mercado aumentou a proteção e o número de emissões cresceu de 8 ao ano (entre 1949 e 1996) para 140, em 1999. Mais de 200 empresas entraram no Novo Mercado e viabilizaram-se operações de *venture capital*.[3]

A proteção a minoritários no Brasil é mínima (índice da Merrill Lynch dá 12 para os EUA e 5 para o Brasil), a transparência é baixa (entre 41 países, o Brasil só ganha de 9) e a aplicação das leis é limitada (entre 49 países, o Brasil ocupa o posto 42). Uma pesquisa mostra que as empresas perdem 20% do valor pela fragilidade dos direitos aos minoritários. Investidores institucionais externos pagariam até 23% mais por ações no Brasil se as empresas seguissem padrões mundiais de boa governança.

Outro ponto importante, já descoberto por Rocca em pesquisas anteriores, é que empresas abertas pagam mais impostos que as fechadas, até porque é mais difícil sonegar, o que dificulta

3 Capital de risco – é o investimento em empresas com grande potencial de crescimento, visando rentabilidade acima das alternativas disponíveis no mercado financeiro em virtude da maior exposição ao risco.

a concorrência e inibe a abertura de capital. Além disso, os altos custos de transação na Bolsa e o impacto da CPMF são fortes desestímulos ao mercado.

Rocca faz um inventário das medidas recentes favoráveis ao desenvolvimento do mercado de capitais e lista uma série de sugestões. Não existe mágica. A discriminação contra empresas abertas seria reduzida com uma ampla reforma tributária. Custos poderiam ser reduzidos por tributação adequada ao mercado acionário e eliminação da CPMF.

Melhor governança, mais proteção aos acionistas, mais equidade no direito a voto e melhores padrões contábeis são pontos que tiveram avanços recentes, mas ainda estão longe de padrões ideais. Foi positiva a criação do Novo Mercado, mas inúmeras outras medidas continuam esbarrando em interesses localizados.

Valor Econômico e *Folha de S.Paulo,* 6/12/2001.

O perigo de se levar o IGP a sério

A inflação medida pelo IGP-M chegou a 3,9% em outubro [de 2002], acumulando 14,8% no ano e 16,3% em doze meses. A média do IGP-M dos últimos três meses, anualizada, chegou a 40,3%. O Índice de Preços por Atacado (IPA), um dos componentes do IGP, teve comportamento ainda mais assustador. O IPA-M[4] de outubro foi de 5,6%, acumulou 19,9% no ano, 21,3% em doze meses e no último trimestre, anualizado, bateu em incríveis 61,5%.

Não é por acaso que está havendo uma corrida aos papéis indexados ao IGP, a começar pelos federais. Não é por acaso, também, que começam a reavivar velhas discussões sobre o potencial explosivo da inflação do IGP. A exemplo do que ocorreu depois da máxi de 1999, há quem veja na disparada dos preços por atacado o prenúncio da disparada dos preços no varejo. A velha teoria de que o IPCA estaria "grávido" do IPA.

Faz sentido? Ricardo Braule Pinto, economista especialista em índices de preços, brigou muito, em 1999, contra o destaque dado ao IGP e a esdrúxula teoria da gravidez, e volta à carga agora.

4 Índice de Preços por Atacado Médio

Seus argumentos são que o IGP e, em especial, o IPA, são índices tecnicamente ruins, que misturam bananas com laranjas. As mesmas razões que fizeram a teoria da gravidez do IPCA virar pó em 1999 continuam de pé hoje. Quem quiser falar de inflação é melhor olhar o que está acontecendo com o IPCA: é preocupante, mas não fora de controle (7,9% em doze meses até setembro).

O IGP é a média ponderada de três índices: o IPA, com peso 6, o custo de vida, com peso 3, e a construção civil, com peso 1. Isso não o torna melhor, por ser mais abrangente, argumenta Braule. A inflação atinge agentes de forma diferente e o que faz sentido é olhar o que ocorre com um conjunto de agentes com características comuns, não misturar tudo. Um índice deve escolher entre medir os preços do lado dos que vendem ou dos que compram, ou seja, dos que causam ou sofrem a inflação. Faz sentido um índice ao consumidor que mede a inflação sofrida pelas famílias, ou um índice de venda que mede, por exemplo, a inflação dos preços dos automóveis.

O IPA, lembra, mistura preços de quem ao mesmo tempo sofre e gera inflação (exemplo: montadoras e autopeças), tornando impossível saber de quem é a inflação, ou o que é "atacado". Além disso, o IPA se baseia em listas de preços. É óbvio que o preço final resulta de negociações. Em momentos de incertezas, como o atual, as listas tendem a ser infladas e o preço final efetivo tende a ser muito menor.

Os produtos no IPA sofrem múltiplas contagens: um aumento no aço aparece em toda a cadeia: autopeças, veículos etc. De outro lado, aumentos da matéria-prima continuam a aparecer no IGP, mesmo que ele não tenha sido repassado na cadeia produtiva. Outro argumento: o IPA capta o preço "cheio" e não ponderado pelos dias em que ele incidiu no mês, como outros índices, ampliando a volatilidade.

No caso dos preços agrícolas, quando há forte alta ou queda no atacado, o comércio tende a suavizar no varejo, atenuando a alta e compensando ao não repassar inteiramente a baixa. O IPA agrícola, portanto, tende a elevar a volatilidade.

Por tudo isso, diz, aumentos no atacado não se transferem com o mesmo peso para o varejo. Nos Estados Unidos, existem três índices de inflação apurados conforme o estágio de processamento: bens finais, insumos intermediários e insumos básicos. Eles são mantidos independentes, para evitar contagens múltiplas, e não são agregados, como no IGP. O índice de preços ao produtor, o IPP, é o que mede os preços de bens finais, sazonalmente ajustados.

Apesar de tanta fragilidade, o IGP-M é patrocinado pelo mercado financeiro e ganha manchetes quando dispara na frente do IPCA, puxado pelo câmbio. Mesmo que a experiência, desde 1999, mostre que só de 14% a 16% da alta do câmbio tenda a se refletir no IPCA, em doze meses, muito longe do que ocorre com o IGP.

Valor Econômico e *Folha de S.Paulo*, 7/11/2002.

Os dilemas da indústria em 2003

Uma questão importante tem preocupado os empresários. A indústria brasileira tem exportado como nunca, só que há pouca capacidade ociosa produtiva em alguns setores básicos. Isso significa que uma retomada mais razoável de crescimento poderá esbarrar em alguma piora da balança, em pressão inflacionária, ou, o mais provável, numa combinação das duas coisas.

Em outros termos, o país vai pagar um preço pelo extraordinário ajuste externo que está fazendo. O preço inflacionário já começou a ser pago. É efeito do impacto da desvalorização cambial, mas também da resistência das empresas em absorver aumento de custos reduzindo suas margens de lucro. Ao contrário do que aconteceu na máxi de 1999, hoje as margens estão muito mais estreitas. E a "dolarização" dos preços, pelo sucesso nas exportações, é mais abrangente.

Ivoncy Ioschpe, presidente do Iedi[5], instituto de pesquisa mantido por 45 grandes grupos nacionais, diz que a situação atual lembra o período do ex-presidente Geisel, em meados dos anos

5 Instituto de Estudos para o Desenvolvimento Industrial

70, quando foi preciso um grande plano nacional para estimular a indústria de base. "O país não aumentou sua indústria de base nos últimos anos", argumenta. "Ela é mais eficiente, mas há estrangulamentos na oferta em áreas como siderurgia, petroquímica e papel e celulose, o que leva a pressões inflacionárias." Como investimentos levam de dois a três anos para amadurecer, ele acha que o BNDES deveria começar, já, um programa de coordenação de investimentos nesses setores.

Júlio Sérgio Gomes de Almeida, diretor-executivo do Iedi, lembra que uma pesquisa do instituto com 80 grandes empresas nacionais e 85 grandes estrangeiras mostrou que o coeficiente de exportação nesse grupo subiu de 13%, em 1989, para 16% em 1997, e 18% em 2000. Em 2003, deve chegar a uns 25% e caminha para 30%. É exatamente o que o país precisa para ajustar suas contas externas, mas não é uma mudança indolor.

Ele prefere lembrar o paralelo do início dos anos 80, quando maxidesvalorizações geraram mega-superávits na balança, mas fizeram a inflação saltar de 50% para 100% ao ano. É preciso aumentar a capacidade produtiva, especialmente em insumos básicos. Não via incentivos, diz, mas com planos setoriais e apoio creditício do BNDES.

A exportação, hoje, atrai pelas margens proporcionadas pelo câmbio. No entanto, é bom lembrar que 75% ou mais da produção dessas grandes empresas se destinam ao mercado interno. Investimentos virão, se houver perspectivas positivas de crescimento no mercado interno, e não apenas um câmbio vantajoso. Portanto, argumenta Almeida, não dá para tentar controlar a forte pressão inflacionária que esse ajuste implica apenas com juros altos e recessão. É preciso dosar o controle inflacionário com a preservação de algum crescimento interno que estimule investimentos.

A baixa capacidade não é generalizada. O setor de bens de consumo, pelos dados da FGV, está utilizando apenas 78% de sua capacidade. Dois anos de massa salarial em baixa, desemprego em alta e crescimento medíocre deixaram indústrias inteiras, como a automobilística, operando muito abaixo da capacidade. Nessa área, diz, aguenta-se dois anos de crescimento mais forte sem problemas. A capacidade utilizada de bens de capital é ainda menor, 69%, graças à queda dos investimentos. A da indústria de transformação é de 80%.

Quando se olha alguns setores específicos, a história é outra. Metalurgia está operando a 89% da capacidade; papel e papelão, a 93%; química, a 85%; borracha, a 88%; vestuário e calçados, a 87%. São setores que precisam de investimentos e que, em alguns casos, não conseguiriam manter um crescimento das exportações e atender ao mercado interno se o crescimento voltasse com alguma força.

Entre os setores onde sobra capacidade instalada, o caso mais sério é o de material elétrico e comunicações, que usa hoje só 60% da capacidade. Nesse caso, lembra, dois fatores são importantes: o impacto do apagão do ano passado [2001] e o fim do *boom* dos investimentos em telecomunicações. Caiu a produção interna e caíram as importações. A queda nas importações de material elétrico e eletroeletrônico explica 30% da redução total das importações este ano.

Na verdade, quatro ou cinco itens explicam 60% da queda das importações, o que, na visão de Almeida, sugere que nem toda queda de importações reflete um processo mais duradouro de substituição de importações. Em alguns casos, há desvios de mercado que a retomada de crescimento pode alterar.

Deixar os setores que estão exportando mais aproveitar a dolarização de seus preços para aumentar margens no mercado interno pressiona a inflação. Mas melhora a lucratividade. E, num país onde o mercado de capitais quase inexiste, os recursos próprios continuam sendo a maior fonte das empresas para investimentos. Outra vez, há um dilema. Quanto mais duras a política monetária e a recessão, menor a pressão inflacionária, pela compressão da margem de lucro. Mas também menores serão os investimentos.

Enfim, são dilemas que qualquer partido que ganhasse as eleições teria de enfrentar em 2003. É preciso manter o estímulo de longo prazo para o ajuste externo, mas é crucial impedir um descontrole inflacionário. O Estado pode ajudar a coordenar e estimular investimentos, mas não pode, nem deve, repetir esquemas paternalistas de incentivos do passado.

Valor Econômico e *Folha de S.Paulo,* 28/11/2002.

Heranças boas e ruins para o PIB

O Banco Central insiste que o PIB deste ano [2003] vai crescer 2,8%. As projeções do mercado, medidas pelo BC, apostam que a economia não crescerá mais do que 2%. Algumas consultorias e bancos trabalham com um cenário que repetiria o ano passado, com crescimento de 1,5%.

É difícil saber, a esta altura [em meados de março], quem tem razão. Mas vale a pena lembrar uma questão estatística que fará alguma diferença no resultado final. No ano passado, a economia brasileira começou o ano correndo atrás de um prejuízo estatístico no PIB; neste ano, dá a largada com um lucro.

O PIB do ano é o resultado da comparação entre a média do crescimento de um ano e a média do crescimento do ano anterior. Se a economia crescer de forma regular, cada trimestre avançando em ritmo semelhante ao do anterior, a média ficará abaixo do final do ano. Isso quer dizer que se a economia, no ano seguinte, não crescer nada em relação ao último trimestre do ano anterior, mesmo assim registrará algum crescimento estatístico, resultado da comparação da média em relação à média do ano anterior.

Em outros termos, haverá uma herança estatística (*carry-over*) positiva. Se, ao contrário, a economia for caindo ao longo do ano, a média ficará acima do número final. Portanto, parte do crescimento do ano seguinte servirá apenas para alcançar o ponto médio do ano anterior. O *carry-over* será negativo.

O ano passado [2002] foi um exemplo de herança estatística negativa. O ano de 2001 começou com forte crescimento no primeiro trimestre, seguido de decréscimos nos três trimestres seguintes, com as crises do apagão, da Argentina e do atentado em Nova York. Houve um *carry-over* negativo de 0,62% no cálculo do Banco Boreal.

O impacto foi significativo. Ao longo de 2002, o PIB cresceu, trimestre contra trimestre anterior: 0,8%, 0,8%, 0,9% e 0,7%. A soma desse crescimento, na margem, chega a 3,2%, um resultado expressivo para um ano com fortíssima desvalorização cambial, escassez de dólares e incertezas eleitorais. No entanto, o número oficial de crescimento do PIB foi de 1,5%, resultado da comparação da média do crescimento de 2002 com a média do crescimento de 2001.

Neste ano, a situação é exatamente a inversa. Como no ano passado o crescimento foi regular, a herança estatística é positiva em 1,2%, calcula Eduardo Marques, do Boreal. Isso quer dizer o seguinte: se a economia, em 2003, ficar absolutamente estagnada em relação ao nível do último trimestre do ano passado, o resultado do PIB não será zero, e sim uma expansão de 1,2%, quase tão forte quanto a do ano passado. Colocando de outra forma: para que o PIB crescesse zero neste ano, ele teria de cair, na margem, 1,9%, no cálculo de Marques.

É claro que o *carry-over* ajudará a evitar resultados estatísticos muito ruins para o PIB este ano, mas não garantirá, por si só, um bom crescimento real. Nesse sentido, é interessante olhar o que explicou a expansão em 2002, apesar da dramaticidade do ajuste feito pelo país.

Uma maneira interessante de analisar, como sugere Andrei Spacov, do Unibanco, é ver o que ocorreu com o PIB pelo lado da demanda. Os investimentos caíram 4,1%, o consumo caiu 0,7% e os gastos do governo cresceram apenas 1%. Quem sustentou, de fato, a demanda foi o resultado líquido do comércio exterior: as exportações cresceram 7,8% e as importações caíram 12,8%. Enquanto consumo, investimento e gastos do governo, em conjunto, puxaram o PIB para baixo em 1,3%, o resultado líquido do comércio exterior puxou para cima em 2,8%, garantindo a expansão de 1,5% do PIB no ano.

Uma lição importante, lembra Spacov, é que isso só foi possível graças ao câmbio flutuante, que permitiu que um ajuste brutal das contas externas, como o ocorrido no ano passado, fosse feito junto com algum crescimento gerado pelas exportações. Se o câmbio ainda fosse controlado, como no primeiro mandato de FHC, a crise externa teria de ser absorvida por uma fortíssima retração na demanda, que reduzisse o déficit em conta corrente.

O problema, em relação a este ano, é que a contribuição do comércio exterior não deve ser tão forte. Menos pelo lado da expansão das exportações, que vai muito bem, do que pelo espaço que ainda existe para redução nas importações. Pelo lado do consumo, as perspectivas são muito ruins, dado o alto desemprego e a queda dos rendimentos reais, especialmente pelo impacto inflacionário. Os investimentos podem melhorar um pouco, mas os gastos do governo estão contidos pelo esforço fiscal. Em suma, afora a ajuda da herança estatística, ainda sobram dúvidas sobre de onde virá o crescimento real em 2003.

Valor Econômico e *Folha de S.Paulo,* 13/3/2003.

Um teste para a política industrial

A indústria química responde por 13% do PIB industrial; é o segundo maior setor industrial do país, com 4.500 empresas, depois de alimentos e antes de petróleo e automóveis. Em 1990, o setor tinha um déficit comercial de US$ 1,2 bilhão; no ano passado [2002], ele foi de US$ 6,3 bilhões, nas contas do setor. Nos próximos cinco anos, o déficit pode subir para algo entre US$ 16 bilhões e US$ 20 bilhões. Nos últimos cinco anos, a rentabilidade média foi de apenas 2,8%.

Por isso mesmo, o setor químico, junto com o eletroeletrônico, foi o exemplo citado em dez entre dez estudos feitos por economistas do PT, ou ligados a ele, como candidato preferencial a uma política industrial ativa, que turbine os investimentos e substitua importações. Um estudo do Iedi, instituto financiado pela indústria, prevê que o setor, que já ocupa 84% da capacidade instalada, chegue na casa crítica dos 90%, se for mantido algum crescimento dos mercados interno e externo.

Política industrial ativa e substituição de importações, contudo, são daquelas ideias consensuais do PT, antes da posse, que, até agora, não deram sinal de vida. Supõe-se que elas ainda estejam de pé, mas não em todos os ministérios. Na Fazenda, o secretário de Política Econômica, Marcos Lisboa, é coautor da "Agenda Perdida", onde se diz: "O tamanho do déficit comercial de um setor particular de forma alguma é um critério adequado para a adoção de políticas industriais." Está dito, ainda, que "no caso de setores intermediários, a adoção de proteção tarifária é negativa para os setores posteriores da cadeia produtiva". A Agenda rejeita políticas que impliquem transferência de recursos a setores, subsídio e proteção, mas aplaude políticas "horizontais" de estímulo à tecnologia e à redução do custo Brasil.

Os empresários, é claro, estão se mexendo. O Iedi pediu ao presidente Lula um programa emergencial de US$ 10 bilhões para superar gargalos em setores básicos. O setor químico, por sua vez, encomendou à consultoria Booz-Allen, junto com a Abiquim [Associação Brasileira da Indústria Química], uma radiografia do setor e entregou ao ministro do Desenvolvimento, Luiz Furlan, há duas semanas [meados de fevereiro de 2003]. O ministro prometeu designar um assessor para trabalhar na questão.

A principal conclusão do estudo é que, se nada mudar, em cinco anos o déficit externo do setor químico pode chegar até a US$ 20 bilhões, as importações saltariam de 27% do consumo aparente para até 40%, e os investimentos cairiam de 5% do faturamento para 2% a 3%. O Brasil é a nono maior produtor químico mundial, mas, com baixa rentabilidade e poucos investimentos, "progressivamente se verifica o sucateamento da indústria".

Por que simplesmente não importar? Guilherme Duque Estrada, vice-presidente executivo da Abiquim, lembra três razões: muitos insumos não são *commodities* e são difíceis de encontrar; nenhum país emergente importante prescinde de uma indústria de base forte; e não dá para jogar fora o enorme investimento já feito no setor. Ele admite que o critério do déficit comercial setorial pode ser mais bem discutido: muitos insumos químicos são exportados embutidos na produção agrícola, de sapatos, de veículos etc.

O que o setor químico pede, em parte, são políticas "horizontais": desoneração de exportações, redução do custo Brasil (capital, logística, infraestrutura, tributação e processos ligados a meio ambiente); desoneração das importações de tecnologia; estímulo a novos investimentos em energia elétrica.

Outras demandas são para o setor: 1) mudar a política de preços da Petrobras para a nafta (hoje é o preço internacional, mais transporte e internação); 2) usar médias móveis nos preços em dólar para reduzir a volatilidade; 3) mudar a precificação do gás da Bolívia; 4) dar acesso direto aos dutos do gás para grandes consumidores; 5) estabilizar a definição de preços da energia elétrica, considerando cada segmento; 6) ampliar investimentos em refino e em nafta; 7) fomento e financiamento de tecnologia para o setor.

Um pedido mais polêmico é manter a proteção tarifária nas negociações de livre comércio da Alca. Cerca de 77% dos produtos químicos brasileiros já entram nos Estados Unidos com tarifa zero, enquanto os produtos químicos norte-americanos pagam, no Mercosul, tarifa média de 8,8%. O setor quer manter tudo igual.

A agenda, como se vê, é ambiciosa e vai muito além dos domínios de Furlan. Se ela for cumprida, diz o estudo, em cinco anos os investimentos subiriam para 6% a 8% do faturamento, o déficit se estabilizaria entre US$ 6,1 bilhões e US$ 8,6 bilhões e as importações cairiam para 22% a 25% do consumo aparente. O setor sabe que é impossível levar tudo, mas será um bom teste para conferir a quantas anda a gana dos petistas por política industrial.

Valor Econômico e *Folha de S.Paulo,* 27/3/2003.

Por uma política industrial inovadora

A política industrial, no Brasil, deveria ir além das abordagens clássicas. Grande parte do sucesso das empresas no mundo está em sua capacidade de inovar, criar identidade e serem flexíveis, e o Estado poderia ter um papel importante na coordenação desses esforços.

A tese é de um dos mais respeitados especialistas em política industrial do país, o economista Antônio Barros de Castro, da Universidade Federal do Rio de Janeiro. Castro está terminando um livro [em abril de 2003] em que examina essas questões em profundidade. Levou a essência de suas ideias a um debate recente na Federação das Indústrias do Estado de São Paulo, a Fiesp, com grande receptividade.

Ele argumenta que existem três abordagens na discussão sobre o uso de recursos públicos na economia. As duas primeiras são tradicionais. A primeira justifica o uso na correção de falhas de mercado e é apoiada, inclusive, por economistas ortodoxos. Ou seja, são válidas políticas que reforcem a lógica de mercado. Por exemplo, políticas que apoiem pesquisa e desenvolvimento ou compensem economias de escala, como o bem-sucedido Moderfrota,[6] do BNDES.

A intenção é boa, mas a prática não é isenta de problemas. Quem escolhe a quem ajudar e como fazê-lo de forma não corrupta? Além de falhas de mercado, existem falhas de governo e, na década de 90, prevaleceu a convicção de que o risco com as falhas de governo superavam os possíveis ganhos na tentativa de correção de falhas de mercado.

A segunda abordagem clássica é a constatação de que existem falhas de estrutura. O mercado é ótimo coordenador *ex-post*: quando falta oferta os preços sobem, quando sobra, os preços caem. Mas haveria espaço para coordenar *ex-ante*, na suposição de que existem soluções melhores do que outras, em termos de poupar capital, trabalho e matéria-prima. Com três dilemas: 1) como fazê-lo com o Estado debilitado? 2) em alguns casos, o esforço mostrou-se inútil, como no sul da Itália; e 3) qual o papel das empresas estrangeiras?

Castro acha que há espaço e boas razões para política industrial no Brasil baseada nessas duas abordagens. Com uma advertência: política industrial só é viável se for respaldada por uma política fiscal sólida. Se os juros altos têm que compensar a falta de uma política fiscal mais sólida, não dá para fazer nada. Getúlio Vargas, lembra, era um ortodoxo fiscal antes de ser um pioneiro da política industrial.

Há, contudo, uma terceira abordagem, que deve ser incorporada. Ela parte do suposto que as empresas são diferentes entre si e que essa diferenciação, a capacidade de inovação e a flexibilidade são vitais na competição, especialmente em economias abertas. Por exemplo, Usiminas e Cosipa nasceram da mesma lógica, com projetos parecidos e na mesma época. No entanto, a trajetória foi totalmente diferente, com a clara vantagem histórica da Usiminas.

As empresas podem tentar se defender da competição mediante mecanismos de isolamento, como o uso de marcas e patentes e, quando possível, de monopólios. Mas são defesas limitadas. As

6 É o Programa de Modernização da Frota de Tratores.

armas mais importantes são a criação de identidades fortes (ou percepção de identidade) e a diferenciação dos produtos, o que vai muito além de simplesmente fabricar com excelência.

Com base nesse esforço, Castro vê três grupos de países: 1) produtores de protótipos, onde o que interessa é fazer o primeiro produto; 2) quem faz produtos com identidade; e 3) replicadores indiferenciados, que têm lucros comprimidos e só ganham quando o mercado melhora. Os Estados Unidos se enquadram nos grupos 1 e 2. O Brasil tem participação nos grupos 3 e 2 e, se puder, deve chegar ao 1.

Diferenciação exige mais do que apenas financiamento barato e tecnologia. Supõe capacidade de coordenação de diferentes atores e aí, a seu ver, existe um papel para o Estado. Criar identidade não quer dizer apenas sofisticação tecnológica. Ao contrário, ele argumenta que existe um campo para o país explorar na "tropicalização" de produtos, na simplificação, em busca de mercados com menor poder aquisitivo, em alianças com países com características parecidas, como China e Índia.

O Brasil foi "inóspito" nos últimos anos, pelas idas e vindas macroeconômicas e pela falta da cultura da cooperação. Mas há espaço para políticas que corrijam falhas de mercado e políticas "leves e com pontaria" que corrijam falhas de estrutura sem criar problemas fiscais. Houve um "renascimento" de uma política tecnológica bem-sucedida e passos foram dados na direção do novo e da flexibilidade. Não é simples desenhar uma política industrial inovadora, mas certamente isso deveria estar na prioridade do governo.

Valor Econômico e *Folha de S.Paulo*, 10/4/2003.

O que preocupa é o crescimento

Uma preocupação central do secretário do Tesouro norte-americano, John Snow, e de seus principais assessores, na sua recente visita ao Brasil, foi discutir que condições concretas existem para o Brasil voltar a crescer de forma razoável. Por uma razão política. Se, mesmo com uma política macroeconômica sensata, o crescimento não vier, a insatisfação política e social vai aumentar e, pressionado, o governo Lula pode voltar a buscar alianças à esquerda.

Esse tipo de preocupação tem sido frequente entre investidores e banqueiros norte-americanos e também é algo que preocupa o mercado financeiro brasileiro. Está tudo indo muito bem, mas e o crescimento?

O presidente de um banco norte-americano no Brasil, por exemplo, teme que o governo esteja preso numa armadilha de baixo crescimento. A meta inflacionária exige juro alto, o que eleva o déficit público, reduz a poupança interna (a externa já caiu muito, pelo ajuste no déficit em conta corrente) e, portanto, a capacidade de crescer. Contar com a apreciação do real frente ao dólar para ajudar a conter a inflação não é uma solução, e sim um enorme risco.

Osvaldo de Assis, do Pactual, entende que o medo da inflação leve ao juro alto, mas acha que "o Brasil não está em condições de ter um medo só". O segundo medo é o de inviabilizar um crescimento decente para 2004 e piorar o cenário político. Ele acha que a inflação mais baixa esperada para maio (o mercado prevê 0,5%) abre uma janela para o Banco Central começar a reduzir os juros. Se não usar essa janela, fatores sazonais vão elevar a inflação em junho e julho, tornando mais difícil começar um ciclo de baixa nos juros.

Não há, obviamente, consenso. O ex-presidente do BC Affonso Celso Pastore vê razões para o BC subir mais os juros para não perder credibilidade. Bancos influentes, como o CSFB-Garantia, sugerem cautela: a melhora na inflação tem sido lenta e a ajuda do câmbio pode ser revertida, porque o fluxo de capitais melhorou, mas ainda não é bom.

De fato, no primeiro quadrimestre [de 2003] o país captou US$ 4,6 bilhões, nas contas do banco, 82% a curto prazo (até um ano) e 81% por bancos (aproveitando oportunidades de arbitragem pelos juros altos internos). Em abril, apesar da melhora no câmbio, o prazo médio das emissões continuou sendo de apenas 1,2 ano (comparado a 2,2 anos em março).

Há defensores de juros menores, contudo, em todos os campos. Aloísio Araújo, da Fundação Getúlio Vargas, tão ortodoxo quanto Pastore, é um dos economistas brasileiros mais respeitados no exterior e tem assessorado o BC, nos últimos anos, em questões como a lei de falências. Ele argumenta que o BC, na verdade, permitiu que houvesse uma elevação nos juros reais nos últimos meses e que está na hora de começar a revertê-la.

Ele lembra que a taxa de juros interna deve guardar uma relação de paridade com o juro externo básico (a taxa norte-americana), mais um prêmio de risco-país. Como o risco-Brasil caiu muito nos últimos meses (quase 70%) e os juros internos não caíram, o juro real subiu. É verdade que, quando o risco-Brasil disparou, no ano passado, o BC não elevou o juro na mesma velocidade. A seu ver, fez bem em não fazê-lo, porque numa situação de nervosismo extremo, é melhor aceitar mais inflação do que elevar demais o risco de quebra. Mas a queda do risco-Brasil já foi tão grande que justificaria um corte no juro interno para manter a arbitragem externa.

Olhando a previsão de inflação do mercado para 12 meses, hoje [maio de 2003] em 8,87%, ela indica um juro real de 16,2%, também muito acima da média desde 1999 (de 12%). Se o BC eleva demais o juro real, como fez, permitindo grandes ganhos financeiros com a entrada de dólares, provoca uma valorização do câmbio, distorcendo o câmbio flutuante. A flutuação é ótima, mas deve respeitar a paridade dos juros internos e externos, senão vira um falso câmbio flutuante.

Além disso, ele não acredita que a ameaça inflacionária seja tão grande. O importante, diz, é ter a política fiscal sob controle, e ela está. Ele não acha que a inércia inflacionária seja tão grande e vê os preços em tendência de queda. "É preciso ter paciência", recomenda. "Eu não acho que o governo tem capacidade de controlar a inflação com tanta precisão." Mirar na inflação de curto prazo pode causar distorções e custos muito altos. Ele sempre foi favorável a se ter como meta uma banda mais ampla. Nas circunstâncias atuais, defende que o BC mire 2004 e exerça sua política num horizonte de tempo maior.

Por todas essas razões, ele acha que o Copom,[7] neste mês [maio de 2003], deveria, no mínimo, introduzir um viés de baixa nos juros. Boa parte do mercado aposta na mesma direção.

Valor Econômico e *Folha de S.Paulo*, 8/5/2003.

7 É o Conselho de Política Monetária do Banco Central, responsável pela definição dos juros básicos da economia.

A questão dos juros

O terreno minado das taxas de juros

A República mudou, mas a perplexidade da área econômica, não. A formulação da política econômica tem sido, por enquanto, uma colcha composta de quase tantos retalhos quanto são os pilares que sustentam a Aliança Democrática.[8] Nem tão dura que satisfaça os conservadores nem tão inovadora a ponto de atender às expectativas de mudanças.

São pelo menos dois os pontos de partida da confusão. O primeiro é a gigantesca distância que separa a formação e as concepções das equipes que assumiriam os três polos de poder na economia, o Ministério da Fazenda, a Secretaria do Planejamento (Seplan) e o Banco Central (BC). O segundo é o tamanho dos problemas herdados pela Nova República.[9] Não há espaço nem tempo para erros.

A Fazenda e o Banco Central querem uma política clássica de controle do déficit público, pelo corte de despesas, e da moeda,

8 No final do regime militar, o PMDB, de oposição, e a dissidência do PDS, da situação, fundiram-se na Aliança Democrática, que abrigou a candidatura vitoriosa de Tancredo Neves à Presidência da República em 1985.
9 Nova República foi como se autodenominou o primeiro governo civil após o regime militar.

através de uma política monetária dura. A Seplan prefere apertar a política fiscal e operar uma política monetária flexível.

Como é fácil de entender, a partir desse quadro, as diferenças têm surgido praticamente em todas as discussões relevantes. Um tema, de toda forma, acaba sendo especialmente delicado: o comportamento das taxas de juros. Nesse terreno minado, não bastam convicções teóricas; ele é também um ponto de extrema sensibilidade política.

Nessa área, curiosamente, a ala menos conservadora da Nova República é a que está mais próxima das concepções da equipe econômica da Velha República. O ministro João Sayad, tanto quanto o ex-ministro Delfim Netto e o ex-presidente do BC Affonso Celso Pastore, encara com enorme ceticismo a eficácia de uma política de juros ativa como auxílio para a política monetária.

O pressuposto da plena liberdade de flutuação das taxas é que isso terá um impacto positivo sobre o nível de poupança financeira, reduzindo a demanda agregada e a oferta de moeda. Em outros termos, a demanda por títulos públicos é elástica e sensível a qualquer variação das taxas. Se há necessidade de colocação substancial de papéis, é natural que as taxas subam. Se o governo deixar o mercado fixar seu preço, conseguirá colocar mais títulos, embora a um custo maior. Os benefícios em termos de corte no déficit público e na inflação compensariam os efeitos perversos provocados pela subida nas taxas.

O BC e a Fazenda acreditam nisso. A Seplan, não. Longe de ser elástica, a demanda por títulos públicos seria, na verdade, muito pouco sensível a variações de taxas, a partir de certo patamar. Em outros termos, se os juros reais estiverem, digamos, em 5% e forem elevados para 10% ou 15%, certamente haverá uma demanda adicional sensível. A partir de um determinado patamar, contudo, pouco acontece.

A conjugação entre uma persistente inflação e taxas de juro em níveis muito elevados e a plena indexação do sistema tornaria muito pouco provável a existência de poupanças disponíveis que poderiam ser atraídas por um ganho marginal nos juros.

O sistema financeiro, as empresas e até mesmo as pessoas físicas há muito têm utilizado eventuais sobras de caixa em aplicações de curtíssimo prazo.

As vantagens dos altos juros como inibidores da demanda e dos investimentos seriam igualmente questionáveis. Não há atividade econômica capaz de assegurar retorno superior a 30% reais, que é o custo anual do dinheiro. Elevá-lo, portanto, para 40% ou 50% não provocará grandes retrações nos investimentos. É provável que o aumento dos juros, se expressivo, tenha maior eficácia como inibidor do consumo de bens duráveis, mas seria preciso pesar os custos embutidos.

É evidente que o substrato dessa diferença de concepções não é uma maior ou menor predileção pelos juros altos. O fato básico é que há um desequilíbrio fiscal, ele exige uma vigorosa colocação de títulos públicos (ou mais emissão ou cortes de despesas), e isso afeta o nível dos juros.

Também nessa questão substantiva as diferenças são enormes. A Seplan parte do princípio de que a origem básica do desequilíbrio nas finanças públicas é financeira. O setor público está dramaticamente endividado, e a parcela referente aos títulos em mãos do público não é a mais importante (hoje, deve estar próxima a 60 bilhões de cruzeiros). Existe uma dívida colossal nas mãos do Banco Central referente a empréstimos externos e outra dívida expressiva contraída junto ao sistema financeiro privado.

Não há cálculos precisos, mas os que foram feitos costumam situar esse endividamento global do setor público (que não se confunde com o déficit total) em algo entre 25% e 40% do PIB. Se for verdade, ele girava, no final do ano passado, em torno de 160 trilhões de cruzeiros. Ora, argumenta a Seplan, com uma dívida dessa ordem, parece evidente que qualquer ganho obtido nas taxas de juro será muito mais significativo do que todo o esforço em cortar despesas públicas. Não se trata de recolocar os juros em níveis muito baixos ou negativos, mas de usar um espaço de ganho que os absurdos níveis atuais permitem.

A receita da Seplan para o reequilíbrio do setor público não para aí. Ela inclui também um esforço de contenção de gastos, especialmente com subsídios, e outro de criação de receita fiscal.

Como esse equilíbrio ainda está muito longe, a batalha dos juros deverá durar. O BC e a Fazenda revelaram sensibilidade para o esforço de redução das taxas em algumas medidas. A prova dos nove, contudo, será a condução da política no mercado aberto.

Balanço Financeiro, maio de 1985.

BC vira Bundesbank?

O Banco Central está estudando uma série de mudanças na forma de conduzir a política monetária, inspirada em algumas práticas do banco central alemão, o Bundesbank. A intenção é implementá-las de forma gradual.

Seria criado um "Comitê de Política Monetária",[10] formado pelos diretores do BC, e que se reuniria uma vez por mês. Nessas reuniões, a exemplo do que acontece com o comitê alemão, seria discutido o desempenho monetário e definida a taxa básica de juros para o mês seguinte.

Aí entra outra mudança essencial. Existem três instrumentos clássicos usados pelos bancos centrais para controlar a liquidez da economia: comprar ou vender títulos públicos no mercado aberto (open market), emprestar dinheiro a curtíssimo prazo através do redesconto de liquidez, e fixar recolhimentos compulsórios sobre depósitos captados pelos bancos.

10 O Copom, existente até hoje, foi criado 11 dias depois da publicação deste texto, em 20 de junho de 1996.

Cada instrumento tem suas vantagens e desvantagens. Nos países desenvolvidos, com economias abertas à livre entrada de capitais, virtualmente abandonou-se o uso dos compulsórios, e o instrumento monetário básico é a taxa de juros. Criar compulsórios nos bancos do país é inútil se as empresas podem tomar dinheiro no exterior.

No Brasil, desde o Plano Real utiliza-se de forma cavalar os depósitos compulsórios, além das operações diárias no open. O redesconto praticamente não é usado: além de muito caro, ele é visto como antessala da falência para quem o utiliza.

O BC quer mudar o balanço dos instrumentos disponíveis. A começar pela "descriminalização" do redesconto, reduzindo seus juros e facilitando o acesso a ele. A intenção é fazer com que o redesconto acabe ocupando o papel que hoje é desempenhado pelas operações diárias no open.

Ao comprar ou vender títulos, a mesa do BC acaba acertando as posições de reservas dos bancos, fazendo o que ficou conhecido como a "zeragem automática", ou seja, a doação automática de recursos aos bancos necessitados, no final do dia, usando títulos federais como garantia.

O BC quer que o redesconto passe a ocupar, cada vez mais, esse papel. Os bancos com necessidades de caixa recorreriam ao redesconto, usando outro tipo de garantia. Quanto mais recorresse ao redesconto, mais caras ficariam as taxas de juros.

A taxa de juro básica da economia, dessa forma, deixaria de ser fixada a cada dia pela mesa de open do BC, como acontece hoje. Por meio do comitê, o BC sinalizaria a taxa para o mês seguinte, e ela seria a referência do custo do redesconto para os bancos.

O BC fala em usar duas taxas básicas, como existe na Alemanha (a taxa lombarda e a de redesconto). Haveria, portanto, uma banda básica de juros em torno da qual operaria o BC. As mudanças poderiam afetar as duas taxas ou uma delas, também como ocorre na Alemanha.

A vantagem seria reduzir a incerteza. O BC deixaria claro sua intenção, e o sistema acompanharia. Além disso, o BC supõe poder ganhar eficácia na execução da política monetária ao acabar com a zeragem automática.

O principal problema do novo sistema seria criar expectativas mensais em torno da fixação das taxas de juros e dar enorme visibilidade e repercussão a qualquer movimento. Hoje, os juros são acertados no dia-a-dia, e, normalmente, as mudanças ficam restritas às colunas especializadas. Um pequeno aumento dos juros decidido por um comitê, contudo, ganharia as primeiras páginas dos jornais e, provavelmente, a tribuna do Congresso.

Há também quem duvide que o sistema de "zeragem automática" seja um problema. O ex-diretor do BC e atual dirigente do Banco Garantia, Cláudio Haddad, por exemplo, argumenta que, com ou sem a zeragem, o BC continuará com a obrigação de zerar as posições dos bancos, por ser o único criador possível de reservas.

A curtíssimo prazo, portanto, a política monetária é sempre "passiva", argumenta. A forma de torná-la ativa é mexer nos juros e esperar seus efeitos a mais longo prazo.

Folha de S Paulo, 9/6/1996

Juros recordes no Brasil

A taxa de juro real, ou seja, o juro cobrado acima da inflação, mais do que dobrou do segundo para o terceiro trimestre. Os juros reais brasileiros, neste ano, estão num nível três vezes maior do que os dos principais países latino-americanos e pelo menos cinco vezes maiores do que os dos países desenvolvidos.

O presidente do BC, Gustavo Franco, e o ministro da Fazenda, Pedro Malan, costumam repetir que a culpa dos juros altos é do déficit fiscal do governo. É um argumento curioso: todos os resultados fiscais melhoraram, até agora, neste ano, e, mesmo assim, os juros reais não caíram. Todos os indicadores de déficit público (nominal, operacional e primário) atingiram os níveis mais baixos desde 95, enquanto o estoque da dívida caiu para valores de 96. A razão para a subida dos juros é outra. O principal motivo do salto nos juros reais foi a decisão de acelerar as desvalorizações cambiais, uma resposta ao nervosismo do mercado com o déficit externo brasileiro. A maior desvalorização reduziria a remuneração das aplicações em dólares no Brasil, a menos que a perda fosse compensada por uma elevação dos juros.

Assim como o juro real interno é o que sobra depois de desconta da a inflação, para o investidor externo, ele é o que sobra depois de descontada a desvalorização. Se a desvalorização corre mais rápido do que a inflação, para manter o mesmo rendimento é preciso que haja um aumento no juro real interno. Foi o que o BC fez. O problema é que o que leva o investidor externo a aplicar (ou manter aplicações) aqui não é o que ele de fato ganhou no passado, mas o que ele projeta ganhar no futuro. E essa previsão foi alterada para baixo pelo nervosismo do mercado nos últimos meses. Muita gente comprou posições no mercado futuro, pressionou as cotações do dólar, e a projeção de desvalorização subiu. Em outros termos, o que o investidor externo realmente tem ganho no Brasil, mesmo com a aceleração cambial, tem sido de 3% a 4% ao ano mais do que ele acha que ganhará projetando as desvalorizações embutidas nas bolsas de futuros. Para o BC manter o interesse das aplicações externas, portanto, tem que elevar os juros para compensar não só a real aceleração no câmbio, mas também a desvalorização extra que o mercado acha que fará no futuro (mesmo que o mercado esteja errado).

Por essa razão, apesar do enorme aumento nos juros reais internos, a projeção de rendimento futuro em dólares (o cupom cambial) tem caído. Ou seja, os juros internos estão na lua, mas para o investidor externo não parecem tão extraordinários.

Considerando a taxa básica de juros (Selic) e usando o índice de inflação da Fipe como deflator, os juros reais acumulados no primeiro trimestre foram de 3,6%, equivalentes a 15,3% ao ano. No segundo trimestre eles caíram para 2,2% ou 9,3% ao ano, mas, no terceiro trimestre, saltaram para 5,4% ou 23,5% ao ano. Em todo o ano passado, a taxa real de juros ficou em 15,8%. Neste ano, considerando o que já aconteceu e projetando o que deverá acontecer, tudo indica que a taxa real acabará muito próxima à do ano passado. Todos previam que os juros reais continuariam a cair neste ano e no próximo. Hoje, isso se tornou duvidoso, inclusive para 98. Juros reais altos têm um efeito deletério sobre a economia e sobre as contas fiscais. Para ter uma ideia do que significam juros reais acima de 15% ao ano, basta olhar os dados do "Global Economics", publicado pelo banco ING Barings. Usando os juros de curto prazo (3 meses) e comparando com os índices de inflação, os juros reais na Argentina estão em 6%, no México em 4,8%, na Colômbia em 5%, no Peru em 6,7% e no Chile em apenas 1%. Nos países desenvolvidos eles são ainda menores. Nos EUA os juros reais são de 3,2%, no Japão são negativos, na Alemanha são de 1,4%, na França 2%, no Reino Unido 3,9%, na Itália 4,7%, no Canadá 1,3% e na Holanda 1%. Políticas de juros altíssimos são justificáveis em programas de estabilização por períodos curtos. No Brasil, ela já dura três anos e não há sinais de que vá, ou de que possa, mudar.

Folha de S.Paulo, 21/10/1997

Pavlov e os juros do Banco Central

O Banco Central quer organizar, até o final do primeiro semestre [de 2001], dois seminários de peso para discutir duas questões centrais para o futuro. Um colocaria o dedo na ferida e debateria quanto o país pode crescer sem gerar pressões inflacionárias. O outro discutiria o chamado "núcleo da inflação", o *core inflation*, que mede a variação expurgada dos preços.

São dois temas cruciais. A definição de qual é o produto potencial do país envolve uma polêmica técnica complicada, mas com uma aplicação prática simples. É um parâmetro importante para qualquer BC considerar na definição de sua política de juros. Se a economia está crescendo muito perto do limite do produto potencial, o risco de haver pressões inflacionárias é grande e o BC tenderá a ser cauteloso.

O núcleo da inflação, por sua vez, será o indicador a ser utilizado pelos países do Mercosul, a partir de 2005, na definição das metas inflacionárias regionais. Expurgo lembra manipulação e gera resistência, mas a verdade é que faz absoluto sentido técnico. Absurdo é o BC ter que, digamos, subir os juros, provocando desaceleração e desemprego para conter um aumento da inflação provocado por fatores que ele sabe que são temporários. Se a meta inflacionária é o índice pleno, como é no Brasil, esse risco existe. Até junho, o governo terá que definir a meta inflacionária de 2003 e esta não é uma discussão trivial.

O debate sobre o produto potencial ganhou corpo, nas últimas semanas, por duas razões. O BC divulgou os primeiros resultados de um estudo, que está sendo completado, com cálculos sobre o produto potencial. Havia boas e más notícias.

A melhor era que a produtividade total de fatores, que mede o potencial de crescimento da economia, passou de menos 0,73% ao ano, na década de 80, para mais 0,9% na década de 90 e é estimada entre mais 0,8% e mais 1,5% de 2000 a 2003. A má notícia é que, considerando essa produtividade e a taxa de investimentos, o produto potencial até 2003 é projetado entre 3,5% e 4,3%. Não é ruim, em termos *per capita*, mas decepciona quem sonhava ver o país voltando a crescer 7% ou 8% ao ano em curto prazo.

A outra razão para o debate recente foram as dúvidas sobre se a economia brasileira já estaria numa trajetória de crescimento muito acelerado. O mercado financeiro está dividido ao meio: muita gente boa acha que há sinais preocupantes e muita gente boa acha que não.

O debate esquentou ainda mais com a decisão do BC de não reduzir os juros na última reunião do Conselho de Política Monetária (Copom). A metade pessimista do mercado viu no ato do BC um endosso à sua posição. Como o BC, pela primeira vez, não disse praticamente nada ao final da reunião, só se saberá melhor as razões que levaram à sua decisão com a publicação da ata da reunião do Copom, hoje.

Não há indicação, contudo, de que o BC ache que já existam sinais preocupantes de aquecimento da economia ou que essa aceleração esteja gerando pressão inflacionária. A taxa de crescimento da economia este ano pode até superar o número "mágico" de 4,3%, mas isso não quer dizer que o BC reagirá de forma pavloviana se isso ocorrer, subindo os juros.

Em primeiro lugar porque, nos últimos anos, pelo estudo do BC, a economia brasileira cresceu abaixo do produto potencial. Isso quer dizer que "sobrou" espaço para haver crescimento acima do produto potencial, durante algum tempo, ocupando capacidade ociosa, sem pressão inflacionária. Isso já estava claro no estudo do BC e nas explicações do diretor responsável por ele, Ilan Goldfajn, mas alguns preferiram ignorá-las.

Em segundo lugar, porque o BC é o primeiro a reconhecer a precariedade de certas estimativas embutidas no produto potencial. Ele é um indicador importante para qualquer BC no mundo, mas não é o único. É óbvio que, se a economia está crescendo acima do produto potencial e não há indícios de pressão inflacionária, é sinal de que algum indicador do produto está subestimado, ou de que algum parâmetro mudou.

Na economia norte-americana, houve uma revisão dramática, feita pelo Fed,[11] do que seria a taxa de crescimento potencial sem aceleração inflacionária. Foi resultado da combinação entre intuição sobre o impacto das novas tecnologias sobre a produtividade e amplo monitoramento de inúmeros indicadores. Um BC que não combina ciência com arte fica ineficiente, como ensina o ex-vice-presidente do Fed Alan Blinder num texto elogiadíssimo pelo presidente do BC, Armínio Fraga.

Em parte, a intenção do seminário é justamente examinar algumas experiências ao redor do mundo, a começar dos Estados Unidos. Se há lições a aprender em relação ao impacto tecnológico sobre a produtividade, ótimo. O outro pilar do cálculo do produto potencial, a taxa de investimentos, é precário e sujeito a uma barreira de críticas no Brasil. Melhor discuti-las à luz do dia.

A terceira razão pela qual não deve haver reação "pavloviana" ao produto potencial é que ele não é imutável. Pode ser ampliado ou reduzido pela ação de políticas que afetem a produtividade e o investimento.

Essa discussão, que alguns analistas consideraram "exótica" quando apareceu, veio para ficar. Deve ser vista com uma boa

11 Banco central dos Estados Unidos.

dose de saudável ceticismo e muito cuidado técnico, mas não dá para simplesmente ignorá-la.

Valor Econômico e *Folha de S.Paulo,* 22/2/2001.

Mais razões para buscar dólares

A crise da energia deu um empurrão a mais nas empresas para acelerar a captação de dólares. O medo de um calote argentino já estava levando algumas empresas a antecipar dólares de que precisarão em 2002. A outra incerteza, da eleição presidencial, ficou ainda maior pelo impacto político negativo que a crise energética terá sobre o governo.

Da CSN à Petrobras, a ordem é aproveitar as janelas de oportunidade no mercado internacional para captar dólares necessários para este e o próximo ano [2001 e 2002]. A rigor, até o Banco Central está fazendo o mesmo.

No início do ano, o BC anunciou que precisava de US$ 4,2 bilhões, este ano, para refinanciar amortizações de sua dívida externa e que iria buscar, no mercado, de US$ 4 bilhões a US$ 7 bilhões. Até agora, já captou US$ 5,1 bilhões, segundo o diretor de Assuntos Internacionais do BC, Daniel Gleizer. A intenção, diz ele, é chegar a US$ 7 bilhões, ou muito próximo a isso, se as condições do mercado forem favoráveis.

Se isso ocorrer, a sobra de US$ 3 bilhões neste ano seria suficiente para cobrir toda a necessidade de rolagem de amortizações externas do setor público em 2002, também de US$ 3 bilhões, segundo Gleizer. Quer dizer, o governo entraria no turbulento ano eleitoral sem precisar ir ao mercado buscar dólares, o que tenderia a reduzir a ansiedade dos investidores externos.

A rigor, o colchão de segurança deve ser maior. Os US$ 5,1 bilhões vieram pela emissão de novos títulos. Até março, entraram outros US$ 354 milhões de organismos multilaterais e US$ 206 milhões de agências governamentais. Além disso, houve a liberação de US$ 545 milhões em títulos do Tesouro norte-americano que serviam de garantia para US$ 2,15 bilhões de títulos da dívida brasileira que foram trocados por papéis de prazo mais longo. Ou seja, a captação total já bateu em US$ 6,2 bilhões.

É verdade, contudo, que, além das amortizações, as necessidades de dinheiro novo vão aumentar. Até agora, o BC imaginava que a parcela do déficit em conta corrente que não seria coberta por investimentos diretos seria de US$ 4 bilhões este ano. Com a crise energética, os investimentos diretos podem ficar US$ 4 bilhões abaixo da estimativa e o déficit em conta corrente, de US$ 1 bilhão a US$ 2 bilhões acima.

Não parece uma tarefa complicada conseguir esse adicional este ano, mas, se a dose se repetir em 2002, será um motivo a mais de ansiedade – e, portanto, de pressão sobre o câmbio. Gleizer diz que a crise de energia não muda a intenção do BC de não intervir para aliviar o câmbio. As captações do governo vão para as reservas e não para o mercado. O Tesouro continua comprando US$ 1,2 bilhão no mercado cambial interno este ano, como planejado, segundo Gleizer. A única reação do BC será olhar o impacto do câmbio sobre a inflação e, se for o caso, elevar juros para evitar alta dos preços.

O que parece estar movendo o câmbio, hoje, não é falta de dólares. A subida dos juros internos voltou a tornar atraente, para algumas empresas, buscar dólares. E há espaço, em alguns casos, para arbitragens lucrativas na aplicação em reais. Os empréstimos em dólares (ACC[12] e 63[13]) nos bancos cresceram 24% de dezembro a abril, o que não se explica apenas pelo impacto da desvalorização de 11,7%.

O momento não é ruim. O diretor de um grande banco diz que os baixos juros norte-americanos (4%) e europeus (4,5%) reacenderam o apetite dos investidores por papéis mais lucrativos, de países emergentes. Sintoma da busca de rentabilidade é o fato de o mercado de altos juros e riscos nos Estados Unidos (*high yield*) ter ficado este mês [maio de 2001] abaixo da média de remuneração dos países emergentes (EMBI), pela primeira vez em muito tempo.

Além disso, a Rússia está fora do mercado (porque tem superávit externo), o México tem emitido apenas para alongar prazos e a Argentina, se o *swap* der certo, poderá ficar fora do mercado por uns dois anos. Portanto, grandes tomadores, como o Brasil, terão mais espaço.

O câmbio, contudo, continua subindo. Mesmo o anúncio do fechamento de capital da Telesp Celular (Portugal Telecom), que poderá implicar a entrada de US$ 2,5 bilhões nos próximos 90 dias, não fez a cotação ceder. A explicação mais ouvida é que as incertezas políticas e da Argentina têm levado muitas empresas a buscar proteção, *hedge*, para os dólares captados, pressionando a cotação.

Teoricamente, haveria espaço para a queda do dólar. Na prática, isso exigiria uma conjugação de boas notícias para mudar o ânimo que não se consegue ver de onde poderia vir.

Valor Econômico e *Folha de S.Paulo*, 24 de maio de 2001.

12 Adiantamento sobre Contrato de Câmbio.
13 Financiamentos cujos recursos são captados no exterior e repassados exclusivamente para o setor agropecuário.

O juro real ainda não subiu tanto

Depois de passar quase dois anos reduzindo os juros, o Banco Central, desde fevereiro [de 2001], já elevou a taxa básica (Selic) de 15,25% para 19%. Na próxima semana [a terceira de agosto de 2001], o Copom reexamina os juros. E o mercado acha inevitável um salto nos juros se e quando a Argentina entrar em colapso.

A discussão sobre o que fazer no futuro é polêmica, mas uma avaliação cuidadosa do que foi feito até agora pode levar a conclusões pouco óbvias. Apesar da elevação de 3,75 pontos percentuais na Selic desde fevereiro, o juro real projetado subiu menos do que a metade, 1,83 ponto percentual. A maior parte do aumento dos juros serviu apenas para acompanhar a escalada na expectativa inflacionária do mercado.

O juro real projetado pelo mercado está hoje em 11,75%, nível comparável ao do segundo trimestre do ano passado. É elevado em termos internacionais e inviável a longo prazo. Mas é muito, muito menor do que o juro real de 26,6% de 1998, antes da desvalorização cambial, ou do que a média de juro real de 22% entre 1994 e 1998, os anos do câmbio controlado.

O cálculo do juro real é o mesmo utilizado pelo BC. Para saber quanto a taxa nominal de juros supera a inflação, o relevante é olhar para a frente, não para trás. O BC divulga, a cada semana, a expectativa do mercado sobre a taxa de inflação do ano corrente e do ano seguinte. É possível, portanto, projetar, a cada mês, a taxa para os doze meses seguintes, combinando as expectativas do ano corrente com as do ano seguinte.

A cada momento, o mercado reavalia suas projeções. Em janeiro, estimava um IPCA de 4% este ano. Hoje, projeta 6,3%. Para o período de julho deste ano a julho de 2001, contudo, a inflação projetada é de 6,5% (calculando a inflação mensal embutida nas projeções anuais e descontando a inflação já realizada neste ano). Em junho, a projeção para os doze meses seguintes era de 5,5%. O BC, em julho, elevou a Selic em 0,75 ponto percentual, para 19%. Como a expectativa de inflação subiu 1 ponto percentual de junho para julho, na verdade o juro real projetado caiu de 12,08% para 11,73%.

É claro que as decisões do BC sobre os juros são baseadas num conjunto de razões e não na variação mensal das expectativas de juro real. A preocupação central, desde fevereiro, tem sido com a piora do cenário externo, que tem acelerado a desvalorização e deteriorado a inflação de curto e médio prazo. Olhar a expectativa de juro real, de todo modo, ajuda a calibrar a política.

No segundo semestre do ano passado e no início deste ano [2001], o juro real havia caído para um dígito (a menor taxa foi 8,7% em dezembro). Piorou o cenário, o juro real voltou para dois dígitos, mas não ainda para os níveis altíssimos do passado.

E se a Argentina quebrar? A ideia de que os juros teriam que subir vem da hipótese de que ficaria mais difícil obter recursos no mercado e isso pressionaria o câmbio e a inflação. Mas qual seria a pressão e quanto duraria?

Um banco europeu fez essas contas para três crises passadas. O pior acesso ao mercado se traduz no aumento do prêmio de risco cobrado ao país (o Embi[14]). Na crise de 1997 na Ásia, um mês

14 Embi é a sigla em inglês para Emerging Markets Bond Index. Significa Índice de Bônus de Mercados Emergentes. Na prática, é a média de todos os prêmios de risco pagos pelos papéis da dívida externa. Começou a ser utilizado em1992.

depois o Embi havia subido 322 pontos-base; na de 1998 na Rússia, 523; e na de 1999 no Brasil, 459. Depois de três meses, o Embi tinha subido, respectivamente, 344, 904 e 576 pontos.

Na crise asiática, a Selic subiu 26,62 pontos percentuais e a volta ao mercado tardou 92 dias; na da Rússia, o juro subiu 16,63 pontos e a duração foi de 61 dias; na do Brasil, a subida foi de 15,74 pontos e a duração de 66 dias. Em média, as crises pioraram o risco em 435 pontos em um mês e 608 pontos em três meses; elevaram a Selic em 19,66 pontos percentuais e duraram 73 dias. A história vai se repetir? A subida dos juros certamente não. Com o câmbio flutuante, parte do impacto vai para a taxa de câmbio.

O banco acha que a elevação do risco não seria tão forte por várias razões: o câmbio já absorveu parte do choque; a desvalorização ajuda a reduzir o déficit externo; a política fiscal já foi ajustada e a monetária é crível; o acordo com o FMI ajuda; e a maior parte da dívida externa é privada. É bom lembrar, contudo, que, dessa vez, a crise aconteceria com a economia norte-americana e mundial em forte desaceleração. O banco acha que, no pior cenário, tanto o risco quanto os juros subiriam uns 460 pontos. O pior da crise teria passado em dois meses.

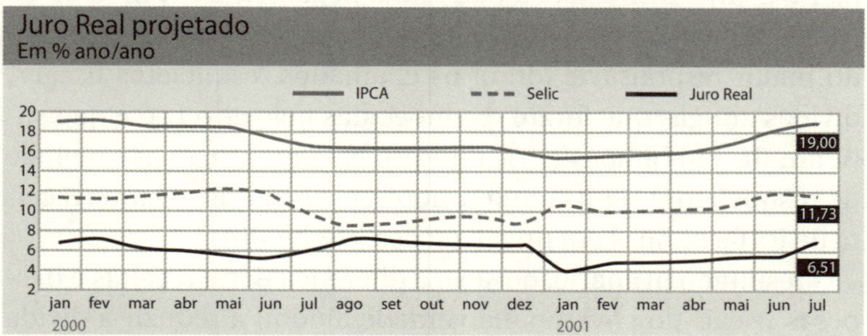

Fonte: Banco Central/ Focuse e Valor Pesquisa Econômica

Valor Econômico e *Folha de S.Paulo*, 16/8/2001.

O peso dos juros na dívida pública

Entre dezembro de 1994 e setembro [de 2001], a dívida líquida do governo federal subiu seis vezes, de R$ 65 bilhões para R$ 418 bilhões, um salto espetacular de R$ 352 bilhões, equivalentes a 21% do PIB. Quem foram os vilões?

Nas contas dos professores Márcio Garcia e Afonso Bevilaqua, da PUC-RJ, o principal culpado foi o pagamento acumulado de R$ 334 bilhões em juros (95% do total), ou 33% do PIB. O segundo maior responsável foram os chamados "esqueletos fiscais", dívidas antigas que foram reconhecidas pelo governo e que subiram R$ 140 bilhões (13% do PIB). No entanto, quase metade dos esqueletos foram compensados pelo acúmulo de uma receita de R$ 60 bilhões em privatizações (6% do PIB).

O resultado primário, ou seja, a diferença entre receitas e despesas fiscais do governo, na verdade ajudou a reduzir a dívida líquida nesse período: houve um superávit acumulado de R$ 77 bilhões no governo central (7% do PIB) e de R$ 13 bilhões nos Estados e municípios (0,8% do PIB). As estatais acumularam R$ 20 bilhões em gastos (2,5% do PIB).

O peso dos juros formou-se em dois saltos; antes da desvalorização de 1999, pelo impacto devastador de juros recordes, ano após ano, para defender o real; e depois da desvalorização, por seu impacto sobre a dívida indexada ao câmbio e aos juros.

Garcia lembra que sua metodologia é diferente da usada pelo Ministério da Fazenda. Para chegar aos fatores determinantes da dívida mobiliária interna, a Fazenda, em agosto, calculou um "fator de remuneração" sobre os esqueletos, sem detalhá-lo. Com isso, embutiu juros nesses gastos, aumentando seu peso relativo.

São formas diferentes de cálculo. A de Garcia tem o mérito de ressaltar o impacto dos juros. De resto, não há controvérsia sobre o exagero dos juros brasileiros da década de 90, especialmente no período do câmbio controlado. O debate começa quando se discute o futuro.

O argumento de Garcia é que há dois ingredientes vitais, em qualquer cenário futuro, sem os quais a dívida líquida se torna explosiva: uma redução dos juros reais e a manutenção de superávits fiscais primários. Como não dá para cortar juros por decreto, o caminho ideal, diz, é criar um círculo virtuoso. Uma política fiscal apertada persistente que leve a uma redução dos juros reais, e que, por sua vez, permita reduzir o tamanho do superávit primário necessário.

A dívida mobiliária (em títulos) do governo federal nesse mesmo período cresceu ainda mais, dez vezes, de R$ 60 bilhões para R$ 609 bilhões, um salto de R$ 549 bilhões, equivalente a 38% do PIB. Além de financiar a dívida líquida (que exclui os ativos), a dívida mobiliária serviu também para acumular ativos e pagar outros passivos.

Os ativos do governo federal subiram de 21% para 40% do PIB, um aumento de 19% do PIB. No entanto, a maior parte desse aumento, 14% do PIB, explica-se apenas pela renegociação da dívida com Estados e municípios. É um ativo de qualidade duvidosa, prazo longo e sujeito a pressões políticas recorrentes, como demonstrou, recentemente, a prefeita paulistana [Marta Suplicy]. Curiosamente, um dos ativos politicamente mais polêmicos do período, o Proer[15] (de ajuda aos bancos), acabou acumulando, nesse período, um saldo positivo, equivalente a 2,3% do PIB, certamente pelo impacto da valorização dos papéis da dívida brasileira dados como garantia. As outras dívidas a deduzir cresceram pouco no período: 2,2% do PIB.

Olhando a radiografia completa, a dívida mobiliária federal, em setembro [de 2001], somava 49,6% do PIB. Do total, 34,1% do PIB equivaliam à dívida líquida do governo federal, 40% a ativos vários e deduzia-se 24,5% do PIB em outras dívidas. Olhando a dinâmica do período, a dívida mobiliária cresceu 38% do PIB: 21% explicados pela variação da dívida líquida, 19% pela variação dos ativos e deduz-se 2% pela variação de outras dívidas.

Valor Econômico e *Folha de S.Paulo*, 22/11/2001.

15 Programa de Estímulo à Reestruturação e ao Fortalecimento do Sistema Financeiro Nacional.

Estados e estatais: o fim do milagre fiscal

O extraordinário desempenho fiscal do Brasil nos últimos três anos [de 1999 a 2001] foi ajudado por alguns fatores que não vão se repetir. Um deles foi a enorme ajuda dada pela desvalorização nas contas dos Estados e das empresas estatais.

O ajuste foi impressionante. O resultado primário (receita menos despesas, exceto juros) dos Estados e das estatais saltou de um déficit de 0,8% do PIB, em 1998, para um superávit de 1,6% do PIB no ano passado, uma melhora de 2,4% do PIB. Além disso, os Estados respeitaram o pagamento da dívida renegociada com a União e a maioria se enquadrou nos rígidos critérios da Lei de Responsabilidade Fiscal.

Qual foi a mágica? O economista Raul Velloso acha que sem o empurrão do câmbio e do petróleo a história teria sido muito diferente. A arrecadação de ICMS pelos Estados deu um salto que não teve nada a ver com o comportamento da economia (*ver gráfico*). A preços de dezembro de 2001, deflacionados pelo IPCA, a arrecadação saltou de R$ 75,8 bilhões em 1998 para R$ 97,5 bilhões em 2001, um aumento real de 28,6%.

A melhora pode ser explicada por apenas três itens. A arrecadação com combustíveis, ajudada pela desvalorização e pelo aumento mundial no preço do petróleo, subiu 115% em termos reais – passou de 13,4% para 22,4% do total da arrecadação. O ICMS com telecomunicações subiu 94,6% em termos reais; com a energia elétrica, o aumento foi de 21,5%. Nos dois casos, ajudado pelas regras de reajuste pós-privatização, que atrelaram os preços ao índice que mais refletiu a desvalorização, o IGP.

Em todos os outros setores, o ICMS cresceu apenas 5% nominais, abaixo do crescimento do PIB nesse período, de 6,8%. Quer dizer, sem os três setores, os Estados teriam deixado de arrecadar R$ 13 bilhões e não teriam conseguido gerar superávits primários como o de 2001, de R$ 7,2 bilhões.

São Paulo, o Estado mais industrial, seguiu o padrão geral, mas em menor escala. Enquanto os três setores passaram de 31% para 44% do total da arrecadação de ICMS nacional, em São Paulo eles subiram de 19% para 23%. O secretário da Fazenda de São Paulo, Fernando Dall'Acqua, argumenta que não dá para atribuir o ajuste paulista apenas ao salto na receita. O ICMS subiu 1,8% de 1998 a 2000, enquanto as despesas caíram 8,3%. Graças ao corte de despesas, a subida posterior do ICMS permitiu um desempenho muito melhor: em 2001 a despesa primária subiu 7,8%, incluindo um aumento de 7,4% no investimento, enquanto a receita primária subiu 10,2% e o superávit primário cresceu 52%. O maior problema fiscal paulista (e dos outros Estados) é a despesa com previdência, cujo déficit chegou a R$ 6,9 bilhões em 2001.

De todo modo, o que está acontecendo em São Paulo desde o ano passado [2001] é uma tendência de declínio na arrecadação de ICMS que Velloso acha que vai atingir todos os Estados. No primeiro semestre de 2001, o ICMS paulista subiu 8,3%; no segundo, apenas 0,5%. Em janeiro deste ano [2002] caiu 1,6% e, em fevereiro, 4,5%. A queda nos preços dos combustíveis, em janeiro, foi boa para o consumidor, mas um desastre para os Estados. Além disso, o impacto da desvalorização acabou: a tendência do câmbio real é, ao contrário, de alguma valorização.

Outro problema é a criação do novo imposto sobre combustíveis. Antes, o aumento dos preços engordava o lucro da Petrobras, o qual virava superávit primário das estatais. O novo imposto é fixo, independe do preço. É arrecadado pelo governo central, mas, como tem que ser aplicado em transporte, não vira superávit primário.

Além dos problemas não totalmente resolvidos – o previdenciário, a carga tributária alta e com impostos ruins, o fim das grandes privatizações, os esqueletos fiscais não absorvidos, a necessidade de renovação da CPMF até o fim de 2003 (supondo que será prorrogado agora) –, o futuro presidente poderá não contar com uma ajuda tão grande de Estados e estatais. É uma herança fiscal menos confortável do que os resultados recentes indicariam.

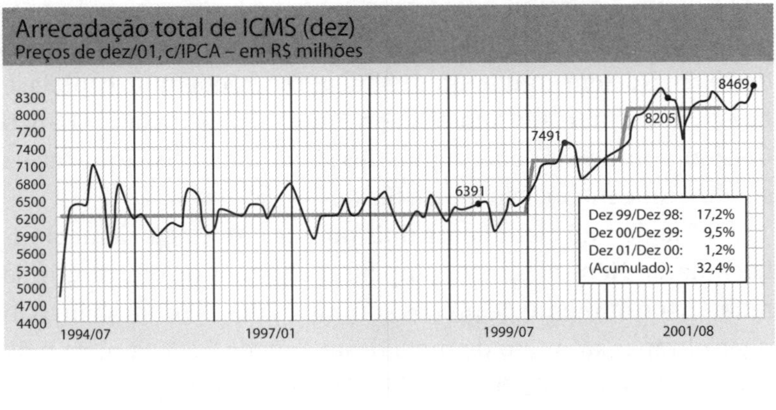

Valor Econômico e *Folha de S.Paulo*, 14/3/2002.

Juros, entre a arte e a ciência

O Copom, conselho que decide sobre os juros, terá uma reunião muito difícil na próxima semana [iniciada em 20 de maio de 2002]. Existem argumentos técnicos recomendando cautela, e boa parte do mercado aposta na manutenção das taxas. O Banco Central, contudo, discute alguns desses argumentos, o que talvez sinalize uma inclinação para a baixa.

O BC já definiu claramente dois pontos em relação à meta inflacionária. Não vai tentar compensar choques de oferta, que se refletem no aumento de preços administrados. Mas também não quer ultrapassar o teto da meta deste ano, de 5,5% (a meta é de 3,5%). A última projeção do BC indicava uma inflação (IPCA) de 4,75% para este ano, mas a partir da cotação do dólar da última reunião do Copom, de R$ 2,32.

Desde então, a situação se complicou. O IPCA em 12 meses findos em abril chegou a 8%. A média de aumento dos preços livres, sobre os quais a política do BC pode influenciar, foi de 0,56% ao mês no quadrimestre (embora tenha caído para 0,25% em abril).

O BC estima em 7,2% neste ano a inflação provocada por preços administrados. Com isso, para trazer a inflação para 3,5% até o final do ano, os preços livres não poderiam subir mais de 0,19% ao mês, de maio a dezembro. Para ficar em 5,5%, não poderiam subir mais do que 0,34%. É uma margem muito apertada.

Pior: desde o último Copom, a cotação do dólar subiu para mais de R$ 2,50 por dólar, um aumento próximo a 8%. O BC calcula que cada 10% de aumento duradouro no câmbio resulte em 1,2% a 1,5% de inflação ao longo de um ano, segundo o diretor, Ilan Goldfajn. Aplicada essa regra, o IPCA poderia sofrer um impacto de alta, via câmbio, próximo a 1 ponto percentual. Se com o câmbio a R$ 2,32 o BC já calculava um IPCA no fim do ano de 4,75%, com o câmbio a R$ 2,50 o teto da banda (5,5%) estaria ameaçado.

Uma terceira discussão relevante é saber qual a extensão da retração da economia. Alguns veem no recuo da indústria em março um claro sinal de desaceleração mais forte. Outros argumentam que foi apenas um ajuste no fim do ciclo de reposição de estoques iniciado no final do ano passado. O ajuste é brusco, mas pode não indicar uma tendência.

Uma quarta discussão técnica é mais sutil. Os juros futuros, que formam a curva de juros, sobem suavemente neste ano, mas dão um salto em 2003, quando assume o novo presidente – sinal de prêmio de risco pela incerteza. Se o juro de abril de 2003 for comparado ao de janeiro e capitalizado pelos dias úteis do ano, ele está próximo a 23%. Comparado à Selic de 18,5%, é um prêmio muito significativo. A pergunta é: como o BC não tem como eliminar essa incerteza e o juro futuro é que afeta a demanda na economia, adiantaria alguma coisa reduzir os juros de curto prazo?

Ilan tem boas ponderações para cada um desses argumentos. O BC continua disposto a não deixar a inflação superar o teto da banda de 5,5% e, para isso, a contenção dos preços livres terá que ser mesmo muito forte. "Vamos ter que ver se está havendo retração na economia e se a inflação virá junto."

O câmbio é um complicador. Mas é preciso cuidado ao aplicar o modelo que indica repasse do câmbio sobre a inflação.

"O modelo é burro", lembra. "Temos de olhar mais a arte do que a técnica e ver se, de fato, a realidade vai confirmar o que o modelo diz que acontecerá." O exemplo é 2001. O câmbio subiu o ano todo, mas só virou inflação no final do ano, quando a atividade melhorou. Aí o coeficiente chegou, rápido, aos 12% a 15% esperados.

No início deste ano [2002], o câmbio caiu, "mas as empresas não entregaram tudo na baixa". Ou seja, não houve um recuo dos preços, até agora, proporcional à queda do câmbio. Os índices do IGP, mais sensíveis aos produtos exportáveis, refletiram mais o câmbio, mas o IPCA, não. É como se as empresas ignorassem a volatilidade do câmbio e trabalhassem com alguma taxa que considerassem que faz sentido. (É bom lembrar que a taxa média de câmbio do último trimestre do ano passado foi de R$ 2,55 e a do primeiro quadrimestre deste ano de R$ 2,375.)

A implicação do raciocínio de Ilan é que, se as empresas não devolveram a queda do câmbio nos preços, não terão por que elevar os preços agora, com uma nova alta. Ele não disse, mas está claro que, se for assim, a pressão do câmbio sobre os preços pode ser menor do que diria um modelo rígido.

A chave, então, está no ritmo da economia. Ilan concorda que houve um ciclo de estoques, mas diz que já havia sinais de desaceleração desde fevereiro. Outros indicadores indiretos de nível de atividade têm confirmado a desaceleração. Por exemplo, importações em queda e receita tributária em desaceleração (descontado o efeito extra do IR sobre fundos de pensão). Ou seja, ele entende que existe um processo de desaceleração. "Não é um desastre, mas indica que março não foi apenas um ponto fora da curva." Ele não disse, mas a implicação óbvia é que, com desaceleração, há mais razões para reduzir os juros.

Poderia ser eficaz? Ilan concorda que existe um prêmio de risco nos juros para 2003 e admite que há dúvidas sobre se o BC poderia influenciá-lo. Mas diz que aprendeu, nos últimos anos, que mexidas nos juros, pelo BC, tendem a ter um impacto maior do que se imagina. "Têm um efeito direto sobre as expectativas dos consumidores." A implicação é que, se o BC baixar os juros, poderá ajudar, sim, a economia.

O fato de o BC ir contra um eventual consenso do mercado não teria grande importância. Em março de 2001, o BC subiu os juros contra o mercado e a alta acabou absorvida. Em fevereiro deste ano, reduziu os juros contra o mercado e a baixa também foi absorvida. O risco, sempre, é o de uma decisão do BC ser entendida como política, não técnica – e esse risco será alto nessa reunião do Copom. Uma decisão vista como política faria os juros subirem, não baixarem, pelo receio que traria sobre o futuro da inflação. Mas, como mostra Ilan, se a decisão for de baixa, não faltarão argumentos técnicos para justificá-la.

Valor Econômico e *Folha de S.Paulo,* 14/3/2002.

O truque da inflação e os juros

Um dos vários males provocados por uma inflação alta é criar ilusões com os valores. Não há quem não repita que o Brasil é líder mundial de taxas de juros, ou algo muito próximo disso. Prova da insensibilidade monetarista teria sido o enorme aumento do juro básico, a Selic, de 18% para 25%, no final do ano passado [2002].

O que muitos esquecem é que o último trimestre de 2002 foi marcado por uma enorme aceleração da inflação. Só nesses três meses, o IPCA somou 6,5%, mais do que a meta original para todo o ano, enquanto o IGP-DI[16] chegou a 13,3%. Com o salto nos preços, veio a confusão com os números.

A história contada pelos números fiscais do final do ano pode surpreender a muitos. O fluxo de pagamentos de juros reais, em doze meses, que estava em R$ 49,3 bilhões ao final de maio de 2002, antes da confusão pré-eleitoral, foi caindo sem parar. Em dezembro, o juro real pago pelo setor público

16 Índice Geral de Preços – Disponibilidade Interna, calculado pela FGV entre o primeiro e o último dia do mês. Mede os preços que afetam diretamente a atividade econômica do país, excluídas as exportações.

foi negativo em R$ 1,5 bilhão. Juro real é o valor do juro descontada a inflação, nesse caso medida pelo IGP-DI.

É claro que, nesse mesmo período, a inflação fez crescer o que o Banco Central chama de "atualização monetária" (equivalente à correção monetária) da conta de juros, de R$ 29,2 bilhões, em doze meses encerrados em maio, para R$ 98,5 bilhões, em dezembro. Só que a mesma inflação fez crescer o PIB nominal estimado de R$ 1,268 trilhão, em maio, para R$ 1,558 trilhão em dezembro.

O indicador mais sensível para o mercado financeiro é a evolução da dívida líquida do setor público em relação ao PIB. Como a inflação faz subir o denominador (o valor do PIB), o que pesa no numerador são os índices em termos reais, ou seja, já descontada a inflação.

O BC publica um quadro onde destrincha os fatores que explicam a variação da dívida líquida. Ela subiu 3,32% do PIB ao longo de 2002, para 55,9% do PIB. Entre os fatores propriamente fiscais que pressionaram a dívida, os juros nominais consumiram 7,23% do PIB. No entanto, o efeito do aumento do PIB nominal, que ajudou a reduzir a dívida líquida, foi maior, de 10,65% do PIB. Para se ter uma ideia, em 2001 essa ajuda da inflação havia sido de 3,98% do PIB e, em 2000, de 3,95%.

Quer dizer, o impacto negativo nominal dos juros, em 2002, foi mais do que compensado pelo impacto positivo do aumento inflacionário do PIB. E isso se deu, em boa medida, porque os juros reais praticados em boa parte de 2002 foram muito baixos, ao contrário do que se imagina.

Olhando pelo retrovisor, comparando o CDI de 19,1% com o IGP-M[17] de 25,3%, o juro foi negativo em 4,95% no ano. O IGP-M é o índice inflacionário que o mercado costuma usar como parâmetro para esse tipo de cálculo. Deflacionando o CDI pelo IPCA de 12,5%, o juro real foi positivo em 5,9%, o que se compara com juros reais de 9% nos anos pós-crise cambial e de mais de 20% no período do câmbio controlado.

17 Índice Geral dos Preços do Mercado. É calculado pela Fundação Getúlio Vargas. A coleta de preços é feita entre os dias 21 do mês anterior e 20 do mês corrente, com divulgação no dia 30. É composto por três índices: Índice de Preços no Atacado (IPA), Índice de Preços ao Consumidor (IPC) e Índice Nacional do Custo da Construção (INCC), que representam 60%, 30% e 10%, respectivamente, do IGP-M.

Quando o BC elevou a Selic de 18% para 25%, estava apenas tentando correr atrás da inflação, procurando recompor o nível do juro real esperado para a frente. Entre 2000 e 2002, o juro real médio projetado para os doze meses seguintes foi de 12% (deflacionando a Selic pela inflação esperada pelo mercado). Em novembro, ele havia caído para 8,1%. Com o aumento de dezembro, ele subiu para 12,6% e, apesar do novo aumento da Selic de 25% para 25,5% em janeiro, o juro real projetado continuou nos mesmos 12,6%, porque a expectativa de inflação futura subiu. Para se ter uma ideia, em 2001, ano de sucessão de crises, o juro real projetado superou 13% durante meio ano, enquanto no ano mais tranquilo de 2000 girou em torno de 11%.

Alguém pode lembrar, corretamente, que 12% para o juro real esperado é uma taxa muito alta. Mas é bom lembrar também que o juro real pago pelo governo em 2002 (olhando para trás) foi bastante baixo, qualquer que seja o país a comparar.

O que, de fato, fez a dívida líquida subir, ano passado, foi o impacto de 9,34% do PIB do câmbio sobre o estoque. Foi um efeito contábil da desvalorização, já que a dívida vence ao longo do tempo e não de uma só vez. A cada 10 centavos de alta (baixa) da cotação do dólar a dívida líquida sobe (baixa) 0,8% do PIB. A subida (redução) de 1% do juro mantida por um ano eleva (reduz) a dívida em 0,3% do PIB.

Se o uso de uma política monetária mais agressiva, temporariamente, trouxer confiança e permitir um ganho no câmbio, a conta final líquida em termos fiscais pode ser positiva e não negativa para o governo. No limite, pode sobrar mais reais para a política social.

Mas, se a inflação pode ajudar tanto, por que não repetir o truque? Porque ele só funciona quando há uma aceleração rápida, inesperada dos preços. Contar com novos saltos na inflação para ajudar a conta fiscal seria como apostar nos benefícios à saúde do uso de doses crescentes de heroína.

Valor Econômico e *Folha de S.Paulo,* 5/2/2003.

O fator cambial

Controle cambial na berlinda

O debate sobre controles cambiais e sobre as importações pode ter entrado em cena pela porta dos fundos, empurrado pelo medo de uma crise internacional de grandes proporções. Não será fácil, contudo, engavetá-lo.

No Brasil, são ideias que empolgam o PT, na oposição, mas que também são vistas com simpatia, numa versão mais suave, por gente do calibre do ministro Luiz Carlos Mendonça de Barros. No mundo, é um debate que ganhou respeitabilidade do lado do controle de capitais.

Paul Krugman, um dos mais influentes economistas mundiais, reconheceu que controlar capitais, mesmo sendo uma solução ruim, poderia ser a única alternativa para os países emergentes asiáticos.

A receita tradicional do FMI, de deixar o câmbio flutuar, elevar os juros para atrair capitais e restaurar a confiança, não funcionou: as moedas sofreram novos surtos de desvalorização, as economias mergulharam em recessão e isso tornou ainda mais difícil levar avante as reformas necessárias, especialmente do setor bancário. Com controle de capitais, sugere Krugman, esses países poderiam esquecer o câmbio, baixar os juros, retomar o crescimento e ir corrigindo as distorções.

A Malásia aplicou controles cambiais extremos. O jornal britânico "Financial Times", bíblia do mercado financeiro, reagiu com um editorial, ontem, defendendo controles de câmbio se forem restritos ao capital de curto prazo, de formato simples e forem acompanhados de reformas na economia.

É bom lembrar, contudo, que existem vários tipos e graus de controle de capitais. O Brasil já tem vários controles que a Ásia não tem: monopólio de câmbio pelo BC, impostos sobre algumas transações, restrições para alguns tipos de aplicações externas, entre outras. Ao mesmo tempo, contudo, liberalizou muito a entrada e saída de capitais.

O PT tem uma proposta clara, explicada por seus principais economistas ontem, num café da manhã com jornalistas. A crise é séria, pode se agravar e não haverá dólares no futuro para o Brasil manter o mesmo modelo. Deve reagir já, enquanto ainda tem reservas altas, por meio de medidas acertadas com o Mercosul. Como?

Controles sobre capitais, tanto mais fortes quanto pior se tornar a crise. No limite, com centralização cambial. Aloizio Mercadante acha que a situação ainda não é aguda e que o aperto se daria gradualmente, fechando "ralos" como os canais de entrada de capitais de curto prazo (CC-5, Anexos etc.).

Reinaldo Gonçalves acha que o problema não é só de fluxo. Somando os capitais voláteis financeiros e de multinacionais, o Brasil poderia perder "US$ 100 bilhões em 30 dias". Ele sugere ações fortes e imediatas em todas as frentes. Paul Singer propõe um "orçamento de dólares", como uma forma de amenizar os problemas da arbitrariedade e corrupção que surgem com controles cambiais: o Congresso decidiria quem levaria quanto de dólares.

Além disso, o PT sugere controles sobre importações, especialmente de "bens supérfluos". Mercadante lembra três brechas para fazer isso nas regras da OMC: estabelecer mais "regimes especiais", como o automobilístico, usar mais barreiras anti-dumping e regras de reciprocidade (elevar tarifas para quem não reduz tarifas). Guido Mantega fala em controles administrativos.

Quer dizer, o PT sugere uma guinada total de política, com ênfase no mercado interno e volta aos controles cambiais e de importação. Retrocesso? Ontem, um empresário importante, antipetista completo, considerava sensato esperar medidas nessa direção.

O governo, oficialmente, rejeita essas sugestões. As ideias de Krugman, como diz uma alta fonte, são interessantes, mas aplicáveis em países em situação dramática, o que não é o caso brasileiro.

Tudo bem, se a situação melhorar. Na segunda-feira, contudo, quando a Bolsa subiu 6,9%, saiu mais US$ 1,3 bilhão. As perdas já somam US$ 13,3 bilhões em um mês, a um ritmo de mais de US$ 1 bilhão por dia, nos últimos dias. É o desafio de curto prazo. Mesmo que seja superado, fica a questão de como viver em 99 com menos dólares disponíveis.

Folha de S.Paulo, 3/9/1998

Qual seria o "Plano B"?

A aposta do Brasil para sair desta crise é anunciar um forte ajuste fiscal, com o aval do FMI, receber um substancial pacote de apoio externo e esperar que um "choque de credibilidade" permita uma rápida redução das taxas de juros e, quem sabe, até uma certa reabertura do mercado, em alguns meses.

Esse círculo virtuoso, contudo, dependeria de uma reversão rápida e decisiva das expectativas. Um dos riscos é a estratégia esbarrar num círculo vicioso. A expectativa não melhora tanto, os juros não caem tão rápido e a perspectiva de recessão aumenta tanto que se torna, em si, um novo fator de desconfiança.

Esse risco é um dos pontos em comum na análise recente sobre o Brasil de três gurus entre os economistas internacionais: Paul Krugman, Rudi Dornbusch e Jeffrey Sachs. Mesmo discordando na terapia, eles coincidem nesse ponto do diagnóstico.

Coincidem, também, na visão de que uma desvalorização cambial poderia ser uma forma de amenizar o custo, permitindo juros menores e estimulando uma saída pelo aumento das exportações. Mas seria realista recomendá-la, hoje, para o Brasil?

Sachs acha que sim, apesar dos riscos e dos custos, pois a alternativa de sustentar o câmbio com uma recessão seria insustentável. Krugman diz que não dá para desvalorizar, porque o reajuste fugiria de controle, mas concorda que ajustar pela recessão acabaria abalando a confiança que se quer restaurar. Meio a contragosto, sugere que controles cambiais podem fazer algum sentido, se temporários.

Dornbusch é talvez o mais pessimista dos três. Ele acha que uma máxi seria uma "resposta terrível" a esta altura, tão insensata quanto optar por controles cambiais. Acelerar o câmbio, para algo como 20% ao ano, por dois anos, comprometeria a inflação e pressionaria os juros. Poderia ter sido uma opção no passado.

Ampliar a banda de flutuação do câmbio ou usar um padrão incerto de desvalorização teria um custo muito alto. Em função das contas internas e externas vulneráveis e de um "gap" de credibilidade, os investidores acabariam cobrando um prêmio de risco muito alto do país.

Ele duvida, também, do sucesso da aposta do governo num "choque de credibilidade", porque o ajuste embute uma queda de 3% ou 4% no PIB, elevando o risco do país. Se, em três meses, isso ficar claro, não só os juros não cairão, como poderá vir outra onda de desconfiança contra a moeda. O desfecho acabaria sendo uma desvalorização descontrolada.

A única saída que ele vê seria o Brasil seguir o exemplo argentino e fixar definitivamente o real ao dólar, num sistema de "currency board". Seria "jogar a toalha", já que, nesse sistema, o país renuncia a ter uma política monetária e cambial própria. A quantidade de moeda é determinada pelo volume de reservas externas. Se saem dólares, automaticamente contrai-se o volume de moeda, os juros sobem, e a economia encolhe e acaba se ajustando.

A política monetária é reflexo automático da confiança dos investidores, não da vontade do BC. Em situações de crise, o governo não pode tentar amenizar o ajuste usando a política cambial ou monetária, como provou a forte e brusca recessão argentina logo depois da crise mexicana de dezembro de 94.

Dornbusch diz que o Brasil poderia fazer uma última desvalorização antes de adotar o sistema, como uma espécie de "festa de despedida de solteiro". A partir daí, contudo, teria que ter absoluta flexibilidade nos salários, como na Argentina (onde os salários dos funcionários públicos caíram 20% em termos nominais). E um enorme apetite para gerar ganhos de produtividade, única forma de dar impulso às exportações.

A ideia de aplicar o "currency board" no México e no Brasil seduz economistas no FMI e em Wall Street. Vários ilustres economistas argentinos adorariam ver o Brasil com esse sistema. Seria uma forma de acabar com as incertezas na Argentina geradas por contágio das incertezas no Brasil.

Nenhum país de dimensão continental como o Brasil, contudo, jamais experimentou um "currency board", mais adaptável a economias menores e abertas. Além disso, os pré-requisitos para o sistema funcionar, no Brasil, supõem uma revolução na legislação trabalhista e em alguns costumes políticos.

O fato, no entanto, é que, a menos que a estratégia do governo dê certo, e rapidamente, será inevitável começar a discutir o que seria o "Plano B".

Folha de S.Paulo, 18/10/1998

Custos e benefícios do novo câmbio

A livre flutuação do câmbio, a que o Brasil foi empurrado na sexta-feira[18], abre um período de incertezas. Trará custos e sacrifícios, mas não é o fim do mundo.

Na situação extrema a que o país chegou, foi um alívio. Se insistisse em defender um câmbio indefensável, o Banco Central poderia ter esgotado as reservas antes de flutuar, como a Tailândia, ou botar os juros em 150% e tornar inevitável uma moratória da dívida interna, como na Rússia. Teria sido um desastre.

O país ficou mais pobre, o poder aquisitivo vai cair, empresas e bancos podem quebrar, houve um choque fiscal imediato negativo, alguma inflação vai voltar. Redobrar a aposta da política anterior, contudo, implicaria juros cavalares que trariam um choque fiscal ainda maior, recessão, desemprego (com redução do poder aquisitivo), quebras de empresas e bancos.

18 Em 15 de janeiro de 1999, o Banco Central desistiu de vender suas reservas em moeda estrangeira e tentar manter o controle das cotações do dólar no qual o Plano Real se baseava. Desde então, as cotações flutuam conforme os movimentos de compra e venda do mercado, com intervenções apenas ocasionais do BC.

Quer dizer, comparado ao cenário horroroso anterior, o cenário atual, igualmente ruim, pode ser relativamente melhor. Os juros podem cair mais rápido, a economia pode crescer algo mais e a alta da inflação pode ser contida, se houver boa administração.

Existem vários riscos, alguns mortais. O maior deles é haver um comando político frágil e falta geral de apoio no Congresso. Outro risco grave é o de haver erros de operação sérios por parte do BC.

A primeira reação dos mercados foi exuberante, mas não quer dizer que não possa haver sobressaltos (na Rússia, houve euforia seguida de depressão). O mercado continuará querendo a aprovação do pacote fiscal, o apoio do FMI e um mínimo de coesão política.

Acabaram os ataques especulativos e as fugas de capital para especular. Essas coisas só acontecem quando há alguém (o BC) disposto a vender dólar a um preço fixo que todo mundo acha barato.

Com livre flutuação, o BC deixa de vender. Se tem mais gente querendo comprar do que vender, o valor do dólar sobe. Somem os ataques, mas o país continua vulnerável aos humores do mercado financeiro: a cada votação fracassada no Congresso ou nova insanidade do governador mineiro,[19] pode sumir a confiança e o valor do dólar, ir para o espaço.

A mudança do câmbio pode ser analisada em várias dimensões: 1) a comparação com outros países em crise cambial; 2) o impacto fiscal; 3) o impacto sobre juros e crescimento; 4) a pressão inflacionária; e 5) o futuro regime de câmbio. Vamos a elas.

O QUE NÃO SOMOS

O Brasil mergulhou na crise cambial com mais reservas do que México (94), Tailândia (97), Coreia (97), Indonésia (97) e Rússia (98). O país tem talvez US$ 37 bilhões ou US$ 38 bilhões de reservas, mais US$ 31,5 bilhões prometidos, que poderão ser embolsados se forem mantidos os acordos com o FMI e os países ricos do G-7. Não há razão para imaginar que o acordo não possa ser refeito.

19 O então governador, o ex-presidente Itamar Franco, havia anunciado uma moratória nos pagamentos da dívida do Estado com a União, provocando uma crise no mercado que precipitou o colapso do real.

Em quatro desses países havia crise ou insegurança política. O México e a Coreia trocavam de presidente, a Indonésia acabava uma ditadura e a Rússia tinha – e tem até hoje – um Congresso que quer derrubar o presidente.

O Brasil tem um presidente recém-eleito pela maioria dos votos e com maioria no Congresso. Se conseguir provar que continua com apoio político básico e com um Congresso à altura da crise, terá uma enorme vantagem comparativa.

Nos cinco países, a crise cambial veio como uma surpresa. No México, porque o país escondia os dados da reserva e era considerado um modelo pelos investidores externos. Na Tailândia, Coreia e Indonésia, porque havia câmbio controlado há muitos anos e a expectativa de que o governo bancaria sempre o regime. Na Rússia, o mercado supunha que o poder nuclear assegurava um apoio incondicional externo.

Por essa razão, as empresas e os bancos nesses países, em geral, não tinham seguro contra desvalorização. Os bancos nesses países estavam quebrados por excesso de empréstimos e falta de regulação.

No Brasil, ao contrário, apenas empresas e bancos com apetite altamente especulativo ainda apostavam na manutenção do câmbio do real. O colapso cambial brasileiro é uma morte longamente anunciada. Quem não se preparou gostava de viver perigosamente.

Além disso, a desnacionalização de boa parte dos grandes bancos de varejo reduz o risco de quebras sistêmicas, ou seja, que coloquem em risco a estabilidade financeira. Pode haver quebra de bancos e de empresas, mas ninguém espera um colapso geral, como aconteceu nesses outros países afetados por crises cambiais.

Arturo Porzecanski, economista do banco ING Barings em Nova York, acha que o Brasil está muito melhor posicionado do que os outros países que sofreram crises cambiais, inclusive por já ter um programa em andamento com o FMI. Não tem tantas dívidas de curto prazo, nem bolhas especulativas com preços de ativos, como na Ásia.

Ele acha que a inflação sobe, mas não tanto, o balanço de pagamentos melhora rápido e a recessão será menos profunda.

Em alguns países em crise, a desorganização na economia gerada pelos outros fatores já citados acabou afetando a recuperação imediata das exportações. Na Coreia e na Tailândia, por exemplo, não havia financiamento externo para importar matérias-primas necessárias para produzir bens exportáveis.

No Brasil, não há razões, *a priori*, para se temer o mesmo tipo de problema. A maior limitação nas exportações será a conjuntura internacional de crescimento mais baixo este ano. Em contrapartida, o Brasil já mostrou, no passado, uma enorme capacidade de recuperar suas exportações com estímulo correto de preço (câmbio).

O IMPACTO FISCAL

Os custos da mudança cambial serão altos, porque ela veio muito tarde. Desde 95, houve discussões internas no governo sugerindo correções na rota do câmbio. O governo deixou o desequilíbrio externo chegar ao extremo e perdeu inúmeras oportunidades de fazer correções muito menos custosas.

Não tinha, contudo, como evitar jogar a toalha. Nas várias crises cambiais dos anos 90, nenhum país emergente resistiu a um segundo ataque especulativo contra sua moeda. Alguns se defenderam de um primeiro ataque como o Brasil, elevando os juros e fazendo ajustes fiscais.

Ninguém, contudo, resistiu ao segundo. O Brasil só conseguiu uma sobrevida depois da Rússia porque entrou um elemento inédito: um pacote de US$ 41,5 bilhões de apoio externo. Um terceiro ataque (ou uma segunda fase aguda do segundo ataque) liquidou a fatura.

O custo fiscal, a curto prazo, é grande. O governo tinha, em novembro, R$ 67,2 bilhões em títulos indexados ao dólar. Em outubro, a dívida externa líquida equivalia, em reais, a R$ 51,5 bilhões. Calcula-se que o Banco do Brasil, agindo em nome do BC, tinha US$ 12 bilhões (ou R$ 14 bilhões) em posições vendidas de dólar, que serviram como proteção ("hedge") para empresas e bancos privados contra a desvalorização.

Em todos esses campos o governo sai perdendo, de imediato, com a desvalorização. Digamos que o reajuste se estabilize em 25% em relação à cotação anterior à primeira mudança (acima, portanto, do fechamento de sexta-feira).

Com os 25%, a conta fiscal do governo subiria R$ 33,2 bilhões de imediato, um impacto muito significativo. No entanto, existirão também dois efeitos positivos importantes: juros mais baixos e economia menos deprimida. As razões para isso serão examinadas mais à frente.

Só para ter uma ideia, a dívida líquida total do governo em outubro era de R$ 367 bilhões, a um custo médio anualizado de 29,3%. Certamente a taxa de juro média poderá cair mais rápida e fortemente com o novo regime.

Se o custo médio ficar 9% abaixo do que seria no regime antigo, haveria uma compensação integral das perdas mais visíveis, mas é provável que o ganho seja menor do que esse a curto prazo. A economia, contudo, deve ficar melhor do que o esperado, o que ajuda a arrecadação fiscal.

Edmar Bacha, do banco BBA em Nova York, esperava uma queda de 1,5% do PIB este ano. Agora, acha que pode ficar em zero. Esse ganho de 1,5% seria muito expressivo em termos de receita tributária adicional.

Tanto Bacha quanto o ex-presidente do BC Affonso Celso Pastore acham que, a médio prazo, o impacto líquido do novo regime sobre as contas fiscais será neutro, ou talvez até positivo. Pode haver algum otimismo neste cálculo, mas o simples fato de que se esteja pensando nesses termos mostra que há uma distância de um desastre absoluto.

JUROS PODEM CAIR

Quando o BC decide defender uma taxa de câmbio, como acontecia até quinta-feira, isso significa que, se ela for pressionada, a taxa de juros será tão alta quanto necessário para evitar a desvalorização. Não importa que a economia esteja em recessão, ou que o desemprego seja recorde. Importante é defender o câmbio e o volume de reservas cambiais.

Com o câmbio flutuante, lembra Pastore, muda completamente a perspectiva. A política monetária passa a responder às necessidades da política econômica interna. É o que acontece nos Estados Unidos, no Japão ou na Alemanha. Se a inflação sobe, o juro sobe; se a economia desaquece, o juro cai. Se isso provoca valorização do câmbio, no primeiro caso, ou desvalorização, no segundo, não tem importância.

A curtíssimo prazo, o juro vai continuar ainda elevado. Por duas razões. Evitar que a desvalorização seja repassada para preços e salários, o que pressionaria a inflação, e manter alguma atratividade interna para aplicações financeiras.

Em alguns meses, contudo, os juros podem "desabar", como diz Pastore. Ele acha que não haveria razão alguma para impedir que os juros caíssem a 9% ou 10% em um ano. Não faz mais sentido pensar em "cupom cambial", ou seja, a remuneração no Brasil do investidor externo em renda fixa.

Bacha acha que os juros podem cair para 20% em três meses e mais depois. Como os juros podem ser menores, o crescimento pode ser maior (ou a recessão menor).

Além disso, lembra Pérsio Arida, ex-presidente do Banco Central, a própria desvalorização cambial tem um impacto positivo sobre o crescimento. Significa a criação de uma demanda adicional, externa.

O TAMANHO DA INFLAÇÃO

Desde 95 existiam propostas internas, no governo, para mudar o câmbio, e desde então um dos argumentos contrários foi o temor da volta da inflação. A flutuação vai mostrar quem tem razão, mas os argumentos que sustentam que o impacto será limitado são muito fortes.

Em primeiro lugar, a economia está em recessão, o que dificulta o repasse de aumentos de custos provocados pela desvalorização. A importação não chega a 10% do PIB, portanto o impacto direto sobre os preços não é tão amplo.

Alguns preços cruciais vão subir, como o da gasolina. Mas nada impede que alguns aumentos sejam administrados ao longo do tempo. O salto no nível de alguns preços, lembra Arida, só significa inflação se gerar um aumento recorrente de outros preços.

A indexação é quase inexistente e existem instrumentos, como políticas monetária e fiscal ativas, que podem limitar o impacto inflacionário. Na Ásia, o resíduo do impacto inflacionário das desvalorizações foi, de forma geral, pequeno.

Bacha acha que a desvalorização poderia gerar uma inflação residual inicial de 7% a 10%. Arida acha que não chega a tanto. Pastore também acha que o impacto inflacionário será pequeno.

QUAL SERÁ O REGIME?

Ao deixar o câmbio flutuar livremente, sexta-feira, o BC não indicou, necessariamente, como ficará o regime cambial futuro. A rigor, poderá continuar deixando o câmbio flutuar livremente, ou fixar, mais à frente, uma banda larga mais realista.

Um ex-diretor do BC, bastante ouvido pela equipe econômica, acha que não faz sentido fixar bandas. O BC deveria se limitar a indicar, indiretamente, níveis desejados, mas deixar ao mercado a fixação do câmbio, como no México.

Pastore defende a fixação de uma nova banda. A livre flutuação tem uma grande vantagem em relação ao regime de câmbio controlado: dá liberdade para a política monetária seguir objetivos internos. E uma grande desvantagem: introduz volatilidade nas cotações.

Uma forma de reduzir a volatilidade é operar em bandas largas. Um pré-requisito essencial, contudo, é que a cotação entendida como de equilíbrio pelo mercado esteja dentro da banda, de preferência num ponto mais perto do centro dela. A banda anunciada pelo governo antes da flutuação foi vista como inteiramente irrealista. Durou um dia.

A banda precisa ter espaço para alguma valorização e desvalorização do real, porque a taxa de juros influi no nível do câmbio. Se o Brasil reduzir os juros mais à frente, porque já não precisa defender o câmbio e há recessão interna, isso certamente poderá provocar alguma desvalorização adicional no real.

Se houver espaço para acomodar essa variação dentro da banda, tudo bem. Se isso, contudo, colocar a cotação do real no teto da banda, então o BC terá que intervir sem parar para defender a cotação. A banda fica irrealista e a política volta ao vício anterior.

Pastore acha que o mercado entendia ser preciso uma desvalorização entre 20% e 30%. A primeira reação do mercado, sexta-feira, referendou esta ideia, mas seria bom o BC esperar mais alguns dias de operação livre antes de amarrar o regime numa nova banda larga.

A vantagem de ter uma banda larga, de todo modo, seria a de reduzir a volatilidade possível: o mercado saberia que o BC entraria vendendo no teto e comprando no piso. A tendência seria de o mercado operar no meio da banda. Crucial seria ter uma banda fixada em níveis realistas.

Folha de S.Paulo, 17/1/1999

O populismo cambial é antigo

O populismo cambial de Fernando Henrique Cardoso e Gustavo Franco é menos original no Brasil do que eles poderiam imaginar. Valorizar o câmbio para ganhar votos e desvalorizar o câmbio depois da eleição têm sido a regra nos últimos 40 anos.

A constatação é de um trabalho muito interessante de dois professores da Fundação Getúlio Vargas do Rio, Maria Cristina Terra e Marco Bonomo. Eles examinaram o comportamento do câmbio antes e depois de eleições realizadas de 1964 até 1997. Confirmaram o que outros trabalhos constataram em outros países latino-americanos: os políticos, em regimes democráticos, são tentados a ganhar simpatia valorizando o câmbio antes de eleições e acabam tendo que pagar a conta, com desvalorizações, depois das eleições.

É fácil entender a razão. A valorização do câmbio, como aconteceu no primeiro mandato de FHC, reduz o custo dos produtos importados e leva a um déficit nas contas externas. Isso quer dizer que o país aumenta sua capacidade de consumo à custa de mais endividamento. É bom enquanto dura.

É claro que, se as tarifas são baixas e o comércio é aberto, o benefício atinge uma camada maior da população. O ganho, de todo modo, sempre existe.

O desequilíbrio externo, contudo, acaba obrigando o país a se ajustar. Por essa razão, depois das eleições a tendência é haver desvalorização ou aceleração da desvalorização. Dois grupos saem ganhando: os exportadores e os que estão ligados a setores que produzem para exportação. É, contudo, um grupo muito menor de beneficiados. Ao gerar superávits comerciais, a desvalorização reduz o consumo global. Além disso, a desvalorização representa uma redução no valor dos salários reais. O balanço para a popularidade dos políticos é negativo.

O trabalho classifica os políticos que valorizam o câmbio como mais preocupados com a inflação, pelos efeitos benéficos que essa política tem sobre os preços. Já os políticos que desvalorizam são classificados como os preocupados com o balanço de pagamentos.

Mesmo os políticos preocupados com o balanço de pagamentos, no entanto, tendem a se comportar como se seu foco fosse apenas a inflação, antes das eleições, como uma forma de ampliar seu apoio popular.

É claro que os políticos, se pudessem, privilegiariam sempre a inflação baixa e o câmbio valorizado. O problema é que os governantes só conseguem afetar o valor do câmbio real a curto prazo. A longo prazo, o câmbio só se valoriza se isso se justificar por ganhos econômicos permanentes. E esses ganhos são muito menos frequentes do que costumam alegar os governos para justificar suas políticas de valorização cambial.

No México, a “maldição do câmbio” é famosa. Desde os anos 70, o câmbio tende a se valorizar nos seis anos de mandato, até as eleições, que são seguidas por crises cambiais. A eleição de domingo deve ser a primeira exceção relevante à regra.

No Brasil, a percepção de que o câmbio segue um ciclo eleitoral é menor, mas os resultados da pesquisa são inequívocos. Eles definiram primeiro o que seria um “câmbio de equilíbrio”, ou seja, a taxa de câmbio compatível com o funcionamento da economia com equilíbrio interno e externo. Usaram um modelo criado pelos economistas Ilan Goldfajn e Rodrigo Valdés. O câmbio de equilíbrio é calculado a partir de uma cesta ponderada de moedas de parceiros e funciona como uma regressão que leva em conta alguns fundamentos que alteram seu valor, como os termos de troca, os gastos do governo e o grau de abertura.

Por essa razão, embora o sistema de minidesvalorizações tenha mantido o câmbio real (deflacionado) mais ou menos constante de 1968 a 1979, o câmbio de equilíbrio mudou. Depois do choque do petróleo, como o governo decidiu não desvalorizar para ajustar, o câmbio de equilíbrio sofreu, na prática, uma valorização.

De 1964 a 1997 o Brasil passou por vários regimes cambiais, inúmeras políticas econômicas e choques. Passou, ainda, por um longo período autoritário. O trabalho constatou que no período democrático e no início do período autoritário (quando ainda havia dúvidas sobre se o regime militar se prolongaria) os oito a dez meses que antecederam eleições importantes são de valorização cambial, ou redução na desvalorização. Os doze meses seguintes a essas eleições são períodos de maior desvalorização cambial.

As razões que levam o câmbio real a estar desalinhado em relação ao que seria o câmbio de equilíbrio podem também ser econômicas. Os meses que antecederam a eleição de Fernando Collor, por exemplo, foram de altíssima inflação, e a forte valorização ocorrida refletiu, em parte, a tentativa de evitar uma hiperinflação descontrolada.

O importante, contudo, é que, independentemente dos fatores econômicos e dos regimes cambiais, a correlação entre valorização cambial antes das eleições e desvalorização depois é fortíssima, em termos estatísticos. O populismo cambial tem raízes antigas.

Valor Econômico e *Folha de S.Paulo*, 6/7/2000.

A tentação de "operar" o mercado

Numa palestra recente, o presidente do Banco Central, Armínio Fraga, dizia que existem dois problemas centrais em regimes de câmbio administrado, como o que o Brasil viveu no primeiro mandato FHC. O primeiro é a confusão: é difícil para as empresas e os indivíduos saberem o que virá pela frente. O outro é a tentação para os governos de postergar reformas e ajustes, mesmo quando a situação se torna claramente insustentável.

Ele poderia ter acrescentado, entre as tentações do câmbio administrado, a de querer ser mais esperto do que o mercado, especialmente quando as coisas não vão bem. Nesse item, o Brasil foi campeão, como mostrou reportagem do *Valor* publicada ontem [23/11/2000].

Uma das características dos governos que operam um câmbio administrado é sua profunda convicção de que sempre que o mercado aposta contra ele é porque não entendeu direito os fundamentos ou está metido numa especulação desenfreada. Se é assim, é legítimo o BC "operar" o mercado até que o bom senso volte a prevalecer.

A primeira "operada" aconteceu ao longo da crise asiática, em 1997. Em dois momentos, o BC entrou pesado, de forma sigilosa, nos mercados futuros de dólar aqui no país (gastando reais, mas correndo risco cambial). Chegou a vender mais de US$ 20 bilhões. Deu certo: o real não foi desvalorizado, os especuladores perderam dinheiro e o BC ganhou.

Depois da crise da Rússia, em julho de 1998, começou uma avalanche contra o Brasil. O BC repetiu e ampliou a dose. Hoje já se sabe, graças a uma CPI, que o BC chegou a ter o equivalente a US$ 10 bilhões nos mercados futuros brasileiros. Só que, dessa vez, quem apostou contra o real ganhou e o BC perdeu, com o nosso dinheiro.

O que só se soube ontem é que mais US$ 12,9 bilhões, dessa vez em dólares das reservas cambiais, também fizeram parte dessa tentativa de operar o mercado e defender um câmbio que provou ser indefensável. Os dados inéditos do Banco Central mostram que, em dezembro de 1998, havia US$ 6,7 bilhões de reservas cambiais aplicados em títulos brasileiros. Outros US$ 6,2 bilhões estavam nos cofres do Banco do Brasil.

Gustavo Franco, presidente do Banco Central na época, relembra a história dos *bradies*[20], títulos da dívida. A carteira de *bradies*, diversificada, já vinha desde 1995, contabilizada a valor histórico e apoiada por uma decisão de diretoria do BC. Depois da crise russa, em 1998, muitas instituições passaram a vender *bradies* brasileiros sem ter o papel, apostando na queda do preço.

O BC percebeu e passou a comprar *bradies* (C-Bond e IDU), diz Franco, aumentando ainda mais a escassez do papel. Em certo momento a falta de papel era tanta que quem tinha de entregá-lo aceitava alugá-lo perdendo dinheiro. Resultado: com tanta procura, o preço do papel não caiu.

Em 1997, na crise da Ásia, os *bradies* tiveram uma queda brusca. Os bancos brasileiros que haviam tomado empréstimos lá

20 Papéis da dívida externa de países emergentes que foram renegociados de acordo com as regras do Plano Brady. Por esse plano, foram emitidos títulos para substituir a dívida antiga desses países e foi aplicado um desconto sobre o valor dos débitos.

fora para aplicar no papel tiveram que vender qualquer ativo disponível, no Brasil, para comprar dólares e cobrir margens de empréstimo. Foi enorme a pressão sobre o câmbio.

A operação do BC evitou uma queda semelhante no preço dos *bradies*, em 1998. Na reta final da desvalorização, contudo, foi impossível evitar que os *bradies* despencassem. Franco argumenta que, se o BC precisasse do dinheiro, poderia vender os *bradies* em carteira e transformá-los em dólares, ainda que provocando uma perda no valor, "uns 10%". Discordo: nas semanas que antecederam a desvalorização, uma venda de *bradies* pelo BC provocaria mais erosão de confiança e de reservas do que geraria dólares.

Quanto às reservas no BB, Franco argumenta que algo em torno da metade eram depósitos *overnight* e que o grosso eram linhas comerciais (ACC) de até seis meses de prazo. O BB já usava dólares da reserva antes, mas depois da crise russa o BC decidiu aumentar as aplicações. A razão: como os bancos internacionais cortaram as linhas de comércio, o BC dava dólares para o BB dar linhas aos clientes no Brasil.

Formalmente, aplicações de até seis meses são de curto prazo e podem compor as reservas, argumenta Franco. Mas eram dólares que o Banco Central poderia ter usado para defender o real no auge da especulação? A lógica diz que, se o BC, num momento complicado, tirasse o *funding* do BB, estaria apenas abrindo mais um buraco, que geraria mais pressão, direta ou indireta, sobre o real.

Franco sustenta que as várias operações de defesa do real, comprando *bradies*, dando dólares ao BB e no mercado futuro, foram um sucesso. Faltou apenas a disposição do governo de elevar ainda mais os juros e gastar ainda mais dólares para evitar a desvalorização.

Não vejo como. O mercado começou a perder a confiança de vez no real já no final de dezembro. Elevar mais os juros era visto como inviável, do ponto de vista fiscal e político. As reservas realmente líquidas e disponíveis para a defesa do real eram mínimas: algo em torno de US$ 12,5 bilhões, para saídas de até US$ 1,8 bilhão ao dia. O BC vender *bradies* e tirar *funding* do Banco do Brasil, nessas circunstâncias, seria apenas jogar gasolina no incêndio.

A verdade é que expedientes do BC, por mais engenhosos que sejam, podem ganhar tempo, mas não defender o que é visto como indefensável. A Tailândia, em 1997, gastou secretamente quase todas suas reservas no mercado futuro tentando, inutilmente, defender sua moeda. O Brasil, sabe-se agora, comprometeu muito mais reservas do que se supunha, tentando "operar" o mercado.

É a tentação irresistível do câmbio administrado.

Valor Econômico e *Folha de S.Paulo*, 23/11/2000.

O teste do câmbio ficou mais difícil

O câmbio flutuante brasileiro passou bem pelos primeiros dois testes, no final de 1999 e no primeiro semestre do ano passado [2000]. A pressão dessa vez, contudo, além de persistente, vem embalada por alguns ingredientes mais preocupantes.

No final de 1999, o câmbio subiu rápido mas também caiu rápido. Quem apostou forte na alta, ou tentou se proteger (com *hedge*), perdeu muito dinheiro. No ano passado, o movimento foi mais suave, rápido, e pouca gente apostou no dólar. Resultado: o repasse do dólar sobre os preços foi pequeno. O Banco Central reviu seus cálculos de quanto do câmbio vira inflação. Antes imaginava que cada 10% de câmbio virava 1% de inflação em três meses e 2% em 12 meses. Reviu o repasse em 12 meses para 1,5%.

Dessa vez, a escalada vem vindo desde julho, com uma desvalorização superior a 17%. Vem alimentada por quatro ingredientes: 1) a convicção de que a balança comercial será pior do que se imaginava; 2) indicações de crescimento forte da economia; 3) incertezas externas nos Estados Unidos e na Argentina;

e 4) turbulências políticas que agravam as incertezas em relação a 2002. Uma quinta dúvida, ainda não generalizada, é se o impacto da inflação sobre o câmbio ficará mesmo dentro das projeções do BC.

Vamos começar pelo último ponto. No ano passado, o diretor do BC Ilan Goldfajn e o ex-diretor do BC Sérgio Werlang fizeram um estudo sobre qual seria o *steady state* do câmbio. A ideia é buscar, por um modelo econométrico, a linha de evolução do câmbio que seria compatível com um nível de equilíbrio do dólar. Essa linha indicaria (com todas as limitações de modelos desse tipo) se o câmbio efetivo estaria ou não dentro de uma certa evolução esperada.

O Banco Safra, usando a mesma metodologia, atualizou a linha do câmbio. Duas conclusões em relação ao passado: o câmbio se manteve bem abaixo da linha de equilíbrio antes da crise cambial e bem acima dela depois (o chamado *overshooting*, ou sobredesvalorização, que normalmente acompanha crises cambiais). A partir de meados do ano passado, o câmbio efetivo passou a oscilar mais próximo da linha teórica esperada.

O que preocupa é a outra conclusão. Hoje, o câmbio no *steady state* estaria em torno de R$ 2,04 por dólar. Isso quer dizer que, com a taxa batendo perto de R$ 2,08, como aconteceu ontem [14 de março de 2001], ele está acima do equilíbrio. Diz a teoria que, quando a taxa efetiva está abaixo dessa linha, existe mais espaço para absorver desvalorizações sem repassar para os preços. Quando está acima, é muito mais forte a pressão para que o câmbio vire preço. Se for verdade, a taxa de repasse do câmbio sobre a inflação pode subir.

O BC poderia tentar conter o câmbio, com "ameaça moral", como fez há poucos dias, ou com atos (venda de títulos cambiais ou intervenções). Mas teria que evitar defender certo nível de câmbio; caso contrário, o mercado poderia testá-lo. Sem intervenções, se houver pressão inflacionária mais forte, o Banco Central teria que subir os juros. Uma boa parte do mercado hoje está mais pessimista sobre a trajetória dos juros e isso se reflete numa elevação das taxas no mercado futuro. A inflação do IPCA do primeiro bimestre já ficou em 1,03%, acima das previsões e pouco confortável para uma meta anual de 4%.

O comportamento da balança e a aceleração do crescimento são o mesmo problema. Crescer acima de 4,5% não é um problema pelo lado da demanda. "A inflação está morta", diz o deputado Delfim Netto. "O Brasil não pode crescer mais do que isso pela restrição externa." O crescimento pressiona a balança, que piora a conta externa, que pressiona o dólar, que pressiona os preços. A única variável que poderia ajudar seria uma forte e inesperada queda no preço do petróleo. Cada dólar a menos no barril significa menos US$ 250 milhões nas importações, calcula José Roberto Mendonça de Barros.

A economia vem superando todas as previsões. O crescimento industrial de 11% em janeiro aponta para um crescimento do PIB, neste ano, de uns 5,5%. Fevereiro não deu sinais de desaceleração. A menos que março e abril mostrem alguma acomodação, o PIB estaria indo numa direção acima do produto potencial e pressionando as contas externas.

Tudo isso poderia ser absorvido sem grande sobressalto, se houvesse financiamento externo farto e barato. Por essa razão, o agravamento da crise argentina e do cenário norte-americano preocupam. O receio não é de um colapso no Brasil, mas de menos liquidez disponível para os países emergentes. O que, se ocorrer, significará mais pressão sobre o câmbio.

Como diz um banqueiro, o risco do câmbio ficou assimétrico: se cair, não deve ficar abaixo de R$ 2,00; se subir, pode ir a R$ 2,20. Razão para os bancos ficarem comprados em dólares. A pressão por *hedge* das empresas, por enquanto, é pequena, mas as incertezas não ajudam em nada.

Valor Econômico e *Folha de S.Paulo*, 15/3/2001.

O câmbio não afeta tanto a dívida

O balanço de pagamentos, como dizia Mário Henrique Simonsen, mata, e o governo parece ter acordado para essa realidade. Mas, quando se trata das expectativas do mercado financeiro internacional, de que depende o Brasil, as dúvidas sobre a trajetória da dívida pública também são capazes de fazer um grande estrago.

Bem antes do ataque terrorista aos Estados Unidos, Wall Street já discutia se o Brasil teria que reestruturar sua dívida no próximo ano. Depois do ataque, a disparada do dólar no Brasil e as pressões por algum aumento adicional nos juros tornaram essa discussão ainda mais aguçada.

O Banco Central incorpora automaticamente o impacto da mudança cambial sobre todo o estoque da dívida. Cerca de 40% da dívida líquida do setor público é em dólar ou indexada ao dólar. Com isso, o estoque da dívida pública líquida, que era de 49,3% do PIB no final do ano passado, saltou para 52,5% do PIB em julho. O BC projeta que ela chegue a 54% do PIB em dezembro, mas bancos já calculam entre 55% e 57%.

Saber se o desastre é inevitável depende muito das hipóteses que se faça sobre o futuro. O presidente do BC, Armínio Fraga, em depoimento no Congresso na semana passada [meados de setembro de 2001], projetou que a dívida pode cair para 40% do PIB até 2010, desde que a economia cresça 4% a cada ano e os juros reais (acima da inflação) não ultrapassem 8%. Desde o início do Plano Real, o governo jamais conseguiu trazer o juro real para um dígito. Quem usar cenários muito piores pode chegar a uma moratória em anos ou mesmo meses.

Existe, contudo, uma lógica na dinâmica de crescimento da dívida pública, e entendê-la é mais importante do que apenas apostar numa certa projeção. Olhando essa lógica, nem todo o mercado aposta no desastre.

Um estudo de 6 de setembro [de 2001], do grupo que cuida de estratégia do banco JP Morgan, em Nova York, feito pelo economista Drausio Giacomelli, examina a dinâmica da dívida e conclui que ela "não é nem insustentável, nem explosiva". Mais: ele argumenta que o impacto do câmbio sobre a dívida é pouco relevante a médio prazo e que crucial é saber se o Brasil continuará gerando superávits primários (receitas menos despesas, exceto juros) de pelo menos 3,5% do PIB nos próximos anos.

A subida do câmbio tem pouco impacto por várias razões. A incorporação da desvalorização sobre todo o estoque da dívida dolarizada explica 3,2% do PIB do aumento da dívida líquida neste ano [2001]. Supõe-se que a desvalorização trará um custo fiscal sobre todo o estoque. No entanto, esse custo fiscal pode ser zero, se a subida for transitória, ou seja, durar alguns anos. A rigor, só haverá custo fiscal se e quando o governo reduzir, liquidamente, o total da dívida dolarizada. Nesse sentido, compara o trabalho, é um processo equivalente a ganhos ou perdas de capital em aplicações, algo que só se materializa quando se liquida a operação.

O Morgan tem um modelo para calcular o que define como câmbio de equilíbrio. No caso do Brasil, no início de setembro (dólar a R$ 2,57), o real estava 15% acima do câmbio de equilíbrio. Hoje, com o dólar a R$ 2,72, está 25% acima. A relação dívida/PIB envolve variáveis reais, que não consideram o impacto inflacionário. Portanto, não importa a quanto vá a taxa nominal do câmbio, a aposta é que, no futuro, o câmbio real acabará voltando ao nível de equilíbrio. Quando isso acontecer, o ganho em termos de relação dívida líquida/PIB será equivalente à perda que a desvalorização real provocou no último ano e meio.

Já aumentos nos juros internos têm impacto imediato e duradouro sobre a dívida. A dívida dolarizada equivale a 21% do PIB. A dívida ligada a taxas flutuantes de juros soma 23% do PIB. O estrago de qualquer aumento nos juros é enorme, mas o risco de a forte desvalorização levar a elevações adicionais dos juros é pequeno. O banco argumenta que o repasse do câmbio sobre os preços tem sido muito baixo e não há riscos de retorno da indexação.

Um problema sério na dívida pública são os esqueletos escondidos. O banco estima que haja o equivalente a 10% do PIB em dívidas ainda a serem incorporadas, já descontadas as previsões de receitas com privatizações. Portanto, o estoque real seria hoje de 62,5% do PIB, podendo chegar a 65% no final do ano. Em termos de dívida bruta do setor público, o número brasileiro, superior a 65% do PIB, já está 10% do PIB acima da média dos países classificados como o Brasil (BB, pelo critério da Standard & Poor's). Com os 10% do PIB em esqueletos, a situação fica muito feia e justifica a baixa classificação de risco do país.

Como atacar esse problema? A arma mais eficaz é o superávit primário. Cada 1% do PIB de saldo primário adicional reduz em 1% do PIB a dívida. Cada 1% a mais de crescimento reduz a dívida em 0,6% do PIB. Cada 10% de aumento dos juros eleva a dívida em 0,4% do PIB e cada 10% de desvalorização permanente (e não transitória) do câmbio aumenta a dívida em 0,2% do PIB.

Supondo um crescimento médio de 3% ao ano nos próximos anos, uma redução gradual, em cinco anos, do juro real para 8% e um retorno gradual ao câmbio de equilíbrio, seria preciso manter o superávit primário em 3,5% do PIB para conseguir uma suave redução na relação dívida líquida/PIB. Se o câmbio não voltar ao equilíbrio, a relação sobe um pouco. Se o superávit primário for de 2% do PIB e não 3,5%, em cinco anos a dívida chega a 60% do PIB (ou 70% se forem incorporados os esqueletos).

As hipóteses podem mudar, mas a direção da dinâmica está dada. A boa notícia é que a disparada do câmbio não deve ser levada tão a sério. A má é que, qualquer que seja o próximo presidente, ou mantém o esforço fiscal, ou verá a dívida disparando e, com ela, o risco de uma moratória. O Morgan acha esse risco pequeno: haveria constrangimentos políticos, institucionais e legais a uma moratória. Nesse ponto, é bom dizer, o Morgan está bem mais otimista do que a média do mercado.

Valor Econômico e *Folha de S.Paulo*, 27/9/2001.

Falta o choque de credibilidade

No fim de janeiro do ano passado [2001], escrevi uma coluna com o título: "Dólar a R$ 3,50 ajuda ou atrapalha?". Na época, com o dólar a R$ 2,40, a hipótese causou furor; hoje, quase dá saudade.

A coluna discutia as ideias de Francisco Pinto, ex-diretor do Banco Central. Ele estava convencido de que a única saída para o país era retomar o crescimento de 4% a 5% ao ano por meio de uma redução consistente da taxa de juros. Isso só aconteceria quando o déficit em conta corrente caísse dos mais de US$ 20 bilhões estimados naquele momento para algo entre US$ 5 bilhões e US$ 10 bilhões.

O atalho para chegar lá seria deixar o câmbio subir, reduzindo o estoque de títulos indexados ao dólar. Sua projeção indicava que, a uma taxa de R$ 3,50 por dólar, o saldo comercial iria a uns US$ 15 bilhões e a conta externa seria ajustada.

Quase tudo o que ele sugeria acabou acontecendo. Não da maneira ordenada e gradual que ele sugeria, mas pelo nervosismo dos mercados, somado à crise externa. O saldo comercial caminha para US$ 15 bilhões em 2003 e o déficit em conta corrente deve ficar em um dígito. O saldo dos títulos indexados ao dólar, embora tenha subido 53% em reais, em dólares caiu, desde o início do ano, US$ 8,96 bilhões, para US$ 68 bilhões. O juro, contudo, não caiu e não há perspectiva de retomada de crescimento vigoroso da economia.

Uma razão é a pressão inflacionária trazida pelo salto desordenado no câmbio. Apesar do estresse, Chico Pinto acha que a subida no câmbio e o ajuste nas contas externas foram fundamentais. Passado o choque cambial, seria preciso, agora, um choque de credibilidade, pelo lado fiscal. Se o futuro presidente estiver disposto a gerar um superávit primário significativo nas contas públicas, de 5% do PIB ou mais, ele está convencido de que o juro real poderá cair fortemente, o que permitiria uma retomada do crescimento, sem risco de uma inflação descontrolada.

Na verdade, essa seria a única saída. Tentar controlar o câmbio e seu impacto inflacionário através de um choque de juros não é possível, dado o tamanho da dívida líquida (que, estima-se, deve ter chegado perto de 66% do PIB em setembro [de 2002]). Quanto maior o superávit primário, mais forte poderá ser a redução dos juros reais, supõe, o que ajudaria a conter a dívida líquida, abrindo espaço para novas reduções de juros.

Muitos são céticos em relação à possibilidade prática de se elevar ainda mais o superávit primário. Ele concorda que é difícil, mas seria uma tarefa bem menor do que o tamanho do ajuste fiscal feito desde 1998.

Mesmo com o dólar perto de R$ 4,00, ele continua convencido de que o Banco Central deveria continuar reduzindo o estoque de papéis indexados ao dólar, através de rolagens menores, previamente anunciadas. Esse estoque de dívida indexada torna o câmbio flutuante brasileiro “heterodoxo” e cria um impacto fiscal indesejável em qualquer ajuste que se faça por intermédio do câmbio. O ideal é acabar com esses papéis. Quanto à taxa de câmbio ideal, ele acha que o mercado deve ter espaço para determinar. Na medida em que as contas externas se ajustarem, o mesmo mercado começará a reverter a superdesvalorização.

Valor Econômico e *Folha de S.Paulo*, 24/10/2002.

Gasto com ciclo

A recente valorização do real em relação ao dólar criou ansiedade e sugestões qualificadas de intervenção do governo para manter a cotação mais desvalorizada. Há quatro formas de fazê-lo: o Tesouro comprar mais dólares no mercado privado, reduzir a dívida pública indexada ao dólar, controlar a entrada de capitais de curto prazo e cortar os juros.

Existem fortes indicações, contudo, de que o governo não vai fazer nada a curto prazo. Os juros dependem de melhores sinais na inflação. As outras três medidas supõem que o governo estaria disposto a brigar por um nível de câmbio real. Nem o Banco Central, nem a Fazenda acham que isso é desejável ou viável.

A visão que se tem na Fazenda é de que a recente apreciação do real está ligada a um ciclo de liquidez estimulado por ganhos de arbitragem de curto prazo. A expectativa do governo é de que, gradualmente, a qualidade da captação melhore e os prazos aumentem.

Essa mudança, contudo, não é esperada em semanas, mas em meses. A aposta é que só quando os primeiros resultados das votações das reformas estruturais aparecerem, no segundo semestre, é que a percepção dos investidores externos mudará de forma mais significativa. Antes disso, não dá para falar em "enxurrada" de dólares.

Além disso, tanto o BC quanto a Fazenda estão convencidos de que o governo não consegue fixar uma taxa de câmbio real (descontada a inflação), só uma taxa nominal e, mesmo assim, temporária. O diretor do BC Ilan Goldfajn lembrou, numa palestra recente, que manter o real supervalorizado, como se fez entre 1994 e 1998, acaba em crise cambial. Tentar mantê-lo subvalorizado acabaria em inflação. Com um agravante: a inflação acaba com o câmbio subvalorizado ainda mais rápido do que a crise destrói o câmbio supervalorizado. Ilan deixou claro outro ponto: mesmo com a apreciação recente, o real continua, historicamente, muito subvalorizado.

Uma fonte da Fazenda vai mais longe. Quando o BC tenta adivinhar o nível "correto" do câmbio, pode cometer graves erros. Em 2001, o BC achou que a desvalorização do real era temporária e vendeu muitos títulos indexados ao câmbio como proteção (*hedge*). Errou na previsão: a tendência de desvalorização se acentuou em 2002, a dívida indexada ao dólar subiu demais e gerou prejuízos fiscais.

Importa a visão de longo prazo. A aposta, segundo a fonte, é que a tendência, desde 1997, de queda no fluxo de capitais para os países emergentes não será revertida. Portanto, o déficit externo em conta corrente terá que ser mantido entre 1% e 1,5% do PIB, o máximo compatível com a expectativa de ingresso de capitais mais estáveis.

Para isso, é fundamental ter um câmbio competitivo, mas, acima de tudo, uma economia competitiva. É preciso criar "anticorpos domésticos" contra choques externos, e isso se obtém pelo aumento da poupança, do investimento e da confiança externa. Aumentar a capacidade de produção é uma forma de reduzir o impacto de choques externos, porque permite ao país ampliar a produção exportável sem ter de segurar a demanda interna.

Isso exige uma menor presença do Estado na disputa pela poupança interna, reduzindo o déficit público via cortes de gastos com menor impacto sobre investimentos produtivos, como os da previdência. O que abriria espaço para um corte dos juros. A retomada da confiança e do crescimento permitiria melhorar a percepção externa de risco. Países classificados pelas agências de risco como "nível de investimento" têm uma volatilidade externa muito menor. Caminhar nessa direção, diz a fonte, é uma opção muito melhor do que impor controles sobre capitais de curto prazo.

É um tipo de visão parecida com a do coração da equipe econômica anterior. A conclusão, contudo, não deve ser a de que em nenhuma circunstância o governo mudará políticas que podem ter impacto sobre o câmbio, como reduzir a parcela da dívida pública indexada ao dólar. A conclusão correta talvez seja a de que mudar, agora, seria precipitado.

Introduzir um superávit primário anticíclico a partir de 2005, como quer o governo, tem duas implicações orçamentárias relevantes. A ideia é, ao menos na proposta original, que o governo passe a fixar um nível de gastos e deixe a receita flutuar conforme o ciclo: se o PIB for maior, o excesso será automaticamente poupado; se for menor, o gasto superará a receita e haverá um déficit primário maior. A outra implicação é que não poderia haver tantas vinculações entre receita e gasto obrigatório, pois isso inviabilizaria o princípio.

Valor Econômico e *Folha de S.Paulo*, 17/4/2003.

As razões para o BC intervir no câmbio

O Banco Central não deve intervir no câmbio, porque um burocrata não sabe melhor do que o mercado qual o nível "correto" do dólar. O mercado, como diz a boa teoria econômica, sempre encontra o nível de equilíbrio. Até porque o BC não é capaz de fixar o valor real do câmbio, só o nominal: se ele for muito alto, a inflação acaba reduzindo o valor real do câmbio e todos saem perdendo.

Certo? Errado, diz o ex-presidente do BC Ibrahim Eris. Essa tem sido a essência do argumento do governo para deixar o real apreciar em relação ao dólar, mas é um equívoco, a seu ver, mesmo sob a ótica econômica ortodoxa.

Não há teoria econômica convincente que prove que um mercado onde há incertezas gere equilíbrio. Só haverá equilíbrio no câmbio se houver equilíbrio em outros mercados que o afetam. Não é o caso. Pelo menos quatro indicadores estão fora de equilíbrio: os juros, o crescimento, o nível de *hedge* e o tamanho das reservas.

Juros de 26,5%, projetando juros reais, em 12 meses, de 16,2%, estão em desequilíbrio. Seguram o crescimento econômico abaixo do pleno emprego, a longo prazo. Isso gera um saldo na balança comercial alto, mas não inteiramente sustentável.

O nível de *hedge* oferecido pelo governo mediante títulos indexados ao câmbio está muito acima do razoável. O excesso veio de uma ação do BC, ano passado [2002], para tentar conter o nervosismo do mercado com as eleições. O nível das reservas líquidas (descontado o dinheiro do FMI) tampouco é o necessário para um país com a vulnerabilidade externa do Brasil.

Em todos esses casos, um BC ativo poderia reduzir o desequilíbrio. Os juros podem cair (se a inflação permitir), pode-se recomprar títulos cambiais e comprar dólares no mercado para recompor as reservas. Não há nada errado em ter o BC ativo. Ele não deve perseguir um nível específico de taxa de câmbio, mas pode e deve atuar para corrigir desequilíbrios.

Hoje há uma discussão sobre o que fazer com uma entrada exagerada de capitais especulativos de curto prazo. Alguns, como o senador Aloízio Mercadante, defendem a taxação desses capitais. Eris propõe uma solução mais simples. O BC deveria calcular qual o nível de ingresso de capitais de curto prazo em condições normais. O que ultrapassasse esse nível o BC poderia recomprar no mercado privado de câmbio, formando uma reserva extra que poderia ser utilizada quando esse capital mais especulativo quisesse sair do país.

Todas essas ações, no fundo, ajudariam também a reduzir a volatilidade do câmbio. A volatilidade é inerente às moedas periféricas, argumenta. São mercados pequenos, sujeitos a fluxos globais enormes. O problema é quando se confunde efeitos da volatilidade com tendências de longo prazo.

Um exemplo dramático foi o impacto da privatização nos anos FHC. Ajudou a aumentar o fluxo de dólares e os investimentos diretos de uma maneira não sustentável a longo prazo. No entanto, como esse fator excepcional persistiu por vários anos, foi visto como tendência, levou a uma sobrevalorização do real e desmontou o setor exportador, com consequências graves e duradouras.

A segunda boa razão para o BC intervir no câmbio, portanto, seria tentar compensar o impacto provocado por fatos excepcionais. "Quanto mais o BC interferir, melhor, porque vira rotina", diz Eris.

A diferença entre um bom e um mau BC será a arte de fazê-lo sem defender níveis específicos, mas corrigindo distorções.

Eris vai além e acha que o BC também pode intervir no câmbio por razões de política industrial. O argumento de que o BC não consegue fixar o câmbio real não o convence. Isso é verdade a longo prazo, mas a curto e médio prazo é possível manter o câmbio mais desvalorizado sem virar inflação. A Ásia fez isso por décadas, como objetivo de política industrial, com muito sucesso. Câmbio alto, mas estável, é compatível com redução da inflação.

Como saber o nível ideal de dólar? Existem maneiras de medir a sustentabilidade, diz. Se a um nível "X" de câmbio gera-se uma conta externa que exige a rolagem, digamos, de 70% a 80% dos títulos que vencem para fechar, pode ser razoável. Se exige a rolagem de 120% dos títulos, não. Se o câmbio está num nível muito fora do que parece sustentável, o BC deve intervir.

O ponto central de Eris é que não há nada errado em intervir, nem do ponto de vista da melhor teoria econômica. O câmbio flutuante puro não existe. Portanto, não se trata de escolher entre defender o mercado ou a heterodoxia, e sim de discutir a melhor opção de política econômica.

Valor Econômico e *Folha de S.Paulo,* 15/5/2003.

Economia e política

Tancredo e o FMI

O Plano de Emergência do candidato Tancredo Neves começa a tomar seus primeiros contornos hoje [11 de dezembro de 1984] pela manhã, em Brasília, na primeira reunião da sua comissão de economia. É provável, no entanto, que as primeiras dificuldades para a execução desses planos também comecem a ficar claras, a partir dos próximos dias, com a definição da nova carta de intenção do Brasil com o Fundo Monetário Internacional (FMI).

O que os técnicos desse governo estão acertando com a direção do Fundo é um programa apertado, austero, que tende a estreitar ainda mais a pequena margem de manobra que o próximo presidente terá na área econômica. Mais ainda: tanto entre economistas ligados a esse governo quanto entre os ligados à atual oposição, há um temor comum pelo futuro da atual recuperação econômica. Tão certo quanto o vigor da retomada que se está vivendo é a incerteza sobre o alcance de seu fôlego, se as exportações reduzirem seu ritmo – o que parece inevitável – e não surgir um alento novo dado por investimentos públicos ou privados.

Na área pública, as chances de surgir algum alento são irrisórias. Os contornos que estão sendo definidos com o FMI para o programa de 1985 supõem uma contenção adicional nos gastos das empresas estatais e um inusitado nível de esterilização de recursos fiscais. Ainda há algumas hipóteses em exame. Conforme a opção final, é possível que a carta fixe o valor das transferências do orçamento da União para o monetário em até 30% do total, estimado em cerca de Cr$ 110 trilhões. Congelar recursos fiscais para cobrir buracos do orçamento monetário tem sido uma alternativa crescente para se obterem superávits operacionais do setor público (isto é, descontado o efeito puramente inflacionário). E o que se quer é ampliar o superávit operacional previsto em 0,5% do PIB, neste ano, para algo entre 2,5 e 3,5% do PIB em 1985.

O país sofreu, nos últimos dois anos, profundas alterações em sua política fiscal, todas no sentido de aumentar a arrecadação, mas parte de seu impacto foi anulada pelo efeito perverso provocado pela explosão inflacionária. Há uma defasagem entre o momento em que incide o imposto e o momento em que ele chega aos cofres públicos. A inflação, no intervalo, acaba desvalorizando seu total. Outro fato que obscureceu a mudança fiscal foi a retração da economia, arrastando para baixo alguns impostos básicos, como o IPI.

Nos próximos anos, a situação pode ser melhor nesses dois lados, mas, longe de isso abrir espaço para novo ânimo nos investimentos públicos, mal servirá para cobrir outros buracos orçamentários definidos nos termos do acordo com o Fundo.

Quem achar que a origem dos males é, simplesmente, o viés ortodoxo do FMI pode estar equivocado. Na semana passada, em São Paulo, a Associação Nacional de Centros de Pós-Graduação em Economia (Anpec) reuniu economistas conservadores e progressistas em torno de debates sobre a política fiscal e a análise da conjuntura. Houve mais convergências do que discordâncias sobre o reduzido grau de alternativas que existem, em 1985, para gerar receitas adicionais e operar, com mais tranquilidade, a política econômica. Vários economistas acham que o espaço será reduzido, com ou sem a presença do Fundo. Os constrangimentos adicionais das metas do programa com o FMI viriam, é claro, restringir ainda mais a margem de manobra econômica.

Tancredo Neves, até agora, tem sido cauteloso quando trata de questões relacionadas com o FMI. De início, endossou críticas duras às negociações. Com a crescente consolidação de sua candidatura, os contatos com o ministro Delfim Netto e a abertura da nova fase de acerto externo, o candidato, discretamente, mandou recados públicos, especialmente através do governador de Minas, Hélio Garcia, de que respeitaria acordos internacionais que o país assinasse.

Hoje, como virtual presidente, Tancredo está no limiar de uma nova fase. Ele já tem acesso integral a todos os dados envolvidos na negociação externa, com o Fundo e com os bancos, e está incluído nas funções do coordenador da Comissão de Economia, o secretário de Planejamento de São Paulo, José Serra, que também acompanha esse *front*. Serra já vinha sendo, aliás, nos últimos meses, um canal natural de contatos do PMDB com Delfim e seus assessores. Mesmo que a nova carta seja aprovada, em princípio nos próximos dias pelo diretor-gerente do FMI, Jacques de Larosière, só deverá ser assinada em fevereiro ou março. Pelo menos um qualificado técnico desse governo, que participa das negociações, sugeriu que o Fundo vai querer discutir, com uma equipe de técnicos que incorpore também colaboradores do próximo presidente, os termos desse novo acordo, no início do próximo ano, antes da aprovação final do *board*.

Com esse cenário pela frente, parece inevitável concluir que ou as ideias econômicas de Tancredo – aí incluído seu Plano de Emergência – poderão encaixar-se, sem problemas, no acerto com o FMI, ou poderá haver turbulência logo no início de seu governo. Alguns apostam em uma maior flexibilidade do Fundo com o novo presidente. Outros lembram a certa leniência que o FMI tem demonstrado ao cuidar do programa brasileiro. Prova disso seria o fato de se assinarem tantas cartas, sempre com reformulações, para mais, em algumas metas básicas. "Ninguém se engana seis vezes seguidas", sugere um técnico do governo.

Essa é, no entanto, apenas uma aposta. Quando houve realmente uma divergência séria de princípios entre o Brasil e o FMI, em março do ano passado [1983], as discussões se arrastaram por quase nove meses, os bancos estancaram o ingresso de recursos e o país entrou numa situação de moratória "de fato". Imaginar que o Brasil possa dispensar a tutela do Fundo aumentando um relacionamento normal com os bancos é, por todas as indicações disponíveis, pura ilusão.

Se tudo isso estiver correto, tão importante quanto a discussão sobre os planos econômicos imediatos de Tancredo é decifrar como ele se comportará em relação ao programa do Fundo, em termos gerais, e a essa nova carta que delimita os rumos em 1985, em particular.

Gazeta Mercantil, 11/12/1984.

A estratégia de Collor para negociar

Mais experiência, um estilo "mais *soft*", uma maior aproximação com os políticos e o apoio "de parcelas importantes da sociedade". Essas são, na avaliação do presidente Fernando Collor de Mello, algumas das mudanças trazidas pela alteração no comando econômico do país. Collor chegou ontem [15 de maio de 1991] a Madri para uma viagem de cinco dias à Espanha. Num dia sem qualquer compromisso oficial – ontem foi feriado no país –, Collor decidiu fazer seu habitual *jogging* no final da tarde[21]. Ao ver um grupo de jornalistas brasileiros, o presidente, de forma muito menos previsível, decidiu ir até eles e conversar, pela primeira vez, desde a mudança de seu comando econômico. Falou de economia, repetindo algumas ideias que seu porta-voz, Cláudio Humberto Rosa e Silva, havia mencionado pouco antes à imprensa, e falou de política.

Na área política, Collor deu três recados importantes. Ao ser indagado sobre o recente esforço parlamentarista do deputado

21 Texto enviado de Madri.

Ulysses Guimarães (PMDB-SP) e seu suposto desejo de encontrar-se com o presidente para discutir a questão, Collor foi duro. "Acho um esforço importante, mas em primeiro lugar é necessário que Ulysses faça um *mea culpa*", disparou. "Ainda pairam dúvidas em nós, parlamentaristas, sobre a sinceridade dessa intenção."

Collor alegou que foi em função do trabalho de Ulysses que o presidencialismo prevaleceu na constituição. Mas admitiu que, "se ele realmente quiser se encontrar com o presidente, nós o receberemos indulgentemente". O parlamentarismo, contudo, segundo Collor, só pode ser discutido para vigorar a partir do próximo mandato. "Assim o determinam o bom senso e a prudência", argumentou.

Os dois outros recados políticos foram em uma mesma área: o presidente não pensa em fazer qualquer reforma ministerial e continua confiando no trabalho do ministro [do Trabalho] Rogério Magri. "Por que ele está desgastado?", perguntou Collor. Magri, disse ele, representou uma oportunidade única "de se ter um líder sindical, um trabalhador no Ministério do Trabalho". Ele reconhece que Magri "pode não ter agradado por certa inexperiência em lidar com a burocracia, mas isso não o decresce, ele conta com meu apoio".

Foi em relação à área econômica, contudo, que o presidente talvez tenha sido mais enfático. Ele procurou poupar a ex-ministra Zélia Cardoso de Mello ("Ela só obteve acerto, não acho que ela errou"), mas acabou criticando-a por contraposição à forma como descreveu as virtudes da equipe que a substituiu.

O presidente disse que a nova equipe tem um estilo "mais *soft*", o que seria "um contraponto ao meu modo". "Uma equipe onde não existe esse tipo de contraponto de estilos 'descompensa'", acredita o presidente. A ex-ministra, admitiu o presidente, "em alguns momentos criava interpretações equivocadas". Com Marcílio [Marques Moreira, ministro da Fazenda] "abre-se uma nova fase".

Outro ganho é de experiência. Seu porta-voz usou a expressão "mais experiente" para classificar a nova equipe. Collor chegou lá usando outros adjetivos. A equipe de Marcílio Marques Moreira seria "uma equipe mais sofrida, mas testada, que passou pelos planos Cruzado Bresser e Verão e está mais emaciada".

Ele confirmou o almoço, no Palácio da Alvorada, na próxima segunda-feira [20 de maio de 1991], entre o ministro Marcílio, sua equipe, os líderes e vice-líderes do governo no Congresso, além do presidente, para "discutir o Projeto de Reconstrução Nacional e fazer uma avaliação da política econômica". Essa renovada disposição de "aproximação" com os políticos seria outra virtude que a nova equipe estaria disposta a conquistar.

Apesar dessas mudanças de estilo e postura, contudo, Collor insistiu que caberá a Marcílio seguir basicamente a mesma rota, "as mesmas ideias que nos levaram à Presidência". Seu porta-voz, um pouco antes, havia sugerido uma alteração importante. A mudança da equipe seria um ponto de inflexão para que nós possamos conquistar o crescimento econômico. Abriria "uma nova fase, um novo momento rumo para a frente e para cima".

Collor não enfatizou essa suposta maior ênfase imediata numa política de crescimento. Preferiu esgrimir com os pessimistas. Ele sugeriu que, desde o anúncio do Plano Collor-2, os cronistas econômicos previram a hiperinflação, o fim do saldo comercial, a explosão do déficit fiscal ("e pelo 13º mês consecutivo houve superávit nas finanças públicas") e o desabastecimento de uma recessão brutal. Segundo o presidente, nenhuma dessas previsões se confirmou. A política fiscal e a monetária estariam sob controle; "não vejo como vá recrudescer o processo inflacionário"; e está havendo reaquecimento econômico, ainda que "tímido, tênue".

Finalmente, ele negou que seu governo esteja passando por uma "sarneyzação" com a entrada de Marcílio, acompanhado de vários assessores que trabalharam na área econômica durante o governo Sarney. "Também a Zélia, o Eduardo Teixeira, o Kandir e o Kiko (José Francisco Gonçalves) fizeram parte do governo Sarney", lembrou o presidente, cometendo um equívoco: [Antônio] Kandir, na verdade, só foi para o governo [na atual] administração [como assessor da Fazenda]. De todo modo, a resposta de Collor abre espaço para quem o acusava de estar "sarneyzando", de já tê-lo feito desde o início de sua gestão.

A entrevista que o presidente, sem dúvida, estava disposto a conceder acabou dominando um dia vazio de acontecimentos ligados à sua viagem à Espanha. Ele chegou às 13 horas, horário local, foi recebido pelo ministro de Assuntos Externos, Francisco Fernandez Ordóñez, e pelo Chefe da Casa Real, Sabino Fernandez Campo. Foi para o palácio de El Pardo, onde morou o ex-ditador Francisco Franco e que hoje é usado como residência para hóspedes reais ilustres.

Essa é mais uma viagem política, de aproximação com um país que há vários anos decidiu construir uma relação especial com países ibero-americanos. Collor é, como manda a praxe, um hóspede do casal real, com quem almoçará e jantará hoje [16 de maio de 1991].

O efeito concreto dessa aproximação se dará na sexta-feira, quando serão assinadas as Atas de Base, a segunda etapa de um lento processo em direção a um acordo geral de amizade e cooperação com a Espanha. A primeira etapa começou há um ano e meio – segundo o embaixador do Brasil na Espanha, Lindolfo Collor (tio do presidente) –, quando se assinaram as Atas de Intenção com a Espanha.

As Atas de Base avançam na direção de descrever as bases para o acordo geral, fixar as áreas de cooperação e o contexto do que será o acordo. Seu efeito prático, contudo, só acontecerá quando o próprio acordo geral for assinado, o que se espera possa acontecer ainda neste ano, talvez em outubro ou novembro, numa possível visita do primeiro-ministro espanhol Felipe González ao Brasil.

O presidente Collor voltou a mencionar ontem a perspectiva de que o acordo com a Espanha abra espaço para um pacote financeiro da ordem de US$ 4 bilhões. Seriam créditos oficiais, a condições vantajosas, que lubrificariam negócios bilaterais, entre os quais a venda de equipamentos de transporte ferroviário urbano para Curitiba e Rio. Uma fonte espanhola disse que antes que esses créditos saiam da teoria, será preciso que o Brasil limpe o caminho junto aos seus credores oficiais no Clube de Paris.[22] Isso, por sua vez, só poderia ser feito depois de o país concluir um acordo com o FMI e, possivelmente, com bancos privados.

De todo modo, a ambição do acordo é abrangente. Envolverá tanto aspectos puramente econômicos, da venda de equipamentos à formação de *joint ventures*, quanto acordos científico-tecnológicos e culturais. Vai prever, também, consultas bilaterais, bianuais, de alto nível – em nível de chefes de Estado ou, mais provavelmente, de ministros. Hoje o Brasil vende US$ 5 para cada dólar que compra dos espanhóis, num comércio total da ordem de US$ 920 milhões. É claro que os espanhóis querem encontrar formas de reduzir seu déficit, mas o acordo não se limita a esse aspecto.

A Espanha firmou acordos amplos de cooperação, recentemente, com vários países latino-americanos, como Chile, México, Argentina e Venezuela. Com o México e com a Argentina, eles envolveram o comprometimento de créditos oficiais entre US$ 3 bilhões e US$ 4 bilhões num período de cinco anos. O parâmetro para o Brasil deverá ser semelhante. No entanto, o que será assinado nessa visita será apenas mais um passo nessa direção. A conclusão está mais próxima, mas ainda exige uma decisiva etapa.

Gazeta Mercantil, 16/5/1991.

22 Organismo que reunia os principais credores privados do Brasil.

Nervosismo sem pânico

Houve nervosismo, mas não pânico, nos mercados financeiros internacionais em relação ao escândalo envolvendo o presidente Fernando Collor.[23] Os títulos da dívida sofreram uma queda discreta, os bônus brasileiros mantiveram seu valor e alguns investidores em ações entraram comprando, depois da forte baixa de segunda-feira [25 de maio de 1992].

Prova do relativo sangue-frio nos mercados foi o fato de uma empresa brasileira, a Tintas Coral, ter conseguido lançar US$ 40 milhões em eurobônus, ontem [26 de maio], sem maiores problemas. Existe o receio de que a crise política ainda possa avolumar-se, mas, ao final do dia, ficou a sensação de que o pior do primeiro impacto já passou.

Dois cenários assustam os banqueiros internacionais: a queda do presidente ou a perda de sua autoridade, num longo e penoso inquérito público. "O medo do desconhecido, de um 'buraco negro'", disse a este jornal o representante em Londres de um

23 Nessa semana estava nas bancas a revista *Veja* com a entrevista de Pedro Collor, irmão do presidente, com acusações que levariam ao *impeachment*.

banco norte-americano. "Uma mudança de presidente, de equipe econômica, de modelo, pode levar o Brasil a perder mais um ano em sua economia", supõe.

Outros acham que ainda mais complicado seria o processo de desgaste. "Pior seria ter um longo período de incerteza", disse a este jornal, por telefone, Aléxis Habib, diretor do Banco Indosuez, em Paris. "O pior de Watergate foi (o presidente Richard) Nixon ter passado o tempo todo lidando com o problema", comparou. "Quando caiu, pelo menos acabou a incerteza." Habib acha, contudo, que ninguém no mercado, por enquanto, está pensando seriamente na hipótese de *impeachment* ou renúncia de Collor.

O primeiro impacto das acusações de Pedro Collor contra seu irmão encontrou os dois mercados principais, Nova York e Londres, fechados, em função de feriados locais. Apesar disso, e contrariando a prática usual, acabou havendo alguma negociação com papéis da dívida brasileira no Rio e em São Paulo, disse a este jornal Luís França, responsável por essa área no banco de investimentos do Midland Bank. Quando Londres abriu, ontem, ajustou-se a essas negociações.

O movimento de preços, contudo, não foi dramático. Na sexta-feira [19 de maio de 1992] a dívida brasileira (MYDFA) estava cotada a 39,5 centavos por dólar. Ontem de manhã [23 de maio], em Londres, era negociada a 38,125. O mercado sofreu novo impacto quando abriu a negociação em Nova York, caindo para 37,5 centavos por dólar. Recuperou-se, contudo, fechando o dia em torno de 38,7 centavos. A queda de um centavo por dólar é mais do que razoável. Na crise cambial de outubro/novembro do ano passado [1991], o MYDFA chegou a perder 7 centavos por dólar em horas.

"A primeira reação é dos que ficam em pânico e entram vendendo", analisa Habib. "Depois entram os profissionais comprando." Além disso, o episódio não afeta, a curto prazo, os rumos da política econômica, e também um acordo com os bancos credores. Ao contrário, parte do mercado começou a apostar que a equipe econômica poderia acelerar o acordo para poder ter alguma boa notícia para divulgar. E, se houver acordo, o MYDFA se valoriza.

Talvez, argumenta o banqueiro norte-americano, não suba para 42 centavos por dólar, mas vai a 40 centavos.

O impacto sobre os investidores em papéis brasileiros, ações e bônus não foi muito diferente. Audley Twiston Davies administra o Latin American Securities, que tem mais de US$ 500 milhões investidos em fundos na América Latina, dois deles exclusivos para o mercado acionário brasileiro. Ontem, admitiu Davies a este jornal, ele passou boa parte do dia conversando com investidores preocupados com as notícias na imprensa britânica sobre o escândalo no Brasil, submanchete de primeira página do diário econômico *Financial Times*.

A alguns ele lembrava o paralelo argentino, quando o presidente Carlos Menem se envolveu em escândalos denunciados pela família, mas superou o problema e o país decolou. Tanto quanto Habib, ele diz que o pior, no caso do Brasil, seria a abertura de um inquérito que mantivesse a incerteza política por um longo período.

Davies garante que os investidores não estão interessados, por enquanto, em tirar o dinheiro do Brasil. Porque, argumenta, as oportunidades de ganhos com o Brasil continuam enormes e porque o que se investe é muito pouco em termos relativos.

Suas contas são que um investidor institucional típico tem não mais do que 5% de seu portfólio investido em mercados emergentes. Supondo que 2,5% vão para os mercados asiáticos e, do restante, uma parte vá para outros mercados latino-americanos, além de outras regiões, como a Índia, o que sobra investido no Brasil "é menos de 1% do portfólio". Para essa pequena fração de investimento, há maior tolerância para volatilidade e riscos – desde que as perspectivas de longo prazo se mantenham atraentes.

Se é assim, contudo, por que na crise de outubro/novembro do ano passado houve tanta saída de dinheiro da Bolsa, agravando os problemas cambiais? Habib diz que a crise, naquele momento, era muito mais séria. A atual, até agora, não ameaça a capacidade externa de pagamento do país.

Tanto Habib quanto Twiston Davies testemunharam, ontem, movimento de investidores europeus, que entraram comprando no mercado acionário brasileiro, atraídos pela forte queda de preços na segunda-feira e na abertura do mercado, ontem.

Tampouco houve problemas para a Tintas Coral encontrar investidores dispostos a comprar, ontem, seus US$ 40 milhões em eurobônus. Seus papéis têm prazo de dois anos e meio e, portanto, não podem gozar do incentivo fiscal limitado ao prazo mínimo de cinco anos. O emissor, contudo, pagará o imposto de 25% sobre os juros, permitindo que os investidores recebam o valor integral.

Os papéis foram colocados com juros de 11% no cupom, mais um deságio (foram lançados a 97,75%). O rendimento chegou a 12%, ou 6,4 pontos percentuais acima dos títulos do Tesouro norte-americano de prazo idêntico. Os juros são mais do que generosos para os investidores, mesmo considerando que o Brasil é o país que paga mais caro entre os latino-americanos. Os papéis, colocados pelo banco holandês ABN Amro, têm a garantia de três bancos no Brasil: Francês e Brasileiro (associado ao Crédit Lyonnais), em 37,5%; Interpar (*holding* do Holandês Unido, filial do ABN Amro), com 37,5%; e América do Sul (associado ao Fujibank), com 25%.

O sindicato que lançou os papéis incluiu o Crédit Lyonnais como colíder, tendo como co-*managers* o Crédit Suisse First Boston, o First Interstate, o Garantia, o Shearson Lehmann, o J P Morgan e o Swiss Bank Corp. O sindicato só será fechado hoje, mas ontem à tarde havia bancos tentando, sem sucesso, comprar mais papéis da Tintas Coral, já absorvidos pelo mercado.

Se a reação dos mercados internacionais, ontem, foi encorajadora, é bom não minimizar o possível significado dos problemas políticos de Collor a médio prazo. Tanto o banqueiro norte-americano quanto Habib usaram o paralelo da situação da Venezuela.

Os papéis da Venezuela foram, durante vários meses, a coqueluche do mercado em 1991. Os bônus de desconto do Plano Brady chegaram a valer 79 centavos de dólar em meados do ano passado. A certa altura, correu o rumor de que uma empresa de avaliação de risco iria promover a Venezuela, colocando-a numa classificação de "investimento", o que abriria as portas para muitos novos investidores institucionais norte-americanos (impedidos legalmente de comprar papéis subinvestimentos, ou *junk*). Vários investidores institucionais, especialmente norte-americanos, entraram comprando firme, na expectativa de enormes ganhos quando viesse a revisão do risco do país.

Não só essa reclassificação jamais aconteceu como, em fevereiro deste ano [1992], houve a tentativa fracassada de golpe militar.[24] Os papéis despencarame, hoje, os bônus valem 61 centavos por dólar. Foi uma lição contra o excesso de confiança e otimismo em relação a países da região.

Houve, contudo, outra lição quando os militares quase derrubaram o presidente venezuelano. Imediatamente os preços despencaram, mas, em seguida, acabaram se recuperando quando o presidente sobreviveu no poder. Com o tempo, contudo, ficou claro que, mesmo continuando no posto, o presidente Carlos Andrés Peréz ficou com um grave problema de credibilidade e confiança. “O clima político negativo se mantém até hoje”, lembra Alexis Habib, diretor do Banco Indosuez, em Paris, afetando os preços dos papéis venezuelanos.

A torcida é de que não aconteça o mesmo com o Brasil.

Gazeta Mercantil, 27/5/1992.

24 A tentativa de golpe teve a participação de Hugo Chávez, que na sequência foi preso. Posteriormente, ele seria eleito presidente.

Gastos sociais favorecem mais os ricos

Os gastos sociais no Brasil ajudam mais os mais ricos do que os pobres.

Enquanto os 20% mais pobres ficam com 15% dos gastos sociais, os 20% mais ricos levam 21%. O resto é distribuído de forma uniforme nas camadas intermediárias.

Essa é a mais surpreendente conclusão de uma dura radiografia do problema da pobreza no Brasil feita pelo Banco Mundial no ano passado ("Brazil, a Poverty Assessment").

Para acabar com os 24 milhões de brasileiros que vivem abaixo da linha de pobreza, ou 17,4% da população em 1990, não basta colocar mais dinheiro na área social. É preciso fazer o dinheiro chegar aos pobres, acabar com a ineficiência, o desperdício e a má administração.

O ministro do Planejamento, José Serra, responsável pela elaboração e controle do Orçamento da União, concorda com o diagnóstico. Ele acha que a Constituição de 88 "criou um sistema escandinavo que vai para a classe média".

Privilégio da Previdência.

O maior exemplo são os privilégios criados na Previdência Social. Mas esse viés em favor da classe média, segundo Serra, acontece tanto na saúde quanto na educação e na habitação.

O estudo do Banco Mundial (Bird) tem exemplos impressionantes. A educação é a arma mais eficaz não só para acabar com a pobreza, mas também para melhorar a distribuição de renda.

No Brasil, no entanto, os gastos públicos com educação são regressivos, ou seja, quanto maior a renda do estudante, mais ele leva. Não se trata apenas do problema conhecido do uso gratuito das universidades públicas pelos mais ricos, onde um aluno, como lembra o ministro do Planejamento, custa 18 vezes mais do que um aluno que cursa o primeiro grau.

Todo o sistema é enviesado em favor dos mais ricos, ao contrário de países como o Chile, a Colômbia e a Malásia. Dividindo a população em cinco fatias, conforme a renda, a mais pobre fica com 16% dos gastos, a segunda com 18%, a terceira com 20%, a quarta com 22% e a quinta com 24%. No Chile, por exemplo, enquanto os 20% mais pobres ficam com 35% dos gastos, os 20% mais ricos recebem apenas 7%. No Brasil, só um terço das crianças chega a completar o primário (que corresponde aos quatro primeiros anos do primeiro grau), comparado a 99% na Coreia e 96% na Malásia. Por quê?

Repetência escolar.

Um "círculo vicioso", argumenta o estudo elaborado pelo Bird. Como a distribuição de renda é selvagem, as crianças mais pobres trabalham mais cedo e suas famílias têm poucos recursos para manter os filhos da escola, mesmo que ela seja gratuita.

A repetência é altíssima (leva-se 7,7 anos, em média, para concluir os quatro anos iniciais do primeiro grau). Os dois fatores fazem com que a frequência escolar dos mais pobres seja baixa, perpetuando a miséria.

Sem investimentos em qualidade de ensino e programas de ajuda aos mais pobres – tanto oferecendo bolsas para colocar os filhos na escola, como ajuda para compra de material, uniformes, transportes etc., não se resolve o problema.

Essa, aliás, é uma conclusão genérica. O problema da pobreza no Brasil não é apenas de dinheiro.

Em 1990, os gastos sociais dos governos federal, estadual e municipal, somavam 19% do PIB (Produto Interno Bruto, que corresponde a toda a riqueza produzida no país).

Essas despesas caíram nos dois anos seguintes, mas devem ter recuperado esse nível depois da estabilização da economia provocada pelo Plano Real. O ministro Serra lembra que estudos da década de 80 indicavam que os gastos sociais privados chegavam a 7% do PIB. Como diz o Banco Mundial em seu estudo, esse nível de gasto é razoável quando comparado a outros países em desenvolvimento de porte semelhante. Só que o dinheiro não chega onde deveria, razão pela qual os indicadores sociais no Brasil estão entre os piores do mundo.

Vive abaixo da linha de pobreza, na definição do estudo, quem não tem renda familiar para comprar um cesta de alimentos com o nível mínimo de calorias necessário. Se o governo conseguisse identificar cada um dos 24 milhões de miseráveis e desse a eles a diferença necessária para atingir a fronteira da pobreza, gastaria apenas 0,8% do PIB.

É claro que isso é muito difícil. Mas também é verdade que, como diz o estudo, "simplesmente aumentar os recursos alocados aos gastos sociais pouco fará para aliviar a pobreza".

Gastar é fácil

É uma conclusão com a qual Serra também concorda. Só que essa é uma mudança politicamente muito mais difícil. "Fácil, na área pública, é aumentar gastos", diz ele, "difícil é realocá-los". Para isso, é preciso mexer em privilégios, o que significa que grupos sairiam perdendo. "Hoje, uma professora universitária se aposenta com 25 anos, recebe 20% de aumento ao se aposentar e é imediatamente recontratada", exemplifica o ministro. Mesmo sendo um privilégio evidente, é difícil obter apoio político para eliminá-lo.

Folha de S. Paulo, 3/3/1996

Presidente precisa de três "bons anos" para tocar projeto político

Um dos problemas que o projeto de reeleição de Fernando Henrique Cardoso criou para a equipe econômica é a necessidade de ter três "bons anos" de desempenho econômico. O primeiro para ganhar as eleições municipais este ano, o segundo para aprovar o direito de reeleição em 97 e o terceiro para vencer a reeleição em 98.

No caso deste ano, a tarefa não é tão complicada. Depois da enorme retração que durou até o início deste ano, não é difícil empurrar uma recuperação até outubro.

O grande nó é saber qual o impacto que esse crescimento terá sobre as contas externas e como reagir a ele. Até muito recentemente, o governo estava bastante otimista. Mesmo sabendo que haveria uma deterioração na balança comercial, com a expansão exigindo mais importações, supunha-se que o dano seria limitado.

Um déficit de até US$ 1 bilhão neste ano e de pouco mais de US$ 2 bilhões no próximo manteria o déficit global externo (em conta corrente) no limite de 2% a 3% do PIB, considerado prudente pelos mercados internacionais. O buraco seria facilmente financiável.

Os resultados da balança, especialmente em junho e julho, desautorizam o otimismo inicial. O mercado já trabalha com um déficit comercial entre US$ 2,5 bilhões e US$ 3 bilhões este ano e de US$ 4 bilhões a US$ 5 bilhões em 97.

Mantidas as condições favoráveis no mercado internacional, continuará sendo um déficit externo financiável para o Brasil, mas acenderá um sinal amarelo. Dada a expectativa que haja um aumento nos juros americanos e uma correção para baixo nas bolsas internacionais, a tendência será de os investidores redobrarem a cautela ao investir em mercados emergentes. Os problemas com a Argentina apenas agravam esse quadro.

O risco, portanto, seria o de o sinal amarelo passar a vermelho. Principalmente se a luz vermelha acender no ano crucial das eleições presidenciais de 98.

Desde que ficou claro que a balança de 96 terá um déficit muito maior que o esperado, o BC mudou o discurso. O importante já não seria ter um déficit em conta corrente de 2% a 3% do PIB, e sim ter um "hiato de recursos" desse tamanho. "Hiato de recursos", expressão que não era ouvida desde a época em que Mário Henrique Simonsen chefiava a Fazenda, é o déficit em conta corrente menos a entrada de investimentos diretos.

A tese por trás é que investimentos diretos produtivos são capitais mais estáveis e com menor custo (paga-se dividendos a médio prazo e não juros a curto prazo). Como este ano entrarão mais de US$ 8 bilhões em investimentos, haveria um grande espaço para um déficit não preocupante na balança.

Por acreditar nisso, o BC acha que o roteiro econômico até o final do governo FHC pode ser traçado com tranquilidade: 1) redobrar a aposta na âncora cambial, reajustando o câmbio bem abaixo do Índice Geral de Preços; 2) ter as benesses de uma inflação cadente; 3) manter um crescimento razoável; 4) financiar o buraco externo com capitais mais estáveis.

A Fazenda vê a possibilidade de um aumento no déficit comercial e em conta corrente externo com menos tranquilidade. A questão central é que, quanto mais perto da eleição de 98, mais instáveis estarão as expectativas do mercado. Se a isso somar-se um déficit externo muito alto, pode haver uma desestabilização às vésperas da sucessão, o que seria um megadesastre. Qual a alternativa?

Uma seria acelerar o reajuste cambial, mas isso exigiria desaceleração econômica, para não virar só inflação, e um ajuste fiscal mais forte. Outra opção seria a de 95: frear a economia e reduzir o crescimento até deixar de criar déficits externos muito elevados. Nos dois casos, o pressuposto é um freio no crescimento. Aí entra a reeleição.

Se o governo conseguisse, de fato, ganhar o direito à reeleição no fim do ano, após as eleições, abriria para si a opção de fazer ajustes na economia em 97 para poder entrar em 98 no melhor de sua forma.

Se, contudo, a reeleição não decolar logo, as opções complicam. Se o governo se convencer que precisa ajustar o plano, talvez prefira fazê-lo em 97 e adiar a discussão da reeleição para 98.

Sempre permanecerá, contudo, a enorme tentação de seguir adiante no mesmo rumo, ajustando apenas de forma pontual. Por exemplo: eliminando o ICMS sobre as exportações ou impondo mais tarifas às importações.

Tudo depende do tamanho do desequilíbrio externo que a retomada do crescimento trará. Daí porque o mercado financeiro em peso não para de fazer contas sobre a balança comercial.

Folha de S. Paulo, "Brasil", 28/7/1996

Diagnóstico sem terapia

Se a globalização tem privilegiado os ganhos financeiros, reduzido o crescimento, criado desemprego e desmontado o aparato social do Estado, então por que a esquerda não consegue propor alternativas politicamente bem-sucedidas a tudo isso?

A pergunta, feita pelo economista Paul Singer, do PT, ficou no ar como um paradoxo, no debate de abertura do "Encontro Nacional de Economia Política", nesta semana, em São Paulo. O encontro, promovido pela PUC paulista e pela Sociedade de Economia Política, mergulhou no temário que preocupa, hoje, os economistas que seguem uma tradição marxista e keynesiana.

Não falta criatividade a esta corrente na formulação do diagnóstico, mas ele não tem levado à prescrição de terapias politicamente atraentes. "Alternativas, de fato, não as vejo", admitiu Singer.

Mesmo quando a esquerda ganha, como aconteceu no Reino Unido e poderá acontecer hoje na França[25], argumentou Singer, está apoiada numa plataforma econômica que não renega o mo-

25 O Partido Socialista venceu as eleições legislativas e levou Lionel Jospin ao cargo de primeiro-ministro da França.

delo vigente. "Não adianta supor que isso acontece porque o capital financeiro é capaz de comprar a social-democracia ao redor do mundo", ironizou.

O debate reuniu um dos papas da teoria da globalização que inspira a esquerda, François Chesnais, da Universidade de Paris 13, e Arturo Huerta, da Universidade do México. Chesnais explicou por que a globalização pode desembocar numa enorme crise e Huerta detalhou por que, pelas mesmas razões básicas, o México está condenado a repetir a crise de 94.

Chesnais, ex-companheiro do presidente Fernando Henrique na Academia francesa, construiu um modelo de interpretação que reúne elementos econômicos, políticos e sociais. Se transformou num marco de referência, como uma interpretação alternativa ao que se convencionou chamar de "modelo neoliberal".

Ele acha que existiram dois modelos de acumulação capitalista depois da Segunda Grande Guerra. O primeiro, que durou até o colapso do dólar em 73, baseou-se no câmbio fixo, num sistema de proteção social, na transferência de renda para o trabalho, no crescimento rápido, juros baixos e na liderança dos Estados Unidos como investidores mundiais.

O segundo é o regime atual de acumulação liderada pelo capital financeiro. Ele combina o fim do sistema de barganha social; liberalização financeira, comercial e de investimentos; transferência de renda do trabalho para os lucros e do setor produtivo para o financeiro (via juros altos); e concentração do capital em monopólios e oligopólios mundiais. O papel dos Estados Unidos mudou para o de um país "rentista", organizador e defensor do modelo em nível internacional.

Os riscos, segundo Chesnais, vêm do enfraquecimento da demanda mundial, da geração de excedentes de produção, da fragilidade financeira e da redução da taxa de investimentos. O mercado financeiro sai lucrando, os preços dos ativos disparam, mas, a exemplo do mundo pré-crise dos 30, paira a sombra de uma crise.

A mesma lógica perversa explica, para Huerta, por que o México voltará à crise. O peso está sendo outra vez sobrevalorizado, afetando as exportações e inviabilizando a sustentação da liberalização comercial. A necessidade de atrair dólares mantém os juros altos o que, ao lado da austeridade fiscal, impede que o crescimento decole. Uma nova crise é questão de tempo.

Apesar da gravidade do diagnóstico, contudo, as crises financeiras recentes (1987, 1990 e 1994), como observou Singer, não levaram à repetição de uma crise de 30. Ao contrário, acabaram sendo superadas com rapidez. De outro lado, a repetição dos erros no México, como disse Huerta, pode levar a oposição a ter maioria no Congresso – mas será uma oposição de direita, não de esquerda.

Pode ser, como sugeriu Huerta, que seja preciso uma crise internacional de grandes proporções para que seja possível, politicamente, implantar um novo modelo (ou voltar ao modelo anterior).

O problema é que isso deixa a oposição mais à esquerda na incômoda posição de torcer pelo pior. O que está longe de ser a alternativa ansiada por Singer.

Folha de S.Paulo, 1/6/1997

O fim da lua-de-mel do Real

O Plano Real comemorou seu terceiro aniversário exibindo sólidos ganhos em termos de rendimentos, redução da pobreza e distribuição de riqueza. No entanto as pesquisas de opinião teimam em mostrar, nos últimos meses, um certo desconforto com o governo, apesar de um nível ainda muito elevado de apoio.

Várias razões políticas pontuais ajudam a explicar esse sentimento. Acho, contudo, que existe outra razão subjacente, mais sutil e duradoura. O Real permitiu um salto na qualidade de vida dos trabalhadores, de forma geral. Já há algum tempo, contudo, os ganhos se estabilizaram num certo patamar, ou até retrocederam.

Não é algo transitório. A acomodação era esperada e, em vários casos, ajuda a equilibrar a economia. A vida pode e vai melhorar, se o país conseguir crescer de forma sustentada, mas acabou a fase dos ganhos ''fáceis". Com isso, diminuiu o que os ingleses chamam de ''feel good factor", algo como a sensação de bem-estar.

O professor Edward Amadeo, da PUC do Rio, concorda com a tese e ajuda a analisar a trajetória dos ganhos do Real:

1) O fim da inflação acabou com as perdas de salário real dos que não contavam com a proteção da indexação. Foi um ganho significativo, mas único e imediato. Ele não aparece nas estatísticas de salário.

2) Os rendimentos reais dos que trabalham subiram de forma significativa. Desde o início do Real, os trabalhadores com carteira assinada ganharam 18,8% acima da inflação, os sem carteira assinada, 33,9%, e os por conta própria, 33,3%. É um salto inegável de patamar.

No entanto, o impacto mais forte se concentrou no início do Real. Os rendimentos reais dos trabalhadores com carteira tinham subido 15% já no primeiro ano do plano. O ganho adicional, portanto, foi pequeno. Os por conta própria acumularam ganhos de 50% até agosto de 95, e os sem carteira assinada, de 30%. A tendência dos rendimentos tem sido de estabilidade há oito ou dez meses.

Os rendimentos foram beneficiados por diversos fatores. Os salários continuaram indexados à inflação passada no primeiro ano do Real. Como a inflação foi fortemente cadente, houve expressivos ganhos reais. Depois, acabou a indexação legal, e cada vez mais dissídios deixaram de incorporar a reposição plena da inflação.

Os trabalhadores no setor de serviços foram mais beneficiados, porque os preços desses bens cresceram muito mais do que os dos bens industriais durante um longo período. Não mais: as duas curvas se encontraram nos últimos meses.

Além disso, mesmo no setor de serviços, em áreas como bancos, lanchonetes etc., houve investimento externo e aumentou a competitividade e o uso de tecnologia, e os salários deixaram de dar saltos. Amadeo imagina que acontecerá aqui o que aconteceu na Argentina: os preços dos serviços, depois de três anos de ganhos enormes, devolveram boa parte nos anos seguintes.

Isso é ótimo para a competitividade da indústria e das exportações. Significa menos custos relativos, inclusive de salários, e mais chances de ver os preços e o câmbio seguindo custos da indústria ou até permitindo engordar sua margem de lucro.

3) Os salários cresceram muito em dólares, puxados pelos ganhos internos e pela valorização do câmbio. No entanto, esses ganhos passaram a subir muito pouco ou a se estabilizar desde meados do ano passado. Embora o trabalhador consuma, diretamente, poucos importados, a concorrência do importado levou a uma queda no preço dos produtos locais (por exemplo, dos eletrodomésticos).

Como a referência é o preço do importado, se o salário estabiliza ou cai em dólares, perde-se poder aquisitivo. Também nesse caso, contudo, a redução dos salários em dólares, ou do custo unitário do trabalho em dólar (que considera a produtividade), é uma boa notícia para a competitividade das exportações.

4) Além da redução do número de pobres, o Real ajudou a reduzir as disparidades. Como os maiores ganhos foram os dos trabalhadores no setor de serviços, por conta própria e sem carteira assinada, e eles são os mais pobres, isso teve impacto distributivo positivo. A distância entre trabalhadores por conta própria em relação aos de carteira assinada era de 35% antes do Real. Hoje, lembra Amadeo, é de 15%. A distância entre trabalhadores informais e formais, e entre os com mais e menos educação, também foi reduzida. Como os ganhos relativos do setor de serviços vão desacelerar, esses ganhos distributivos também devem se estabilizar.

5) Amadeo acha que o Real trouxe um ganho de bem-estar permanente: a baixa inflação permite mais segurança no planejamento da vida pessoal. Já o crescimento maior de empregos não formais traz mais insegurança sobre a renda futura, mesmo que o trabalhador esteja ganhando mais. O que explica um paradoxo: embora o desemprego global não tenha aumentado no Real, aumentou o medo do desemprego.

6) Embora poucos se deem conta, os ganhos do Real, tanto nos rendimentos, quanto na distribuição de renda, apenas recolocaram a situação num patamar comparável ao do final dos anos 80. O que indica, observa Amadeo, que o efeito social mais devastador foi o da recessão do Plano Collor.

É indiscutível que os ganhos foram significativos – razão pela qual a maioria continua apoiando o Real e FHC. A vida, contudo, deixou de melhorar tão rapidamente. Tendências internacionais de valorização dos trabalhadores qualificados, maior competição e impacto da tecnologia serão sentidas com mais força, diz Amadeo. "É uma bênção que esse impacto se dê a partir de um melhor patamar proporcionado pelo Real", conclui.

Folha de S.Paulo, 4/7/1997

As reformas para o futuro

O presidente Fernando Henrique Cardoso quer fazer direito a lição de casa desta vez. Vai começar a trabalhar, já neste ano, num conjunto de propostas de reformas que poderiam dar novo alento ao Plano Real e à sua candidatura presidencial em 98.

O homem-chave para isso será o economista André Lara Resende, um dos pais do Plano Real na fase de laboratório, mas que preferiu sair do governo antes do projeto ir para a rua. André assume, em setembro, o cargo de assessor direto do presidente para trabalhar num conjunto de ideias, com o inteiro apoio do ministro da Fazenda, Pedro Malan.

Há cerca de dois meses André foi convidado pelo presidente para a tarefa e tem discutido com ele, desde então, as ideias gerais. O trabalho deverá envolver pelo menos quatro áreas cruciais: fiscal, previdenciária, mercado de trabalho e financeira.

O objetivo é elaborar sugestões de mudanças. As quatro áreas são essenciais para garantir a solidez do plano econômico a médio prazo. Apesar da reforma da Previdência que está tramitando e dos esforços na área fiscal, os resultados são considerados insatisfatórios pelo próprio governo.

Existe também uma sensação, no mercado financeiro, de que o governo Fernando Henrique fez o caminho clássico das reformas liberais pela metade e que talvez esteja perdendo seu ímpeto reformista. Essa percepção é especialmente perigosa quando o país acumula déficits externos crescentes e terá uma eleição presidencial em 98. Sinalizar flexibilidade no câmbio e redobrada disposição por reformas certamente ajuda a acalmar expectativas.

Dez entre dez economistas concordam que é importante montar um sistema decente de previdência privada. Não só como alternativa ao sistema atual, mas como alavanca para a poupança interna, crucial para substituir a poupança externa a médio prazo.

O potencial é enorme. O patrimônio dos fundos de pensão equivalem hoje a 11% do PIB. Nos Estados Unidos, ele chega a 60% do PIB; no Japão, a 72%; no Reino Unido, a 80%; e na Holanda, a 120%.

Na área do trabalho, existem projetos em andamento, mas pouco foi feito. No final do ano passado, o presidente colocava a reforma do mercado de trabalho como uma das prioridades para este ano. Na prática, não conseguiu nem sequer, até agora, aprovar as reformas administrativa e previdenciária.

André está liquidando sua participação acionária no Banco Matrix, depois de já ter reduzido sua posição em dezembro último. Vai continuar em São Paulo, indo a Brasília regularmente, e vai contar com colaboradores tanto dentro quanto fora do governo.

Uma das razões para começar desde já a trabalhar nas novas idéias é evitar a repetição do fiasco do início do governo FHC. Embora tenha sido eleito com uma plataforma de reformas, FHC tomou posse, em janeiro de 95, sem um único projeto elaborado para as principais reformas (fiscal, previdenciária e administrativa).

A posteriori, o presidente tem explicado o fato de ter iniciado as reformas com as mudanças nos monopólios como uma arguta estratégia política. Na vida real, mesmo que quisesse, não teria conseguido apresentar ao Congresso as principais reformas nos seus primeiros meses do governo, porque elas não existiam.

Em parte, porque havia escassez de cérebros e excesso de tarefas importantes. Em parte, porque alguns dos mais importantes assessores, como Pedro Malan, Pérsio Arida e Edmar Bacha, levaram algum tempo, depois da eleição, em outubro de 94, até decidirem continuar no governo. O fato é que até hoje o presidente lamenta não ter iniciado seu governo com o dever de casa feito.

Não há surpresa no roteiro de temas escolhidos. Todos são passos lógicos para complementar a reforma da economia, no sentido de torná-la mais aberta e competitiva. Pode ser mais um sinal, depois da escolha de Gustavo Franco para presidir o BC, de que o presidente resolveu aproximar-se ainda mais do núcleo de economistas originários da PUC do Rio que ajudou-o a fazer o Plano Real.

A sinalização faz sentido econômico, mas gera pouca emoção eleitoral. Conhecendo o entusiasmo do presidente pela ideia de turbinar alguns programas sociais, talvez uma boa aposta adicional esteja nesta área.

Folha de S.Paulo, 10/8/1997

O custo social da crise

Washington – O pior da crise deve ter passado, mas os custos sociais foram e continuam altos. Para cada 1% a menos de crescimento do PIB, no Brasil, de 600 mil a 1 milhão de pessoas são jogadas abaixo da linha da pobreza, disse à coluna o vice-presidente do Bird (Banco Mundial), Javed Burki.

O Bird tem procurado fixar um espaço próprio na discussão sobre a crise mundial, olhando o lado dos custos sociais gerados por ela e como atenuá-los. Como disse o presidente do banco, James Wolfensohn, numa entrevista ontem à imprensa, “existe uma enorme pressão sobre os gastos sociais” no Brasil, em função da crise, sobre “educação, saúde, sobre os Estados, sobre gastos sociais gerais e sobre o desemprego”.

Ele ressalvou que o presidente Fernando Henrique está fazendo um esforço para preservar estes gastos e se disse “esperançoso” em relação a uma retomada do crescimento no Brasil. A situação, hoje, “embora frágil, parece boa”.

Burki acha que houve uma “notável melhora na confiança no Brasil”. Uma questão crítica a superar será, a seu ver, o valor do reajuste do salário mínimo. Se for razoável, a mensagem será clara sobre a preocupação do governo com o ajuste econômico.

Ele admite que existe uma certa dúvida, no mercado, que ele não compartilha, sobre o comprometimento do presidente em relação à continuidade do ajuste fiscal. Burki não espera problemas, inclusive dos Estados – exceto Minas Gerais.

A moratória de Itamar Franco foi, claramente, o fator que precipitou a crise, diz ele. O Bird acabou de renovar, por mais 60 dias, a suspensão dos empréstimos a Minas Gerais e ela será mantida até que o Estado volte a pagar seus débitos.

No caso do Rio Grande do Sul, o Bird desbloqueou os empréstimos e Burki não espera mais problemas. O Bird tem um programa de US$ 4,5 bilhões de empréstimos ao Brasil este ano, dos quais US$ 1 bilhão já foi desembolsado. Está dividido entre apoio à reforma administrativa, à reforma previdenciária e à "proteção social".

O Bird anunciou em outubro do ano passado uma nova "abordagem abrangente para o desenvolvimento". Um programa-piloto está sendo montado com a Bolívia.

A ideia é discutir um conjunto de metas e programas sociais, junto com o governo, em vez de projetos específicos, para um período amplo, que pode ir de 10 a 20 anos. O governo terá mais flexibilidade para aplicar o dinheiro.

O sucesso será medido por indicadores gerais (no caso da Bolívia, inclui, por exemplo, melhora na mortalidade infantil e na pobreza). É uma abordagem que tem levantado controvérsias dentro do Bird, mas que pode, em princípio, servir como base para programas com qualquer país no futuro, inclusive o Brasil.

Burki está se aposentando em junho. Seu substituto será o americano David de Ferranti.

FUNDO PARA DÍVIDA PRIVADA

A ideia de se criar um fundo para reestruturar a dívida externa de empresas brasileiras, por meio da Corporação Financeira Internacional, o braço do Banco Mundial para o setor privado, deve avançar nesta reunião do banco e do FMI, em Washington.

A proposta original era criar o Brazil Corporate Trust, com capital de até US$ 500 milhões da CFI e do BNDES, para ajudar a reestruturar a dívida externa de empresas brasileiras, afetadas pela desvalorização cambial. Existe um fundo semelhante para os países asiáticos afetados pela crise, que já envolveu US$ 1,6 bilhão.

A intenção original era que o Bird desse garantias de até US$ 1 bilhão contra o risco de interrupção de qualquer problema de pagamento gerado por restrições a remessas pelo governo brasileiro. Com estas garantias e o fato de o risco deixar de ser o "risco Brasil", esperava-se conseguir levantar até US$ 4 bilhões em empréstimos que seriam repassados às empresas.

Desde que a ideia foi levantada pela primeira vez, há um mês, houve fortes discussões dentro do governo brasileiro sobre a conveniência de levar adiante a proposta. O receio era que um fundo como este pudesse ser entendido pelo mercado como um sinal de dificuldade do Brasil em levantar recursos sem a ajuda do Bird.

Uma fonte qualificada disse à coluna que estas resistências foram superadas e que haverá discussões sobre o novo fundo, nos próximos dias, em Washington. Um fato novo, contudo, terá que ser considerado: o bem-sucedido lançamento dos bônus brasileiros no mercado internacional.

O Brasil ofereceu US$ 1 bilhão e, dada a demanda para até US$ 4,5 bilhões, colocou, ontem, US$ 2 bilhões. Hoje anunciará o total para outra parcela da mesma emissão destinada a trocas por antigos títulos da dívida brasileira ("bradies"), que alguns estimam entre US$ 500 milhões e US$ 1 bilhão. Não só o volume foi maior do que o esperado, como os juros foram razoáveis, com um prêmio de 675 pontos de porcentagem acima do rendimento dos títulos do Tesouro americano.

Dado o sucesso do lançamento e a reviravolta do sentimento do mercado em relação ao Brasil, talvez o valor do fundo de reestruturação, ou mesmo a necessidade de lançá-lo, sejam rediscutidas.

Folha de S.Paulo, 23/4/1999

Reformas esqueceram o social

As reformas econômicas na América Latina tiveram uma ênfase muito economicista, se esquecendo do lado social. A pior recessão em dez anos na região e o alto desemprego têm "levantado dúvidas sobre os benefícios das reformas" e gerado "um medo crescente de que a democracia possa estar em perigo".

Tentar arrochar a política fiscal e reduzir o déficit público em meio à recessão, como está sendo feito no Brasil, só agrava a tensão social e política. Numa recessão, é possível avançar em reformas que melhorem a qualidade dos gastos, mas não faz sentido tentar reduzir o déficit, aumentando o desemprego. Só é feito porque o FMI escolheu o corte do déficit como variável chave e o mercado segue o fundo, mas a ênfase deveria estar em outros indicadores.

A visão crítica é da economista Eliana Cardoso, assessora graduada do Banco Mundial. Eliana foi do FMI, onde trabalhou com o vice-diretor-gerente Stanley Fischer, e foi secretária internacional da Fazenda, durante algum tempo, no primeiro mandato de Fernando Henrique Cardoso.

Ela foi a palestrante convidada, semana passada, em Washington, na reunião do chamado "Grupo dos 50", que reúne 50 presidentes de grandes grupos econômicos que têm ligações com a América Latina. O grupo é patrocinado pela Carnegie Peace Foundation e se encontra uma vez por ano, durante a reunião anual do FMI e do Banco Mundial.

O tema de Eliana foi "A América Latina do próximo milênio: mercados, democracia e integração". Boa parte do debate acabou se concentrando no futuro da Argentina. Houve consenso de que a Argentina não vai desvalorizar sua moeda, mas preocupação com o impacto do regime cambial sobre o nível de emprego.

A curto prazo, os argentinos apostam numa compensação do câmbio através de reformas de impostos e regras trabalhistas. A longo prazo, contudo, discutiu-se a hipótese de uma coordenação de políticas econômicas entre Brasil e Argentina.

Eliana acha que existem custos e desvantagens na adoção da dolarização na Argentina e de um sistema de conversibilidade ("currency board"), ou da dolarização, no Brasil. A adoção de uma moeda comum no Mercosul, contudo, poderia reduzir o custo das transações e assegurar políticas monetárias não populistas, por meio de um banco central comum independente.

Houve convergência, no debate, sobre as vantagens de uma moeda comum Brasil-Argentina, referenciada tanto ao dólar quanto ao euro. Seria uma forma de minimizar o impacto das oscilações dessas duas moedas entre si sobre as exportações do Mercosul.

No tema mais amplo das perspectivas do próximo milênio, Eliana fez uma análise crítica da implementação das reformas nos anos 90. A inflação caiu, o velho modelo de substituição de importações desapareceu e o crescimento foi maior do que nos anos 80 (embora menor do que de 1950 a 1980).

No entanto, a vulnerabilidade externa aumentou (em 98, o déficit em conta corrente ficou, em média, em 6% do PIB) e, em 99, a região entrou em recessão. O gasto social cresceu, em termos per capita, mas na Argentina, Brasil e Chile menos da metade dos gastos vai para saúde e educação.

No Brasil, em 96, gastou-se 10% do PIB na previdência do setor público e apenas 7,5% em saúde e educação. Dados de 1998 mostram que a aposentadoria média do setor público superou 50 salários mínimos, enquanto a do setor privado foi inferior a 2 salários mínimos.

Os gastos sociais são altamente regressivos, "redistribuindo renda dos pobres para os ricos". A distribuição de renda piorou em vários países, como na Argentina. O crescimento "foi decepcionante, especialmente em atividades intensivas no uso de mão-de-obra".

As incertezas políticas cresceram na Colômbia, na Venezuela, na região andina e no Brasil, onde "o governo é profundamente impopular e a oposição não tem uma agenda construtiva". Hugo Chávez, da Venezuela, com seu "populismo antipartidos", foi elogiado por Lula "como um exemplo para outros países latino-americanos".

"Ditadores em uniforme (militar) talvez sejam uma coisa do passado", disse. Mas, se nada for feito para tornar o voto mais significativo para os pobres, "a demagogia vai prevalecer e os ditadores vão ganhar o poder através de eleições".

Eliana é a favor da abertura externa da economia da região, da privatização e acha que as reformas devem avançar mais. É preciso, contudo, que envolvam a qualidade do gasto, de forma a beneficiar os mais pobres. Sem isso, as reformas serão solapadas politicamente. "Numa região tão desigual", advertiu, "alto desemprego corre o risco de se transformar em devastação política".

Folha de S.Paulo, 07/10/1999

Otimismo começa a virar cautela

Há dez dias [desde 15 de abril de 2002] o câmbio e os juros estão subindo. Junto com eles, está subindo o risco-Brasil. O enorme otimismo que prevaleceu desde o final do ano passado está mudando para cautela. Parte do mercado prevê mais turbulências até meados do ano.

Não se trata de uma mudança de ciclo tão dramática quanto a que ocorreu no final do primeiro trimestre do ano passado. Mas também está baseada em algumas más notícias e numa reavaliação de investidores externos que estavam sobreinvestidos em Brasil.

Uma razão é política. O mercado financeiro convenceu-se há meses de que o candidato tucano, José Serra, ia vencer e manter os fundamentos da política econômica, o que poderia significar uma nova queda expressiva no risco-país.

O pico do risco-Brasil, medido pelo Embi, foi em 5 de outubro [de 2001]: 1.250 pontos, puxado pelo contágio argentino. Contudo, o acúmulo de bons resultados na balança comercial no ano passado convenceu o mercado de que o Brasil estava numa rota de clara melhora nas contas externas. O Embi despencou quase sem parar até 700 pontos, dia 15 de março [de 2002], fazendo muita gente ganhar dinheiro. Desde então, vinha oscilando entre 720 e 750. Nos últimos dias, parece caminhar para algo mais perto de 800.

Um banqueiro tem uma conta interessante para justificar esses números. Ele acha que o mercado se convenceu de que uma vitória de Serra poderia derrubar o risco-Brasil até uns 500 pontos, como aconteceu com a Rússia. Já uma vitória de Lula poderia elevar o Embi até os 1.200 pontos do ano passado.

Quando o Embi estava em torno de 710 pontos, refletia uma aposta de que Serra tinha 70% de chances de ganhar e Lula 30%. Com o risco a 745, a proporção cai para 65% e 35%. Com o risco a 780, a diferença muda para 60% e 40%. Se a avaliação do mercado mudar para meio a meio, o Embi pode subir a 850.

Talvez seja uma simplificação, mas é fato que o mercado começou a perceber o óbvio: essa será uma eleição apertada e, por enquanto, é muito cedo para qualquer candidato cantar vitória. A mudança de humor, contudo, não tem a ver apenas com a sucessão.

A balança comercial, que ajudou a separar o Brasil da Argentina, tem piorado desde o final do ano passado. Em 2001, alguns bancos chegaram a prever superávit de US$ 10 bilhões neste ano [2002]. O governo continua projetando um superávit de US$ 5 bilhões, mas o mercado, que chegou a concordar com esse número, hoje aposta em US$ 4,3 bilhões (de acordo com a sondagem feita pelo BC).

Um dos indicadores mais sensíveis para a trajetória da balança é medir o resultado por médias móveis trimestrais, dessazonalizadas e anualizadas. Por esse critério, em dezembro a balança apontava para um superávit de US$ 8,8 bilhões. Hoje, ele está em US$ 4,8 bilhões. Em abril, o mercado esperava um saldo de até US$ 800 milhões, mas ele não deve passar de US$ 350 milhões. Nesse caso, a média móvel trimestral fechará o mês apontando para um saldo de US$ 3,5 bilhões.

A balança talvez perca quase US$ 1 bilhão com a crise argentina, sofrerá perdas com o protecionismo mundial no aço e com a elevação do preço do petróleo. As exportações estão caindo. As importações estão caindo ainda mais, mas, se a economia se recuperar, o resultado vai piorar.

Por enquanto, a piora da balança nos últimos quatro meses não se refletiu na conta líquida externa. Ao contrário, o déficit em conta corrente caiu para US$ 19,8 bilhões em março, ou 3,9% do PIB, mas foi beneficiado por um efeito estatístico e a tendência é de piora.

A preocupação externa foi minimizada, até agora, pela abundância de liquidez mundial, inclusive para emergentes. Os investimentos diretos no Brasil têm surpreendido positivamente: US$ 4,7 bilhões no trimestre, mais US$ 1,4 bilhão no resultado parcial de abril. A liquidez externa deve continuar. Aliás, a recuperação da economia mundial tem superado as melhores projeções. A dúvida é saber se o apetite em relação ao Brasil vai se manter inalterado.

A inflação é outra má notícia recorrente. O IPCA em doze meses deve subir para 7,8% considerando o resultado parcial de abril, o que torna complicada a tarefa de mantê-lo dentro do limite superior da meta, de 5,5%. Cálculo do banco ING mostra que os preços administrados, que representam 30% do IPCA e sobre os quais a política monetária é inócua, devem subir 2,7% este ano. Sobrariam 2,8% para os preços de mercado, que são sensíveis aos juros.

Esses preços de mercado subiram 4,5% no ano passado e 1,2% no primeiro trimestre. Para manter a inflação no limite superior de 5,5%, portanto, esses preços só poderiam subir uma média de 0,17% ao mês, de abril a dezembro. O BC vinha falando em IPCA de 4,4% neste ano. Nesta semana, seu presidente, Armínio Fraga, falou em IPCA de 5%, ou pouco menos, no ano. O mercado já estima o IPCA em 5,5%. O BC, claramente, não quer estourar, mais uma vez, o limite superior da meta.

Mesmo considerando que o BC não combaterá o impacto primário nem o efeito inercial de choques de oferta, fica difícil encontrar espaço para queda dos juros. Juros mais altos significam menos crescimento, mais desemprego e piores resultados fiscais.

O câmbio vem subindo, mas discretamente. Uma razão é a "ressaca" provocada pelas enormes perdas das empresas que fizeram *hedge* (proteção contra desvalorização) no ano passado. Um grande grupo industrial perdeu R$ 450 milhões com a valorização do real desde o pico de outubro.

Hoje as empresas estão muito mais relutantes em apostar numa desvalorização e isso tem ajudado a moderar as oscilações do câmbio. Uma subida no risco-Brasil e uma maior incerteza política poderão, contudo, pressionar o câmbio. Ninguém imagina uma disparada, mas bancos projetam o dólar até a R$ 2,50/R$ 2,60 nos próximos meses.

Valor Econômico e *Folha de S.Paulo*, 25/4/2002.

Sinais moderados do PT aos bancos

Nas últimas semanas [em setembro de 2002], José Dirceu, presidente do PT, Aloízio Mercadante, assessor econômico do partido, e Antônio Palocci, coordenador do programa de governo de Lula, estiveram, juntos ou em separado, com os principais banqueiros do país e vários economistas de diversas tendências. Falaram, entre outros, com Lázaro Brandão, do Bradesco, Olavo Setúbal, do Itaú, José Safra, do Safra, e Fábio Barbosa, do Real ABN Amro, além de alguns diretores de bancos. Entre economistas não petistas, falaram com Delfim Netto, Luiz Paulo Rosemberg, Ibrahim Eris e Raul Velloso, para citar alguns.

Foram ouvir e passar algumas mensagens. A principal, comenta Palocci, é que o PT tem consciência de que, se ganhar, haverá um período complicado de transição pela frente, que será conduzido com prudência e moderação. O futuro presidente do Banco Central, a maior inquietação do mercado, "não precisará ser do PT". Deverá ter "uma história de capacidade e equilíbrio". "Não tentaremos nenhum experimentalismo, nem nada exótico", garante.

Palocci não diz, mas outras fontes do partido garantem que nesse perfil caberiam economistas liberais, com formação muito diferente do PT. "A transição tem de ser feita com a cabeça de transição: o perfil não pode ser igual ao nosso", define a fonte. Terça-feira [24 de setembro de 2002], num encontro fechado com executivos do mercado, Mercadante definiu o futuro presidente do BC como alguém com grande experiência no mercado e sólida formação acadêmica.

Ninguém falou ou falará em nomes antes das urnas apuradas. Um dos banqueiros sugeriu ao PT convidar o ex-diretor do BC, Cláudio Haddad, que tem boas relações pessoais com Mercadante, e uma formação liberal. Outro nome que circula é o do ex-presidente do BankBoston, Henrique Meirelles. Sabe-se que Mercadante, Dirceu e Palocci simpatizam com a ideia de manter Armínio Fraga por um período de transição. Lula, contudo, fechou essa porta, em declarações na terça-feira.

A tensão no câmbio e nos mercados levou alguns, no PT, a temer que o candidato tucano, José Serra, voltasse a agitar o fantasma da "argentinização" se Lula ganhar – hipótese não confirmada no programa eleitoral de terça-feira. Trouxe, também, críticas dentro do PT de que o BC estaria sendo leniente com a crise, por razões políticas, e até que a subida do dólar seria uma armação especulativa do mercado para barrar Lula.

Palocci discorda de tudo isso. Elogia a atuação do BC. "O governo está sendo responsável na condução da economia nesse momento eleitoral", reconhece. "O BC está tendo uma direção firme e corajosa." Ele garante que não há nenhuma restrição pessoal no PT a Armínio, nem mesmo por parte de Lula, mas há dificuldade, do ponto de vista político, para defender sua manutenção ainda que transitória. Também não atribui a crise a uma manipulação especulativa. É uma combinação entre problemas na economia mundial e ansiedade no mercado pelas mudanças com a eleição presidencial. Aposta, contudo, na "lei da gravidade": o dólar vai acabar caindo pela boa razão de que subiu demais, como ouviu de vários economistas.

Palocci não acha óbvio descobrir que candidato pode sair perdendo com o salto no dólar. Se toda a eleição tivesse sido conduzida em meio a uma forte crise, diz, talvez o PT tivesse sofrido; na reta final, a crise pode até prejudicar o candidato tucano.

Os dados dão razão, até agora, a Palocci. Uma comparação entre os dois gráficos (veja na pág. 172) mostra que, desde março, quando o dólar começou a subir, houve um período em que tanto Lula quanto Serra caíram e Ciro [Gomes] subiu, entre maio e junho. No final de julho e agosto, o dólar disparou e tanto Lula quanto Serra subiram, enquanto Ciro caía. Desde meados de setembro, o dólar voltou a disparar e Lula subiu, enquanto Serra caia um pouco. Ou seja, até agora, pelo menos, é impossível dizer que a crise, medida pela cotação do dólar, tenha ajudado ou prejudicado, claramente, algum candidato.

A mensagem moderada do PT tem sido bem recebida. Mas, como diz um banqueiro, ficam dúvidas: como o PT vai administrar expectativas fortes de mudanças e quanto do discurso é apenas "para contornar desconfianças". Palocci garante que a "inflexão moderada" da campanha foi para valer e não eleitoreira, tanto que aceitar o acordo com o FMI trará perdas e não ganhos de votos.

O mercado quer estabilidade, diz, e o PT oferece a chance de uma estabilidade real, fruto de sua capacidade política de interagir com setores importantes e lidar com questões como exclusão social e distribuição de renda. Se eleito, o PT colocará, de imediato, na mesa, propostas de reformas previdenciária e tributária, que pretende conduzir em "fóruns de negociação". O erro do atual governo, diz, foi tentar impor; com negociação, será possível viabilizar as reformas.

De agora até a posse, o BC, segundo Palocci, terá de encontrar um equilíbrio delicado entre usar seu arsenal para conter excessos do mercado e não deixar o volume de reservas cair a nível crítico. O risco de a crise fugir de controle existe, dizem banqueiros, e não deixa espaço para erros, se o PT for eleito. Palocci sabe disso.

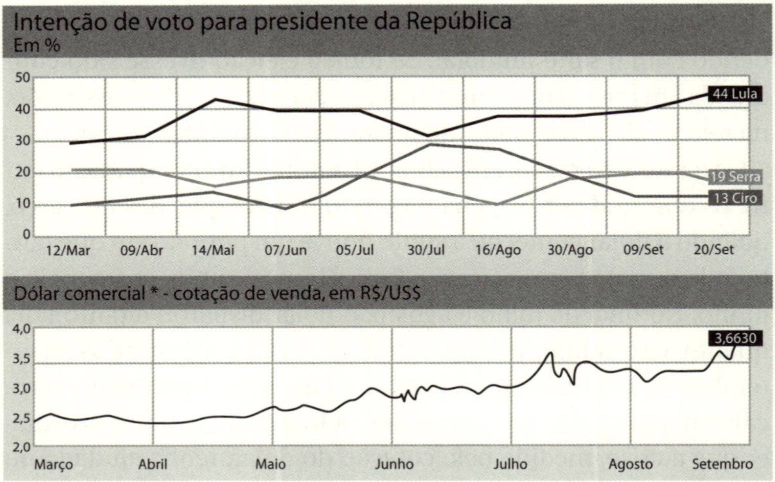

Valor Econômico e *Folha de S.Paulo,* 19/9/2002.

A lógica da cautela econômica do PT

A equipe de assessores do Ministério da Fazenda do governo PT pode reservar algumas surpresas. Antônio Palocci ganhou espaço político para montar uma equipe de peso, de fora do PT, para ajudar na formulação da política econômica. Deve buscar nomes na academia e no mercado, além de aproveitar funcionários de carreira.

São três os postos considerados chave na Fazenda. Na secretaria de assuntos internacionais deverá estar o interlocutor principal com o FMI e com os governos dos países ricos. A ideia é ter nesse posto um economista de peso e com bom trânsito internacional.

A secretaria de política econômica é outro posto estratégico. No governo Lula, além de ajudar na formulação macroeconômica, terá também de se envolver com várias reformas, como a tributária e a trabalhista, que terão forte impacto microeconômico. O terceiro posto estratégico é o Tesouro.

Não é certo que Guido Mantega vá para a Fazenda. A decisão final será discutida com o presidente eleito e ainda há a hipótese de ele ir para alguma assessoria direta no Planalto. Se for para a

Fazenda, pode ir para um posto mais executivo do que formulador, como a secretaria-geral.

Palocci tentou, até o último momento, manter Armínio Fraga na presidência do Banco Central por mais algum tempo. Acabou voto vencido, mas, no processo, ganhou espaço político para montar com liberdade sua equipe na Fazenda, além de discutir a composição do Banco Central.

Os atuais diretores do BC ficam no posto até que novos diretores sejam nomeados. A ideia era tentar nomear pelo menos um diretor já, o de política monetária, para que pudesse ser aprovado pelo Senado. O atual diretor, Luiz Fernando Figueiredo, já tinha acertado sua saída, mesmo na hipótese de Armínio continuar no posto por mais alguns meses.

É possível que alguns dos atuais diretores sejam convidados pelo novo presidente, Henrique Meirelles, a permanecer. O mercado gostaria que essa lista incluísse Ilan Goldfjan, responsável pela análise de política econômica que respalda o regime de metas inflacionárias, mas Ilan já deu fortes indicações de que considera cumprida sua missão no BC. É mais provável que alguns diretores que são funcionários de carreira do BC fiquem onde estão.

Ter uma equipe forte de formuladores econômicos será um tijolo a mais no esforço de ganhar credibilidade rapidamente. As dúvidas que ainda existiam sobre o compromisso do futuro BC com o regime de metas e um ataque frontal à inflação foram sanadas na sabatina de Meirelles no Senado. Está claro o respaldo à decisão do Copom, ontem, de elevar o juro básico de 22% para 25%.

Palocci, numa entrevista à TV Globo, ontem [18 de dezembro de 2002], deixou claro que pretende manter a meta inflacionária atual e tentar reverter as expectativas, antes de pensar em elevá-la. Dentro do regime atual tem sido possível absorver choques em períodos mais longos, alterando as metas efetivas, sem mudar a meta formal. É provável que a nova equipe siga a mesma rota.

O anúncio feito por Meirelles de que o projeto de autonomia operacional do BC inclui mandatos fixos para os diretores foi uma surpresa bem recebida pelo mercado. O ponto de partida será o projeto que Armínio Fraga tentou vender, inutilmente, nos últimos dois anos. É inspirado no modelo britânico: a meta é fixada pela Fazenda e o BC tem autonomia operacional e mandatos garantidos para executá-la, sem pressões políticas. Antes, contudo, será preciso mudar o artigo 192 da Constituição. Nem todos estão otimistas, em Brasília, sobre as chances de obter rapidamente essa mudança.

O futuro governo já havia dado indicações fortes na área fiscal, inclusive a sinalização de que pode elevar o superávit primário, talvez antes da primeira negociação formal com o FMI, em fevereiro. Já colocou na mesa as reformas com que pretende obter ganhos fiscais permanentes. Reafirmou as armas que vai usar para lidar com a pressão inflacionária.

Por trás dessa disposição austera na área econômica está o presidente eleito. Interlocutores de Lula têm ouvido sua definição de que pretende ser conservador na área econômica, no início de seu governo, para poder ser progressista na área social. Lula, Palocci, o futuro chefe da Casa Civil, José Dirceu, e o senador Aloízio Mercadante compartilham outro sentimento: um claro e inequívoco receio de ver o país engolfado por uma crise financeira.

Eles sabem que, se isso acontecer, o custo será altíssimo e, para contornar o risco, será preciso firmeza na área econômica. O próprio Lula tem procurado aprofundar as discussões nessa área. Sabe-se hoje que ele teve, até agora, dois e não apenas um encontro com Armínio Fraga – e já acertou um terceiro encontro. O primeiro encontro, publicamente divulgado, aconteceu na Base Aérea de Brasília. Alguns dias depois, no sábado, dia 7 de setembro, ambos voltaram a se encontrar num hotel em São Paulo. Foi pouco antes da conversa de Lula com o diretor-gerente do FMI, Horst Köhler, que, aliás, deixou ótima impressão no alemão.

Por trás desse diagnóstico estão dois pressupostos. O primeiro é que a vulnerabilidade do país não abre espaço para atalhos heterodoxos. O segundo é que o PT deve encarar o futuro como um projeto de poder para, no mínimo, oito anos. Nessa perspectiva, faz sentido passar por um ou dois anos difíceis iniciais, se, com isso, for possível construir uma base sólida para os anos restantes.

Valor Econômico e *Folha de S.Paulo*, 19/12/2002.

Proposta para a crise das empresas

Desde o final do ano passado [2002], acumulam-se pressões de empresas em crise por algum tipo de apoio oficial. Eugênio Staub, presidente da Gradiente, e um aliado de primeira hora do então candidato Lula, acha que o governo deve ajudar, mas só se as empresas se comprometerem a abrir o capital e entrar no Novo Mercado. Como estímulo adicional, o governo poderia permitir o uso voluntário, pelos trabalhadores, de parte do FGTS para comprar ações dessas empresas.

"O capitalismo brasileiro é muito atrasado", diz Staub. "A hora de modernizá-lo é quando o empresário está à beira de quebrar." Ele argumenta que muitas empresas são patrimonialistas. O acionista controlador, ou a família, quer administrar e usufruir da empresa.

Várias empresas de qualidade acabam "contaminadas pelos controles da família controladora". Ele lembra dois exemplos: a Metal Leve, que acabou vendida a um grupo alemão, e a Klabin. Ele ressalva que há empresas bem administradas pelos controladores: o critério central deve ser a competência. A crise, cujo estopim foi a disparada do dólar, poderia ser uma oportunidade para "lançar um capitalismo de fato" no país.

O Novo Mercado implica uma série de obrigações. Todas as ações têm que ser ordinárias, com direito a voto. Pelo menos 25% do capital deve estar no mercado. Os minoritários têm direito a assento no conselho de administração. A exigência de divulgação de informações é muito maior do que a imposta às empresas abertas. As demonstrações devem também seguir padrões internacionais. Em caso de venda do controle acionário, o minoritário tem o mesmo tratamento do controlador.

A Gradiente, segundo Staub, está tentando cumprir todas as regras do Novo Mercado. Tem em seu conselho um representante da Animec, em nome dos minoritários, que questiona tudo, até se o helicóptero usado por ele deveria ser de propriedade da Gradiente. "Acho que ele tem razão", concede.

Staub acha grave a questão do endividamento externo de muitos grupos, feito quando o dólar era farto e barato. Seu temor é que a pressão das empresas em crise acabe levando o governo a uma resposta tradicional, de ajuda ao controlador, sem contrapartidas. Em outros termos, que seja criada uma "Buracobrás" nos moldes tradicionais, na expressão irônica de um importante empresário.

O BNDES poderia até conceder algum empréstimo-ponte no período de preparação da entrada no Novo Mercado. A ideia do uso voluntário do FGTS seria um estímulo adicional. Alguns grandes grupos em dificuldades podem ser bons investimentos e as regras do Novo Mercado dariam mais segurança. Para minimizar o risco dos trabalhadores, ele sugere que bancos de investimento e fundos de pensão fizessem avaliações e recomendações públicas sobre empresas do programa.

O programa acabaria, naturalmente, beneficiando grupos nacionais, porque subsidiárias de multinacionais, em princípio, não aceitariam submeter-se às exigências do Novo Mercado. Grandes grupos fechados e bem administrados, como o Votorantim, não teriam razão para entrar no programa. A fórmula não seria, contudo, uma panaceia aplicável a qualquer empresa em crise. Staub acha que o setor de aviação, por exemplo, exige uma solução mais ampla.

Já existe um projeto de uso de 1% do FGTS na compra de novas ações em Bolsa, que está sendo discutido entre a Bovespa e o PT desde a campanha. Ele acha que as ideias não são excludentes, podem se somar.

Staub expôs a ideia ao ministro da Fazenda, Antonio Palocci, logo depois do segundo turno das eleições. Palocci gostou, mas a proposta ainda não avançou.

O PT está preocupado com a crise de vários setores empresariais, mas deu poucas pistas sobre o que fará. Deu, contudo, forte apoio ao projeto da nova Lei de Falências, mencionada por Palocci no discurso de posse, como uma de suas prioridades.

O professor Aloisio Araújo, da Fundação Getúlio Vargas, ajudou Armínio Fraga, no Banco Central, na elaboração e discussão do projeto. Já teve vários contatos com o PT e vai continuar colaborando. A atual Lei de Falências, da década de 40, diz, é inteiramente inadequada para permitir programas de recuperação de empresas em dificuldade, que preserve empregos sem, necessariamente, ajudar o acionista controlador. Até mesmo esquemas como o proposto por Staub, observa, precisariam de um amparo legal para funcionar adequadamente.

O que está em discussão é um projeto de lei que tramita desde 1993 e que foi usado como base, depois de várias modificações. Ele amplia os poderes do comitê de credores para buscar soluções para recuperação das empresas, hoje nas mãos do juiz e dos devedores. Coloca limites na prioridade dos débitos trabalhistas na massa falida para fechar brechas hoje existentes. Permite composições com devedores, se dois terços aceitarem (hoje é preciso unanimidade). Além de permitir preservar a marca e os empregos de empresas em crise – sem, necessariamente, ajudar o controlador –, a nova lei pode diminuir o risco dos empréstimos e ajudar a reduzir o *spread* bancário.

Vários empresários importantes com quem conversei nas últimas semanas acham que deve haver apoio para minorar a crise, mas com soluções para as empresas e os empregos, sem privilegiar o controlador. Entre eles, Ivoncy Ioschpe, do Iedi; Paulo Cunha, do Grupo Ultra; Horácio Piva, da Fiesp; Eduardo Eugênio, da Firjan; e Roger Agnelli, da Vale.

Valor Econômico e *Folha de S.Paulo*, 9/1/2003.

Os ganhos do jogo da confiança

O alívio no câmbio e a ajuda espúria da inflação alta ajudaram a melhorar muito o indicador visto com maior preocupação pelo mercado internacional: a relação entre a dívida líquida do setor público e o PIB. Depois que a dívida atingiu o pico de 63,6% do PIB, em setembro [de 2002], fechou dezembro em torno de 56,5% do PIB, na estimativa do banco CSFB-Garantia. Se o câmbio continuar em torno de R$ 3,30, a dívida poderá cair para 55% do PIB no final de janeiro [de 2003].

As implicações são importantes. Se esse quadro se confirmar, o governo vai sentar com o FMI, em fevereiro, com muito maior margem de manobra. A simulação feita pelo CSFB mostra que, mesmo num cenário de crescimento medíocre nos próximos dez anos, de apenas 2% ao ano, e um juro real médio bastante alto, de 9%, uma dívida líquida de 55% do PIB exigiria um superávit primário de apenas 3,8% do PIB para ficar estável. Como o governo está pensando em elevar o superávit primário para algo em torno de 4,2% do PIB, isso significaria a perspectiva, saudável, de uma redução adicional do estoque da dívida líquida. Mesmo considerando apenas o que deve ter ocorrido em dezembro (uma dívida líquida de 56,5% do PIB), o superávit primário necessário para estabilizar a dívida seria de 3,9% do PIB – qualquer valor acima desse levaria a uma redução.

Na verdade, esse cenário deve vir acompanhado de várias notas de cautela. O câmbio recuou, mas continuam a haver riscos no horizonte. Uma guerra no Iraque poderá complicar a entrada de dólares. Dificuldades na tramitação da reforma da Previdência podem gerar nervosismo e pressionar o câmbio, como mostrou o efeito, ontem [15 de janeiro de 2003], sobre o mercado, das declarações do presidente do STF, Marco Aurélio Mello. O Brasil ainda depende de um ingresso razoável de dólares e os investidores externos continuam cautelosos em relação ao governo Lula.

Exatamente em razão dessas dúvidas, será importante o governo trabalhar com uma margem de segurança, para cima, em relação à única variável que consegue, de fato, controlar: o superávit primário. Além disso, seria muito importante sinalizar uma trajetória de queda da dívida líquida. De todo modo, o novo cenário indica que há menos razões para se exigir do Brasil superávits primários de 5% do PIB, como vinham insistindo vários banqueiros, aqui e no exterior.

Não há milagre por trás da queda da dívida líquida que, no melhor cenário, poderá ser de 8,6% do PIB em quatro meses. A taxa de câmbio do final do mês é aplicada sobre todo o estoque da dívida líquida dolarizada, embora a dívida só vá vencer ao longo do tempo. Por isso, quando a cotação muda muito, a dívida também muda. Em setembro, o câmbio fechou a R$ 3,76; em dezembro, a R$ 3,53.

Outra enorme ajuda foi a aceleração do IGP nesse período, o que fez inchar o PIB em reais. A inflação também produz um impacto liquidamente positivo sobre as contas fiscais. Além disso, essas contas foram ajudadas, em 2002, por uma enorme arrecadação extraordinária: R$ 21,5 bilhões, já excluída a Cide,[26]

26 Contribuição sobre Intervenção no Domínio Econômico. É cobrada sobre a importação e a comercialização de petróleo e seus derivados, gás e álcool etílico.

calcula o CSFB. O superávit primário, em novembro, estava em 4,1% do PIB, em doze meses, e estima-se que tenha fechado o ano em torno desse valor.

A inflação alta também ajudou, e muito, a reduzir o juro real, que é o que impacta a dívida líquida. O que importa é saber o deflator do PIB. Em anos normais, o IGP reflete mais de perto o comportamento do deflator. Quando a desvalorização é muito forte, o deflator fica mais perto do IPCA, como provaram as contas de 1999. O CSFB usa uma mistura de 80% de IPCA e 20% de IGP-DI médios como a melhor aproximação do deflator do PIB. Deflacionada dessa forma, em 15,3%, a Selic média de 19,1% significou um juro real de apenas 3,4% no ano passado, que é comparável a um juro real médio de 9% entre 1999 a 2002.

A inflação alta e o câmbio em baixa vão continuar ajudando as contas fiscais nestes primeiros meses do ano. Mas há consenso de que a sinalização mais importante será o destino da reforma da previdência. Da forma como a reforma foi anunciada até agora, ela não trará impacto direto imediato. Ao unificar os regimes privado e público, o governo imagina que o fator previdenciário, já existente para o INSS, passará a valer para os funcionários públicos.

O fator cria estímulos para se adiar a aposentadoria, em troca de um benefício maior. Mas, quando foi instituído para o setor privado, criou-se um período de transição de cinco anos até o fator valer completamente, o que reduziu muito o estímulo imediato para adiar a aposentadoria. Se, ao colocar os funcionários públicos no regime do INSS, a reforma der a eles também cinco anos para absorver o impacto do fator previdenciário, então não haverá ganhos fiscais imediatos.

O ganho seria outro: a reforma permitiria maior equilíbrio a longo prazo. Ao contabilizar esse equilíbrio a valor presente, o mercado se sentiria mais seguro em relação às contas fiscais futuras e à dívida líquida. Isso poderia levar a uma redução no prêmio de risco-Brasil e, dessa forma, abrir espaço para um corte sustentável nos juros. Qualquer redução de 1% no juro real, por um ano, leva a uma queda significativa de 0,3% na dívida líquida. Uma redução, por um ano, de R$ 0,10 na cotação do dólar traz um ganho de 0,6% na dívida líquida.

Portanto, o jogo de procurar ganhar confiança que o PT decidiu jogar desde alguns meses antes da eleição, pode ser muito compensador – na verdade, já vem sendo. Depende da melhora estrutural das contas fiscais e externas, e sua recompensa básica será permitir cortar os juros. Está sujeito, contudo, a contratempos políticos e econômicos. Exige, portanto, muita paciência e determinação.

Valor Econômico e *Folha de S.Paulo,* 16/1/2003.

Iedi sugere a Lula plano emergencial

O Iedi, instituto de pesquisas mantido pelos principais grupos industriais do país, sugeriu ao presidente Lula, há três semanas [meados de fevereiro de 2003], que lance um programa emergencial de investimentos industriais. Seria algo da ordem de US$ 10 bilhões, concentrados nos setores que estão próximos do limite de sua capacidade produtiva.

Um estudo do Iedi montou cinco cenários para 28 setores industriais. Nos três primeiros, supôs crescimento das exportações em níveis idênticos aos de 2001-2002 e, respectivamente, crescimento zero, de 2% e de 4% na demanda interna. No cenário quatro, supôs crescimento de 5% nas exportações e 4% na demanda interna e, no cinco, 10% nas exportações e 2% na demanda interna.

Os resultados são "muito preocupantes", avalia o presidente do Iedi, Ivoncy Ioschpe. Em qualquer cenário, mesmo com demanda interna estagnada, cinco setores chegariam a 95% ou mais da capacidade: papel e gráfica, siderurgia, metalurgia dos não-ferrosos, outros produtos metalúrgicos e borracha. Na maioria dos cenários, vários outros setores chegariam próximos ou superariam 90%: têxtil, elementos químicos e petroquímicos, refino de petróleo e indústria petroquímica, químicos diversos, minerais não-metálicos e refino de óleos vegetais e gordura para alimentos.

A conclusão é que o país enfrenta um gargalo grave e generalizado na indústria de bens intermediários e de base. É algo que pode comprometer não só o atendimento da demanda interna, pressionando a inflação, mas também a expansão desejada das exportações. Em cenários com maior crescimento de exportação, o problema chegaria também a setores de consumo. Um dos poucos setores com bastante capacidade ociosa, por exemplo, é o automobilístico, mas ele seria afetado pela falta de produtos intermediários.

Em vários setores, são investimentos que levam de dois a três anos para amadurecer. Portanto, diz Ioschpe, seria preciso articular um programa emergencial já. Vários meses seriam necessários para organizar o programa. Os desembolsos não coincidiriam, necessariamente, com o quadro atual de dificuldades econômicas.

Um grupo de líderes do Iedi, como Ioschpe e Paulo Cunha, do grupo Ultra, entregaram uma carta como essa e várias outras sugestões a Lula. O presidente, segundo Ioschpe, reagiu muito bem às sugestões. Ioschpe discutiu também a ideia com o ministro do Desenvolvimento, Luiz Furlan, e com o presidente do BNDES, Carlos Lessa.

Ioschpe acha que o governo deveria coordenar as ações – algo no estilo do gabinete de metas do ex-presidente JK e dos conselhos de desenvolvimento do ex-presidente Geisel. Dada a escassez de recursos externos, a maior parte do financiamento teria que vir do BNDES. Ele acha que as fundações de seguridade poderiam ajudar, adquirindo papéis de longo prazo do BNDES, com remuneração adequada.

Ele incluiu nas sugestões, também, um incentivo fiscal que não traria problemas junto à Organização Mundial de Comércio. Seria o governo permitir, às empresas que investissem nesses programas, usar créditos fiscais acumulados por prejuízos passados. Hoje esses créditos só podem ser usados muito gradualmente. Ioschpe defende que esse incentivo seja também oferecido às multinacionais que se dispuserem a ampliar seu saldo comercial. Seria uma forma de empurrar essas empresas a usar mais o Brasil como base exportadora.

Na carta que entregaram ao presidente, os empresários do Iedi, além do apoio à indústria, fazem quatro outras sugestões de política econômica: 1) manter o câmbio flutuante, mas evitar uma valorização excessiva do real; 2) desonerar completamente as exportações; 3) apoio à Alca, desde que implique expansão das exportações, e negociações bilaterais com China, Índia, Indonésia e Rússia; e 4) incentivo fiscal à repatriação de capitais (calcula-se em US$ 80 bilhões o capital que saiu do Brasil; na Itália, foi possível atrair de volta 40% do capital).

A carta faz menção, ainda, a oito "obstáculos internos": 1) evitar a reindexação, inclusive nas tarifas; 2) reduzir a dívida indexada ao dólar; 3) ter como objetivo chegar a juros reais comparáveis ao de países concorrentes; 4) desenvolver o mercado de capitais; 5) estimular a tecnologia nacional; 6) nova Lei de Falências, que permita salvar a empresa e o emprego, não necessariamente o acionista; 7) incorporar os trabalhadores informais; e 8) combater a sonegação.

É talvez a mais articulada ofensiva, até agora, do setor industrial em busca de espaço no governo PT. Se será bem-sucedida, só os próximos meses dirão.

Valor Econômico e *Folha de S.Paulo*, 6/3/2003.

Planos anti-inflacionários

A consistência técnica da reforma monetária

A corajosa reforma monetária decidida pelo presidente José Sarney pode ser analisada de pelo menos três ângulos: o de sua consistência técnica, o da distribuição das perdas e ganhos, e um terceiro, pouco discutido – o das alternativas a ela.

A consistência técnica do Plano Cruzado[27] foi consagrada por unanimidade. Os dois principais economistas na oposição deste governo, os ex-ministros Delfim Netto e Mário Henrique Simonsen, louvaram, sem ressalvas, a articulação das medidas. A reação de Simonsen era, em parte, previsível, já que no ano passado havia publicado um artigo na *Conjuntura Econômica*, da Fundação Getúlio Vargas, sugerindo algo muito parecido ao que foi feito.

No caso de Delfim, o tributo é menos óbvio. Quando começaram a surgir as teorias sobre a inflação inercial, a partir de trabalhos de André Lara Resende e de Pérsio Arida,[28] no segundo

27 O Plano Cruzado, o primeiro dos planos heterodoxos para tentar conter a inflação, entrou em vigor em 28 de fevereiro de 1986, ao ser anunciado pelo presidente José Sarney. A principal medida foi o congelamento de preços e tarifas.
28 Os dois economistas são considerados os pais do Plano Cruzado.

semestre de 1984, a Seplan estimulou a realização de um debate, no Rio, em que várias sugestões anti-inflacionárias foram examinadas, inclusive o plano de reforma monetária.

Na época, estava entre os presentes o então secretário da Receita Federal, Francisco Dornelles. Da equipe de economistas do governo, o único que se sensibilizou com a teoria da inflação inercial foi o então assessor de Delfim, João Baptista de Abreu, hoje secretário-geral do ministro Dílson Funaro. Delfim e seus principais auxiliares receberam as teses de reforma com ironia e ceticismo. "Se houvesse uma fórmula mágica, sem dor, para acabar com a inflação, nós já teríamos usado", disse, na época, Delfim.

De lá para cá ele não mudou de opinião. Achava inviável a ideia de converter salários pela média e insistia em que a raiz do problema inflacionário não era a inércia, mas o déficit do setor público. Ele acabou, no entanto, elogiando a forma final adotada pela reforma monetária.

Um pressuposto para a consistência técnica do plano de estabilização, de fato, é o governo ter razão quando afirma que poderá zerar o déficit neste ano. O resultado do primeiro bimestre, que apresentou um comportamento excepcional das contas públicas, reforça a crença no equilíbrio. De outro lado, existe um pressuposto embutido na afirmação do governo que é de difícil comprovação: hoje, Brasília confessa com mais tranquilidade que subestimou, propositalmente, as contas dos ganhos com o "pacote" fiscal de dezembro de 1985. Em lugar dos 60 trilhões de cruzeiros líquidos que se mencionaram na época, o número verdadeiro chegava ao dobro, 120 trilhões.

Também é verdade que parte do "pacote" repousava no ganho financeiro proporcionado pelo encurtamento no prazo de recolhimento de impostos. Esse ganho some com o fim da inflação, embora, no geral, outros ganhos surjam em seu lugar, pelo mesmo motivo. Como o próprio governo está com dificuldades para refazer as contas públicas, fica impossível fixar uma opinião definitiva sobre essa questão. Os indícios mais fortes, de todo modo, apontam na direção do equilíbrio do setor público.

Existem outros requisitos importantes para preservar a consistência do plano, como a correta condução da política monetária, o cuidadoso processo de cortes nos juros, a eficácia somada a alguma flexibilidade no controle de preços e a habilidade, principalmente política, na condução da negociação salarial dos próximos meses.

O outro ângulo da análise, o das perdas e ganhos com o plano, parece bem mais claro desde o início. Ganham os salários, ainda que seja difícil, politicamente, convencer os sindicatos sobre a justeza da fixação do valor pela média, e não pelo "pico". Perde, em especial, o setor financeiro, principal beneficiário da alta inflação. Os negócios financeiros cairão muito em volume (especialmente aplicações especulativas de curto prazo) e em rentabilidade (já que os ganhos sobre fundos a custo zero eram gigantescos). Diante de uma situação desse tipo, qualquer empresa pensaria, de imediato, em cortar custos, reduzir mão-de-obra, fechar agências improdutivas – em suma, tentar readaptar-se a um patamar mais moderno.

No caso do setor financeiro isso é claramente impossível. O grupo Auxiliar tentou e poderia ter sido bem-sucedido, não fosse o pecado mortal de ter perdido a confiança do mercado, exatamente por buscar racionalização de custos. Parece inevitável que ou o Banco Central comande um processo geral de ajuste ou tenha de oferecer contrapartidas para aumento de lucratividade que significarão um óbvio ônus político. Quebrar ou estatizar o sistema ninguém quer.

Finalmente, também importante é discutir quais seriam as alternativas à reforma. Esse é o ângulo correto para estimar os custos do plano, embora muito pouco se tenha falado sobre isso. Antes da reforma já havia um largo consenso, uma unanimidade na análise de que, por mais dura que fosse a política econômica, o melhor que se poderia esperar era tentar estabilizar o patamar da inflação, neste ano, em 300% ou 350%. O custo político e econômico disso seria, certamente, gigantesco e arriscado. O fantasma da desestabilização política começava a entrar no horizonte de análise.

Se não se tentasse essa política heterodoxa, o caminho opcional seria a política ortodoxa que o ex-presidente Tancredo Neves gostaria de ter executado com a ajuda de seu sobrinho. Além de ser uma saída politicamente inviável para o governo Sarney, o custo econômico seria imenso, já que uma recessão teria sido incontrolável. Perderia o setor industrial e, ainda mais, os trabalhadores.

Balanço Financeiro, abril de 1986.

A confiança continua o ingrediente vital

O sucesso do Plano Cruzado em conter a inflação foi o resultado de uma série de fatores. É fácil argumentar, contudo, que um dos principais foi a credibilidade, a confiança geral de que ele iria dar certo. Este continua sendo o ingrediente vital para o sucesso da segunda etapa do plano, ou seja, a estabilização da economia em níveis muito baixos de inflação e taxas aceitáveis de crescimento.

É claro que se a noção de inflação "inercial" não fizesse nenhum sentido o plano fracassaria, independentemente da confiança que despertasse entre os agentes econômicos. Se, contudo, apesar da correção no seu sentido teórico, o plano não tivesse credibilidade, nada teria acontecido.

A inflação não acabou apenas porque o governo eliminou os mecanismos da indexação e congelou os preços; ela acabou porque essas medidas foram levadas a sério. No início de 1980, o ex-ministro Delfim Netto decretou que a correção monetária – e, portanto, a expectativa inflacionária – ficaria na metade do que efetivamente ficou. Em lugar de induzir os agentes a trabalhar com esse patamar, tudo o que o governo conseguiu, na época, foi fazer desabar a taxa de poupança, ativar a especulação com ativos reais e colocar mais combustível na alta dos preços.

Parte da credibilidade que acompanhou o cruzado é consequência da mudança política do país e da renovação nos seus quadros dirigentes. Outra parte, sem dúvida, é resultado do processo de exaustão inflacionária. Apesar das proteções que a indexação introduziu no sistema, a verdade é que o país estava muito mais angustiado com as mazelas inflacionárias do que supunham os próprios autores do plano. O fim da indexação e o congelamento de preços funcionaram, em boa medida, porque a grande maioria das pessoas queria que funcionasse.

Essa primeira reação, que produziu um dos mais impressionantes exemplos de unidade nacional em torno de uma medida ou de um governo, gerou fôlego para segurar a inflação de março e abril, sem grandes traumas na oferta de bens e serviços nem interrupções expressivas no processo produtivo, como ocorreu na Argentina. Além disso, abriu um espaço político para que o governo pudesse avançar, se quisesse, em terrenos delicados como a reorganização do sistema bancário e da administração federal.

Os requisitos "técnicos", digamos, para o sucesso continuado do plano não são difíceis de ser descritos. O congelamento deve ser, necessariamente, temporário. Ele foi uma alavanca indispensável numa primeira fase, até por razões políticas, mas é impossível imaginar administrar uma economia com a complexidade da brasileira de uma forma absolutamente centralizada, e por um espaço longo de tempo, sem gerar distorções significativas. O limite mínimo do congelamento são as eleições de novembro; o máximo é difícil fixar, mas não deve ser muito diferente.

Em segundo lugar, é evidente que o governo precisa evitar pressões inflacionárias decorrentes de um descontrole no déficit público. Isso não significa, necessariamente, zerar o déficit, mas encontra um teto cujo financiamento seja tolerável.

Outro requisito é a retomada dos investimentos industriais. Crescer 8% (ou 12% no caso do setor industrial) não é ruim, desde que o crescimento esteja apoiado numa oferta compatível de bens – e isso significa ter flexibilidade para importar e investimentos internos na ampliação da capacidade instalada. Isso supõe clareza na estratégica de crescimento, tanto da parte do Estado – que liderou os ciclos anteriores de expansão – quanto dos estímulos ao setor privado.

O último pré-requisito básico é ter tranquilidade no setor externo. Sem ele, nenhum dos anteriores é factível. O excelente comportamento das exportações, a queda dos juros internacionais, a baixa do petróleo e a substituição de importações geram uma situação excepcional neste ano [1986] e, provavelmente, durante o próximo. Por melhor que seja o balanço final das contas externas em 1986, no entanto, o Brasil terá no máximo conseguido resolver o problema do fluxo deste ano; porém; mal arranhou o peso que o estoque gigantesco da dívida externa exerce sobre seu futuro.

Exceto a questão do setor externo, todos os outros pontos dependem, para seu sucesso, de uma grande dose de confiança dos agentes. Se o governo não demonstrar uma real disposição em controlar a si mesmo e suas contas, dificilmente convencerá o setor privado de que a inflação não reacenderá quando forem eliminados os mecanismos formais de controle de preços. Se a dúvida existir e for generalizada, gerará, entre os agentes econômicos, especulações com estoques e com ativos reais que ajudarão a criar as condições para uma efetiva pressão inflacionária. Se esse cenário for considerado provável, também parecerá lógico aos agentes econômicos supor, no futuro, uma tentativa do governo de impor controles ainda mais rígidos sobre preços ou de arriscar uma terapia mais dura, dessa vez em moldes mais ortodoxos e recessivos. Em ambos os casos, suposições desse tipo tornariam desaconselháveis quaisquer decisões de novos investimentos.

Em outros termos, a falta de confiança ou credibilidade do setor privado pode emperrar o sucesso continuado do plano à revelia das próprias expectativas do governo em relação ao futuro. Não basta o governo achar que poderá controlar suas contas. É preciso que todos acreditem nisso. Tudo indica que essa terá de ser a tarefa seguinte do Plano Cruzado.

Balanço Financeiro, junho de 1986.

Limite para o crédito a consumo

O governo está pensando em limitar o crédito disponível para financiar o consumo. Seria uma forma de tentar esfriar um pouco a demanda. A ideia em exame no Banco Central e no Ministério da Fazenda é a imposição de limites quantitativos para o crédito destinado ao financiamento do consumo. Uma hipótese é fixar como teto o volume ampliado em 31 de março último [de 1986]. As instituições financeiras teriam de adaptar-se a esse limite.

Uma fonte ligada ao ministro [da Fazenda] Dílson Funaro confirmou a este jornal essa informação. Ressalvou, contudo, que talvez não haja tempo suficiente para aprovar a medida na reunião do Conselho Monetário Nacional (CMN) desta quinta-feira [26 de junho de 1986]. Outra fonte explicou que ainda não há consenso interno no governo sobre a eficácia da medida. A hipótese do limite quantitativo chegou a algumas áreas do mercado financeiro e foi recebida com ceticismo.

Se o limite atingir a faixa do crédito ao consumo, uma alternativa imediata, para as instituições financeiras, seria passar a financiar os comerciantes com outras linhas de crédito. Os próprios comerciantes, por sua vez, financiariam o consumidor.

De toda forma, o fato é que o governo está preocupado com o nível excessivo de consumo e disposto a tentar freá-lo um pouco. Simultaneamente, estudam-se alternativas para elevar a poupança financeira, algo que está na agenda dos problemas de Brasília há algum tempo.

Aliás, essa agenda inclui ainda uma clara inquietação com a trajetória do déficit do setor público e com a regulação adequada do nível de liquidez. Em outros termos, embora a retórica oficial de Brasília insista na tecla de que vai tudo muito bem e não há nada a corrigir, na realidade existem muitos pontos de preocupação.

A questão do estímulo a um maior nível de poupança financeira foi tratada na recente reunião do presidente Sarney com seus principais assessores econômicos, em Carajás.[29] Discutiram-se várias alternativas, especialmente para atrair os investidores de volta para as cadernetas de poupança. O tema continua em discussão, mas, segundo o assessor da Fazenda, não irá para a reunião do CMN desta semana. Entre as hipóteses examinadas está a elevação dos juros para a aplicações de mais longo prazo. Também se pensou em reduzir o prazo de carência das cadernetas, mas essa ideia está, aparentemente, afastada.

Além de ativar as cadernetas, estuda-se um rearranjo para as aplicações financeiras. Prevalece a ideia de aumentar a rentabilidade das aplicações de mais longo prazo, seja por meio de juros mais atraentes, seja pelo alívio da carga fiscal ou pela "punição" dos investimentos de curto prazo (através da redução dos juros e do aumento da carga tributária). Outro mecanismo de apoio às aplicações de longo prazo seria a introdução da repactuação periódica das taxas de juro em empréstimos. Finalmente, o governo também estuda o lançamento de um papel federal de dois a cinco anos, com remuneração mais atraente, e que seria absorvido, em boa medida, por aplicadores institucionais.

29 Essa reunião, realizada entre 30 de maio e 1º de junho de 1986, reavaliou o Plano Cruzado, que então já dava sinais de estar enfrentando sérias dificuldades.

Nenhuma dessas alterações, segundo a fonte oficial, será examinada pelo CMN na quinta-feira. Elas estão na mesma, mas "serão feitas com calma".

Gazeta Mercantil, 24 de junho de 1986.

A rediscussão diante dos não ortodoxos

Uma das coisas mais impressionantes dos dois anos e meio de governo Sarney é o esfacelamento produzido nas hostes do pensamento econômico não-ortodoxo (um leque amplo, que engloba desde marxistas e neokeynesianos até ecléticos de todo tipo).

Esse grupo de economistas, que compunha uma bem-sucedida e ruidosa oposição no período autoritário, está hoje disperso, dividido e sem bandeiras. A sensação é de que ainda persistem os efeitos da ressaca produzida pelo Plano Cruzado.

Dada a diversidade na origem dos economistas não-ortodoxos, não é possível imaginar que possam operar por consenso permanentemente. No entanto, é indiscutível que, do trabalho parcial e relativamente isolado de vários grupos, acabou surgindo, nos anos que antecederam a Nova República, um conjunto de diagnósticos comuns, que compunham uma espécie de programa econômico alternativo.

Era consensual, por exemplo, a noção de que a economia brasileira havia mergulhado num processo de especulação financeira que emperrava o investimento de produtos, concentrava recursos no setor financeiro e contribuía para desorganizar a economia. Também consensual era o diagnóstico de que a origem da crise financeira do Estado estava na absorção dos custos do ajustamento às duas crises externas (a do petróleo e a dos juros).

Igualmente comum era a percepção de que a negociação da dívida externa deveria passar por uma substancial transformação: o país deveria usar mais poder de barganha para obter concessões reais. A maioria dos economistas considerava a dívida externa um empecilho para o equilíbrio das contas públicas e a retomada dos investimentos. Uma respeitável exceção era Antônio Barros de Castro, um defensor da noção de que o Brasil pode produzir o excedente necessário para saldar seus compromissos externos sem comprometer seu crescimento.

Outro ponto comum de preocupação era a necessidade de distribuição de renda. Embora as ênfases nem sempre coincidissem (alguns defendiam a importância de um aumento nos salários nominais), a maioria apontava como caminho a concentração de aplicações do setor público nas áreas sociais para o que seria preciso aprimorar e reformular a estrutura fiscal.

A questão inflacionária era um terreno mais espinhoso. De todo modo, todos concordavam que a terapia puramente ortodoxa, de buscar o equilíbrio de presos através de uma forte contenção monetária e fiscal, era inadequada e ineficiente. A noção de que grande parte da origem inflacionária era inercial, que inspirou o Plano Cruzado, era inicialmente aceita apenas por um pequeno grupo de economistas de oposição, mas, ao longo do exercício prático anti-inflacionário, esse também tornou-se um ponto de convergência.

Considerando-se os poucos meses de gestão de Francisco Dornelles na Fazenda como uma exceção, pode-se dizer que a política econômica da Nova República acabou sendo construída a partir desses princípios genéricos.

A implementação desastrada do Plano Cruzado, as disputas internas pelo poder e a interferência dos interesses políticos do presidente e do PMDB acabaram comprometendo a política econômica e o grupo de economistas que ajudou a elaborá-la.

O processo de deterioração do Cruzado é conhecido demais para merecer maiores menções. Menos discutido é o fato de as bandeiras dos antigos economistas de oposição terem virtualmente saído de circulação. Os economistas que passaram pelo aprendizado de Brasília saíram com discordâncias e até ressentimentos pessoais profundos entre si.

As divergências acabaram englobando até mesmo alguns pontos que eram, antes, tidos como consensuais, como a necessidade de um endurecimento da negociação da dívida externa e a ineficácia de uma política de juros reais muito ativa.

Apesar das discordâncias, no entanto, curiosamente esse grupo saiu do governo com algumas novas ideias em comum. Por exemplo, o diagnóstico de que a modernização do capitalismo brasileiro tem de passar por profunda reformulação e enxugamento do aparato estatal. Ou a noção de que a direção correta do crescimento passa pelo aprofundamento da internacionalização da economia e o aumento da sua competitividade.

Não são ideias antagônicas com alguns dos princípios anteriores, embora soem, quando trazidas isoladamente a público, como uma espécie de *mea culpa*, já que são bandeiras tradicionalmente empunhadas pelos ortodoxos e não pelos heterodoxos. Discutidas em conjunto, poderiam ser um ponto de partida interessante para a rediscussão de um programa econômico de origens não-ortodoxas (o que, no mínimo, enriqueceria o debate, já que o ideário ortodoxo é fartamente conhecido).

Na prática, contudo, como não há qualquer discussão conjunta e abrangente, a impressão que fica é de que a cartinha da heterodoxia fracassou e foi arquivada. O Plano Bresser[30] seria apenas uma espécie de sobrevida de algumas das ideias originais.

Balanço Financeiro, novembro de 1987.

30 Lançado em 16 de junho de 1987 pelo então ministro da Fazenda, Luiz Carlos Bresser Pereira, o Plano Bresser foi a segunda tentativa, depois do Plano Cruzado, de controlar a inflação.

Antes do acordo, o Brasil havia feito o principal

O Brasil conseguiu chegar a um acordo razoável com os bancos credores. O problema nesse tipo de acerto é que ele normalmente é tão mais interessante quanto menos necessário.

Antes de concluir os termos de um novo acordo – que terá ainda que ser novo acordo –, bem antes de sentar-se com os técnicos do Fundo Monetário Internacional (FMI), e antes mesmo de se decidir claramente pela via convencional de negociação, o Brasil já havia feito o principal: colocado as cotas externas na trajetória de um enorme superávit comercial.

Dessa vez, o ajuste não pode ser imputado ao FMI nem aos bancos internacionais. Ele foi decorrência de um grande desajuste interno associado à necessidade de reequilibrar as contas externas. Ele começou a ser construído, a rigor, no começo de 1987, ainda na gestão do ex-ministro Dílson Funaro, quando começou a despencar a demanda interna e a estimular a exportação.

A magnitude alcançada pelo superávit nas contas comerciais – ao que tudo indica para níveis recordes – poderia talvez ser menor, caso o comando econômico não tivesse mudado, mas o veto apontava na mesma direção.

O fato é que, quando finalmente os bancos concordaram com os termos do acerto, a questão crucial, ou seja, a capacidade de honrar a maior parte das contas externas, já estava equacionada. O chamado "dinheiro novo" aportado pelos bancos limita-se, na verdade, praticamente apenas ao refinanciamento dos juros em atraso. Trata-se, em outros termos, do sensato reconhecimento de que o "buraco" de 1987, já absorvido nos resultados dos bancos internacionais, foi uma espécie de refinanciamento na marra.

Com uma sólida indicação de que o Brasil honrará seus compromissos externos – mesmo que a economia interna continue com alguns sobressaltos –, não havia razão para não se firmar um acordo com o Brasil. Em boa medida, o que tem sido entendido como generosa flexibilidade do FMI no trato com o Brasil decorre, antes de mais nada, desse fato: em 1983, a prioridade, do ponto de vista dos credores, era ajustar as contas externas, ao custo interno que fosse. Agora, o prioritário é evitar que o desarranjo interno chegue a ponto de afetar os resultados externos. Isso dá, naturalmente, uma margem de tolerância maior em relação à trajetória do déficit público e da inflação.

O acordo é razoável, olhando-o com a ótica ortodoxa, porque incorpora os custos mais baixos já concedidos (para o México, em setembro em 1986) e um preço ligeiramente superior. Além disso, implica relativa flexibilidade na relação entre os desembolsos dos bancos e o acordo do país com o FMI, embora acabe introduzindo condições com o Banco Mundial (Bird) que jamais haviam sido colocadas antes na mesa. Existem dúvidas sobre se na troca da vigilância o Brasil, de fato, ganhou uma maior margem de manobra.

Embora o Bird tenha, inequivocadamente, uma visão de mais longo prazo e muito maior conhecimento técnico da economia brasileira (são mais de 70 economistas tratando, *full time*, apenas do Brasil, o maior cliente do Banco), suas exigências são estritas. Em alguns casos, não se trata sequer de colocar em xeque o mérito do que foi exigido, mas a viabilidade política de cumprir as promessas com a presteza e a magnitude perdidas pelo banco.

Algumas inovações foram introduzidas no acordo, como a criação de estímulos para a saída de pequenos credores e a abertura de créditos comerciais de médio prazo. Cedeu-se, também, a dois desejos dos bancos: o lucrativo "reempréstimo" interno dos recursos aportados e a possibilidade de transformar parte desse dinheiro em investimentos sem absorver qualquer deságio. Não há nada, contudo, de revolucionário nessas fórmulas utilizadas no acordo, e os montantes envolvidos são pequenos o suficiente para transformar essas operações muito mais em laboratórios.

O acordo não responde, contudo, a algumas questões cruciais. Por ser um acerto de curtíssimo prazo, válido apenas até o primeiro semestre do próximo ano, não abre qualquer horizonte nem afasta incertezas. Não se trata de um tipo de arranjo que assegure uma renovação mais automática no futuro.

Também não embute salvaguardas automáticas contra variações bruscas nas condições da economia internacional. Tudo o que o acordo adiciona é uma cláusula que admite o óbvio: se as condições mudarem, os dois lados voltam à mesa. É precisamente isso que a vida real mostrou nos últimos anos – e nem por isso o processo foi mais simples.

O acordo, em si, não será alavanca para a redução das transferências líquidas externas de recursos. Ao contrário, por envolver recursos de pequena monta dos bancos e não garantir, formalmente, qualquer aporte de recursos de governos ou instituições internacionais (coisa que acordos ortodoxos do passado faziam), ele pressupõe a manutenção de um enorme superávit comercial, com uma dose de sacrifício interno da poupança.

Quer dizer: as vantagens que tornam o acordo razoável, comparando-o com outros acordos convencionais, não são o bastante para assegurar tranquilidade nos próximos anos. Se tudo continuar correndo bem (na ótica dos credores) nas contas externas brasileiras, tudo melhorará. Se, contudo, surgir alguma surpresa desfavorável, volta-se à estaca zero.

Balanço Financeiro, julho de 1988.

Tesouro poderá adiar despesas

O governo possivelmente terá que adiar pagamentos neste mês para cumprir a regra, fixada em lei, de não gastar além do que arrecada. Isso porque a folha de salários será engordada em cerca de NCz$ 140 milhões, mais de 10% além da média mensal recente.

A origem foi a decisão do Supremo Tribunal Federal (STF), na quarta-feira, de conceder liminar que anula o adiamento no pagamento dos salários – decidida na decretação do Plano Verão[31] –, no caso de funcionários do Legislativo e do Judiciário. Com isso, o Executivo terá de voltar a desembolsar os salários desses funcionários no dia 20 do mês que vem [maio], o que pressionará os gastos de abril [de 1989].

O relator do processo no STF, ministro Francisco Reze, disse à repórter Valéria Castanho, na sexta-feira [14 de abril de 1989], que a medida não é do Executivo, "porque este pode se autoad-

31 O Plano Verão foi o terceiro, depois do Cruzado e do Bresser, para tentar conter a inflação no governo Sarney. Foi anunciado em 15 de janeiro de 1989 pelo então ministro da Fazenda, Maílson da Nóbrega.

ministrar". Em contrapartida, como a liminar foi concedida pelo pleno e não apenas pelo relator, não cabe recurso contra ela. Ou seja, o Tesouro terá de cumpri-la.

Como a lei que instituiu o Plano Verão diz que o governo só poderá financiar-se com títulos para rolar papéis que vencerem e com seus juros, o gasto adicional de abril terá de ser contrabalanceado por cortes de despesas (o que os técnicos acham inviável) ou adiamento de pagamentos. Na visão de fontes da Fazenda, essa é mais uma pressão sobre um quadro fiscal preocupante.

Foi para relatar essas dificuldades e contar as soluções imaginadas pelo governo que o ministro da Fazenda, Maílson Ferreira da Nóbrega, jantou com mais de vinte empresários em São Paulo, na quinta-feira, na casa do empresário Eugênio Staub, da Gradiente. Estavam presentes, entre outros, Mário Amato, José Mindlin, José Ermírio de Moraes, Antônio Carlos Rocca, Flávio Telles de Menezes, Luiz Eulálio de Bueno Vidigal Filho, Jorge Simeira Jacob, Jacy Mendonça, Paulo Francini, Roberto Teixeira da Costa, Paulo Cunha, Cláudio Bardella, Miguel Etchnique, André De Botton e Leo Cochrane. Abílio Diniz esteve lá apenas por pouco tempo.

Na visão dos empresários, o encontro foi positivo pela franqueza com que o ministro tratou os problemas. Maílson reconheceu que subestimou certos aspectos ao fazer o Plano Verão, como a falta de credibilidade do governo, a memória inflacionária da população e as dificuldades de contar com a aprovação do Congresso para as medidas de ajuste. Em compensação, lembrou que, comparado ao quadro econômico que prevalecia antes, o Plano Verão já obteve êxitos importantes.

De todo modo, o ministro deixou claro que a inflação será mais alta do que se esperava e que o esforço, daqui para a frente, será estabilizá-la em torno de um dígito ou o mais próximo possível dos 10% ao mês. A questão central é traçar um horizonte para os meses que restam desse governo.

Maílson insistiu que existem formas de sair do Plano Verão de maneira não explosiva e o governo já está trabalhando nessa direção. Enfatizou a necessidade de cooperação de todos para evitar um descontrole. Pouco antes do jantar, num discurso a empresários na Associação Brasileira das Indústrias Eletroeletrônicas (Abinee), ele havia usado um tom forte e inusitadamente enfático para sublinhar os perigos que rondam a economia brasileira e a crucial importância da solidariedade de empresários e trabalhadores para que se preserve o principal.

O tom usado no discurso não foi casual: o ministro escreveu pessoalmente o que iria dizer. É uma advertência adicional a outro discurso que, no dia 30 do mês passado [março de 1989], Maílson havia feito também a uma plateia de empresários, na Associação Comercial, quando criticou duramente a falta de compreensão e solidariedade do Congresso.

No jantar o tom foi menos enfático, mas a mensagem foi idêntica. Maílson mencionou os passos que o governo pretende tomar. Falou em "ligar de novo o taxímetro do câmbio", sem mencionar datas. Na sexta-feira foram anunciados um reajuste de 3,2% e um critério para os ajustes futuros: a evolução do custo efetivo das exportações, segundo avaliação da Cacex e da Fazenda. Não será um índice específico, mas um critério genérico.

Ainda no jantar, o ministro falou das regras para os salários. Enfatizou que nessa área corre-se um grande risco se, por decisões muito generosas do Congresso ou da Justiça, acabar sendo disparada uma nova corrida entre salários e preços.

Maílson disse que tabelas com novos preços de produtos industriais seriam anunciadas em breve e que, nos próximos meses, se tornarão uma rotina. Apesar de tantos empresários presentes, foram poucas as discussões e reclamações específicas feitas no jantar em relação a preços de produtos ou setores. Discutiram-se muito mais as questões mais amplas, segundo fontes empresariais e da Fazenda.

O ministro também confirmou que será preciso reintroduzir a indexação na economia, sem detalhar os mecanismos que tem em mente. Pelo menos um empresário, Paulo Francini, disse que entendia os problemas de credibilidade do governo e a necessidade de os empresários se adaptarem à nova realidade, convivendo com a indexação e taxas de inflação mensais mais altas do que se supunha inicialmente. Outro empresário, Roberto Teixeira da Costa, discordou da posição de Paulo Francini, e disse que era preciso encarar as dificuldades com mais ambição em relação aos objetivos a atingir.

Na discussão sobre o futuro, todos concordaram que as questões centrais, estruturais, da economia brasileira não foram resolvidas pelo Plano Verão. O problema agora, contudo, é saber como conduzir a economia, com um mínimo de traumas, até o final da administração Sarney. O ministro disse que o governo sabe como fazer isso.

A realidade, de todo modo, é muito difícil. Na área fiscal, onde se concentram muitas preocupações dos técnicos, a margem de manobra do Executivo, descontadas as despesas constitucionais e obrigatórias, limita-se a apenas 8% do orçamento geral da União. Cada revés vindo de decisões do Legislativo ou do Judiciário tem, por essa razão, o peso de uma dura derrota.

Gazeta Mercantil, 15 a 18/4/1989.

Os riscos na economia

A situação econômica brasileira é delicada. O risco de um descontrole que leve à hiperinflação existe e as chances de evitá-lo dependem, de forma crucial, de um grande grau de cooperação entre todos.

É com esse diagnóstico que está trabalhando o centro nervoso de decisões econômicas em Brasília. Sabe-se que os ajustes feitos no Plano Verão, com a tentativa de indexação trimestral de preços e salários, são uma aposta de futuro incerto. A torcida é que seja suficiente para estabilizar a inflação em algo entre 8 e 12% ao mês até o final do governo Sarney, mas existe clareza sobre os riscos de se entrar num processo explosivo.

O ministro da Fazenda, Maílson Ferreira da Nóbrega, tem procurado, conscientemente, alertar para os riscos. Em menos de um mês, em três discursos feitos a plateias de empresários em São Paulo – o mais recente na última quinta-feira [20 de abril de 1989] –, o ministro usou um tom grave de adjetivos contundentes para caracterizar o cenário econômico. Ao mesmo tempo, e sucessivamente, criticou e chamou a atenção para as responsabilidades do Congresso, dos empresários, dos trabalhadores e do Judiciário. É o que, na Fazenda, tem sido classificada como uma postura "realista".

O próprio governo pode ser uma fonte de desestabilização. A situação das contas fiscais é preocupante: além de enfrentar despesas adicionais inesperadas, o Tesouro tem trabalhado com uma receita substancialmente inferior à estimada. Fontes qualificadas avaliaram a este jornal que se não houver uma recuperação razoável da receita – já que os cortes estão cada vez mais difíceis – é possível que o governo tenha de renegociar, até o final do primeiro semestre, a regra que ele mesmo criou e que o proíbe gastar além do que arrecada (exceto para resgatar seus papéis e parar os juros).

Nas previsões, um programa de reforço à fiscalização deveria gerar 1,9% do Produto Interno Bruto (PIB) em receita fiscal adicional neste ano [1989] – mas até agora a intenção não saiu da teoria. A explicação que a Receita Federal tem levado ao ministro da Fazenda, pelo que se sabe, é que houve um problema cultural: ao apertar a verificação das contas, os fiscais teriam iniciado uma longa checagem de vários anos. Na verdade, a intenção da Fazenda era outra: esquecer os anos anteriores e fiscalizar, em especial, o pagamento dos impostos deste ano, num processo de mais rápido retorno.

A Receita diz que a partir de maio, dosada melhor a qualidade da fiscalização, os resultados deverão começar a aparecer. A realidade deste mês, contudo, é extremamente desconfortável e poderá levar o governo a atrasar pagamentos para não ferir a regra fixada pelo Plano Verão.

Atrasos já têm acontecido. No primeiro trimestre, o governo acumulou atrasos no pagamento da dívida externa, por exemplo, que chegaram, no pico do final de março, a cerca de US$ 500 milhões – a maior parte para os bancos privados, mas também para o Banco Mundial (Bird) e ao Banco Interamericano de Desenvolvimento (BID). A alegação foi a não-aprovação pelo Congresso do orçamento das operações de crédito – o que só acabou acontecendo até 15 de março [de 1989]. Com isso, o governo ficou legalmente impedido de cobrir a situação das entidades públicas que precisavam de financiamento federal para honrar compromissos externos.

O governo foi obrigado a reduzir drasticamente os atrasos em função da pressão dos bancos e dos credores multilaterais – e dado o fato de não haver mais ração legal para isso. Hoje, de acordo com números usados pelo ministro da Fazenda, restam cerca de US$ 100 milhões em atrasos – cerca de US$ 60 milhões aos bancos privados e o resto para o Bird e o BID. Esse resíduo deve ser liquidado neste mês [abril de 1989].

Isso significará desembolsos ao redor de NCz$ 1 bilhão para o Tesouro Nacional, segundo uma fonte qualificada, em empréstimos-ponte. O governo espera corrigir essa pressão, mais à frente, negociando com os bancos privados um refinanciamento (*relending*) para o setor interessado dos bancos credores, mas ainda não fixou uma data para detonar a negociação.

Até fevereiro, o Tesouro não havia utilizado inteiramente o espaço para a emissão de títulos para pagar os encargos da dívida, além do principal. Em março, contudo, usou o equivalente a todo o trimestre (mais de NCz$ 1 bilhão) e, em abril, deverá emitir outros NCz$ 1 bilhão líquidos para cobrir os juros do mês. A rigor, diz uma alta fonte do governo, seria possível emitir títulos também para cobrir despesas fiscais, desde que se caracterizasse um adiantamento sobre receitas futuras.

Usar esse expediente tem o inconveniente de exigir fortes emissões de títulos. Em contrapartida, atrasos de pagamentos também geram confusão. Na Fazenda, lembra-se que o Brasil conseguiu, desde setembro do ano passado, aumentar em US$ 1 bilhão suas linhas voluntárias de curto prazo para créditos comerciais. Se forem acumulados atrasos, esse ganho poderá sumir, os japoneses poderão deixar de negociar e certamente haverá atrito com os bancos, o Bird e o BID.

Mas a pior alternativa, obviamente, seria ter de negociar com o Congresso uma nova lei que revogasse a proibição de o Tesouro gastar mais do que arrecada. A expectativa é de que seja possível evitar que isso aconteça. Reflexo dessas complicações fiscais, a negociação com o FMI está emperrada. A Fazenda espera que o Fundo aceite um déficit operacional da ordem de 4% do PIB, idêntico ao do ano passado, para fechar um acordo. O fato é que só a conta dos juros somará perto de 4% do PIB. Para fechar as contas seria preciso contar com um superávit das empresas estatais (e, portanto, com tarifas) e possivelmente dos estados e municípios, já que a Previdência pensará nas contas do déficit.

Seja como for, o ministro da Fazenda tem repetido que as projeções que têm sido feitas de um déficit operacional da ordem de 10% do PIB neste ano são incorretas. A situação fiscal é complicada, mas o detonador de uma explosão de preços pode surgir de outros lados. A aposta de que será possível controlar os próximos meses está, toda ela, baseada na hipótese de que será factível levar avante o controle trimestral de preços e de que não haverá uma disparada de salários (obtida pelos trabalhadores ou decidida pelo Legislativo ou Judiciário). Qualquer deslize comprometerá o processo.

A Fazenda admite que os mercados estão excepcionalmente nervosos e, embora mantenham firme propósito de não tentar acalmá-los à força – por exemplo, vendendo ouro para segurar o dólar no paralelo –, sabe que pode haver confusão vinda de uma corrida mais abrupta. Nesse sentido, qualquer tipo de declaração originada de candidatos presidenciais com alguma chance de vitória que insinuem a renegociação ou o não-pagamento da dívida interna pode ter um efeito devastador.

O drama central desse governo é a absoluta falta de credibilidade. O ministro da Fazenda sabe disso e atribui em comentários privados a esse fator boa parte da culpa pelo revés do Plano Verão.

Quando o governo fez o plano Verão, costuma dizer o ministro, contava especialmente com um efeito favorável que ele poderia provocar sobre as expectativas. Não havia a ilusão de que haveria condições políticas para atacar a fundo os problemas estruturais ou fiscais do país. Mas um conjunto de medidas como a regra de só gastar o disponível no caixa, o fechamento de órgãos públicos e a demissão de funcionários poderia criar um ambiente favorável.

O Plano Verão teria começado a naufragar já na primeira semana, quando o Congresso recusou a mensagem do Executivo, demitindo funcionários. O revés continuou com as análises generalizadas de que o que se tinha no caixa representava apenas adiar e represar os gastos, não cortá-los de fato. O terceiro golpe veio com a rejeição da medida provisória da privatização pelo Congresso: o Executivo já tinha prontos cinco decretos privatizando cinco grandes estatais (como a Usiminas e a Petroquímica União). Finalmente, o golpe de morte foi a inflação de 6% de março, muito acima de todas as expectativas.

O governo, prossegue a mesma análise, contava com o choque favorável nas expectativas e com vários meses de inflação bastante baixa. Se isso tivesse acontecido, haveria um ganho fiscal com o chamado "efeito Tanzi" (fim da corrosão inflacionária no valor dos impostos) de 1,5% a 2% do PIB. Esse ganho compensaria a inexistência de um ajuste mais forte do lado fiscal no momento do choque.

Com os sucessivos reveses e a falta de credibilidade, tudo se complicou. Os juros altos, que deveriam ter durado apenas até o final de fevereiro, foram prolongados; o ganho fiscal não veio; e a inflação saltou rápida para cima. O ministro da Fazenda, no entanto, não se arrepende dos juros altos que praticou. Ele costuma argumentar que foi graças aos juros elevados que o processo de negociação entre setores industriais e comerciais se deu com poucos ruídos depois do choque.

A Fazenda discutiu muito tempo o que deveria fazer. Optou-se pelo custo político de admitir que o Plano Verão não deu inteiramente certo e reintroduzir a indexação, principalmente quando se detectou uma rápida aceleração na "dolarização" da economia. Desde o final de fevereiro [de 1989] já estava acertado o lançamento de um novo título federal de longo prazo, mas só mais recentemente se decidiu utilizá-lo como novo indexador.

As tensões geradas pelo declínio do Plano Verão bateram duras. O ministro da Fazenda tem dormido pouco e voltou a fumar. O próprio presidente Sarney está mais abatido e deprimido.

Maílson, pelo que se soube, chegou a pensar em sair – como comentou com alguns amigos. O estopim, no caso, foram as dificuldades e vetos externos ao governo surgidos contra a nomeação de Martim Wimmer para a presidência da Comissão de Valores Mobiliários. De todo modo, Wimmer acabou assumindo, a crise foi contornada e Maílson continua em seu posto.

O ministro não tem nenhum desejo de minimizar as dificuldades à frente. Ele acredita que é possível superá-las com os ajustes recentemente adotados, vai trabalhar para isso, mas conta com um mínimo de solidariedade nessa tarefa.

Gazeta Mercantil, 24/4/1989.

“Mas vai funcionar?”

O plano brasileiro de estabilização e as reformas econômicas que estão sendo feitas são impressionantes.[32] “Mas vai funcionar?”, perguntou Robert Mitterrand, irmão do presidente francês François Mitterrand, depois de ouvir uma longa e articulada exposição, na quarta-feira [18 de julho de 1990], em Paris, da ministra da Economia, Zélia Cardoso de Mello.

No fundo, esse é o ponto crucial que a bem-sucedida viagem de cinco dias por quatro países europeus feita pela ministra, em si, não foi suficiente para resolver. “Já está funcionando”, respondeu a ministra a Mitterrand. No entanto, empresários e banqueiros europeus, de forma geral, ainda querem ver o governo passar por alguns testes cruciais antes do veredicto final.

Não há nada de extraordinário nisso, diga-se. Em Londres, Colônia e Paris, a ministra encontrou-se com um formidável elenco de empresários do primeiro time, a maioria absoluta com interesses no Brasil. Algumas de suas dúvidas não são, nem poderiam deixar de ser, diferentes das dos empresários brasileiros.

32 Referência ao Plano Collor, de 16 de março de 1990, um dia depois da posse do presidente.

Três temas surgiram em todas as escalas: a questão trabalhista, as dúvidas sobre os resultados das próximas eleições em relação à base de apoio político do governo e a questão das restrições constitucionais a mudanças econômicas mais profundas. Existe uma percepção, correta, de que o governo está atravessando um momento crucial de definições que podem selar a sorte de seu programa, e elas passam por esses pontos.

Em três encontros importantes com a primeira-ministra britânica, Margaret Thatcher, com o poderoso ministro da Economia alemão, Helmut Haussmann, e com o presidente do Banco da França, Jacques de Larosière, a ministra ouviu a mesma história. A luta anti-inflacionária britânica, alemã e francesa dos primeiros anos da década de 80 só foi ganha quando, de uma forma ou de outra, os salários foram desindexados. Na Europa, esse processo foi muito duro, no início, mas, em alguns países, acabou concluído através de acordos sindicais. Enquanto não se tiver um horizonte mais claro sobre essa questão no Brasil, é natural que dúvidas persistam.

De todo modo, foi marcante a forma como autoridades europeias de primeira grandeza endossaram os esforços brasileiros e ofereceram apoio em negociações futuras em foros multilaterais. Existe uma enorme coincidência de princípios entre o que o Brasil está fazendo com sua economia e o que os países desenvolvidos gostariam que fizesse.

Existe uma face desse apoio, no entanto, que deve ser qualificada. Quando o ministro da Economia alemão ou francês oferece apoio ao Brasil junto ao FMI ou ao Clube de Paris, o que está implícito é que eles terão a maior boa vontade possível – dentro das regras de negociação nesses foros.

A renegociação da dívida oficial, por exemplo, segue um ritual que não mudou; exige um acordo prévio com o FMI e não admite reduções do débito (embora este seja um ponto de crescente discussão). A disposição do Fundo, por sua vez, é fortemente influenciada pelos Estados Unidos, acima de tudo, e por outros países europeus. No entanto, existem parâmetros exigidos para o ajuste e a conversa poderá azedar quando chegar a hora de calcular quanto tem que sobrar para os credores externos.

Essa é uma questão ainda em aberto. Este governo tem sido hábil na condução do problema da dívida, mas o momento de decisão está chegando. Ao contrário de administrações passadas, o governo Collor tem usado uma retórica de diálogo e acerto enquanto, na prática, já acumulou o maior volume de atrasos da história do país (parte, é verdade, herdada do governo anterior). É extraordinário que, com tanta conta pendurada, o tema dos atrasos e de um acerto com os bancos privados tenha sido mencionado com relativa amenidade nas conversas com autoridades.

O governo quer, de fato, romper com a negociação coletiva e fazer acertos em separado com grupos de bancos, mas a ministra teve o cuidado de insistir, em seu giro europeu, que o Brasil não está querendo ignorar o comitê dos bancos. Não há nada de revolucionário na pretensão brasileira. O ex-presidente do Banco Central Affonso Celso Pastore, por exemplo, pensou seriamente, no governo Figueiredo, em fazer um acerto à parte com os bancos europeus que incluísse a capitalização dos juros. Acabou não fazendo porque a divisão entre bancos ainda era um tema hipersensível naquela época. Hoje, os bancos estão fortemente provisionados e as condições para isso talvez estejam amadurecidas.

O que o tom das conversas europeias indica é que a questão da dívida externa perdeu intensidade junto aos governos desenvolvidos. É um bom indício, ainda que não seja, de forma alguma, garantia de que a negociação à frente será simples.

Talvez o principal objetivo da viagem, contudo, tenha sido simplesmente o de expor o Brasil, algo de grande utilidade. Desde a posse, a ministra fez várias viagens aos Estados Unidos e quis dedicar, agora, sua atenção à Europa. O sucesso de países em desenvolvimento, especialmente latino-americanos, na Europa depende muito de sua capacidade de obter visibilidade e abordagem favoráveis. Os mexicanos compreenderam isso muito bem e têm feito viagens recorrentes à Europa, inclusive em nível presidencial. Não há mais qualquer tipo de "atração natural" para investimentos na América Latina – ao contrário, se há algo "natural" nessa área é o Leste europeu. O sucesso depende de um bom marketing.

Finalmente, a viagem teve uma dimensão interna não desprezível. A boa receptividade às reformas econômicas do governo no exterior costuma ter um efeito-demonstração interno favorável. Normalmente, em encontros como os que a ministra teve na Europa, discutem-se mais os princípios do que as minúcias, na ordem inversa em que usualmente se desenvolve o debate interno.

A outra face interessante, do ponto de vista interno, é o fato de a ministra ter sido acompanhada por um grupo de nove empresários (que vieram por sua própria conta). Eles têm alguns pontos em comum. São representativos (grupo Monteiro Aranha, Feffer, Sadia, Noroeste, Camargo Corrêa, entre outros), não têm militância ativa nas organizações patronais tradicionais, estão apoiando o plano e são relativamente jovens. Leo Cochrane é presidente da federação de bancos privados e Roberto Rodrigues é da associação das cooperativas. Nenhum dos dois, de todo modo, confunde-se com a face mais tradicional dos órgãos patronais.

Cochrane é um exemplo interessante. Os bancos pagaram uma duríssima conta com o Plano Collor (agora amenizada pela retomada parcial da inflação), mas ele não apenas dispôs-se a acompanhar a ministra como tem falado claramente a favor das mudanças introduzidas pelo governo. Num jantar, em Paris, terça-feira [17 de julho de 1990], ele fez (entre outros empresários) um breve discurso elogiando a firmeza da ministra e os propósitos do governo Collor.

A vida nesse governo não tem sido fácil junto a boa parte do empresariado (e dos economistas). A ministra acredita que, depois de um período recente de forte pessimismo, o ânimo nacional começa a mudar novamente, em favor do governo. A viagem ao lado do grupo de empresários, além de tentar mostrar, no exterior, que o governo não está falando sozinho, buscou fazer o mesmo para o consumo interno brasileiro. As próximas semanas dirão se o esforço foi bem-sucedido.

Gazeta Mercantil, 23/7/1990.

O plano não falhou; falhou o mundo

Pode ser que seja possível chegar a um consenso na próxima rodada de discussões do "pacto social", pode ser que simplesmente se repita o impasse costumeiro. Uma coisa é certa: nunca o governo, especialmente sua equipe econômica, precisou tanto de um acerto desse tipo.

O governo gastou parte substancial de seu capital político, nos últimos meses na sua política anti-inflacionária, mas não conseguiu materializar índices minimamente decentes. Não há dúvidas, em Brasília, de que só uma redução razoavelmente rápida da inflação reabrirá algum espaço político para o governo, e há uma crescente convicção de que isso só será possível com um acerto que inclua a sociedade.

Existem alguns sinais, ainda tênues, de que os preços poderiam estabilizar-se ou cair um pouco nas próximas semanas. Mesmo assim, ninguém imagina que a inflação de dezembro [de 1990] será inferior a 15%. Pior: ninguém tem absoluta segurança de que a inflação, de fato, poderá começar a cair no início do próximo ano [1991].

Na semana passada [meados de novembro de 1990], num giro que fez em várias capitais europeias, o presidente do Banco Central (BC), Ibrahim Eris, foi inúmeras vezes questionado sobre o que tinha dado errado no Plano Collor. Na sua resposta mais inspirada, na quinta-feira [22 de novembro de 1990], em Frankfurt, ele rebateu: "O que falhou não foi o plano econômico, o que falhou foi o mundo". Ele alega que, depois de dificuldades iniciais, o governo havia conseguido mudar as expectativas, em meados do ano. A inflação começou a correr a uma velocidade de um dígito e o governo aproveitou o espaço para retomar algumas iniciativas na área econômica. Aí, veio a crise do petróleo.

Eris admite que o governo subestimou, de início, o alcance da crise. Parecia um desarranjo especulativo dos mercados que seria corrigido em 30 ou 60 dias. Por essa razão, o governo postergou a decisão inicial de aumentar os preços dos derivados.

Com o aumento dos preços do petróleo, o efeito interno foi duplo. Houve o impacto direto sobre os preços, amplificado pelos mecanismos de transmissão e indexação informal, e houve o impacto sobre o câmbio. Eris insiste em que o BC foi, basicamente, passivo nos movimentos recentes, que provocaram uma forte desvalorização do cruzeiro.

A pressão das importações, agravadas pelo petróleo mais caro, levou a esse movimento. O BC, segundo Eris, não está disposto a gastar reservas para sustentar a cotação do cruzeiro, tanto quanto não esteve disposto a ampliar suas reservas de forma irrestrita quando o mercado apontava contra o dólar. Alguma intervenção aconteceu, mas num volume relativamente restrito. As operações de arbitragem feitas com vendas de ouro no mercado paralelo, há alguns meses, visaram basicamente estreitar a margem entre a cotação do dólar comercial e o paralelo, não a refrear o valor do dólar.

O BC imaginava que algum movimento desse tipo acontecesse no final do ano, com a liberalização das importações. Só não supunha que fosse tão violento, empurrado pela crise do petróleo. O lado positivo é que o ajuste cambial deve ajudar as exportações e melhorar os saldos comerciais em três ou quatro meses, pelos cálculos de Eris. O lado ruim é o impacto inflacionário no custo de matérias-primas e componentes importados.

Existem outras pressões inflacionárias; a escassez de alguns alimentos básicos, como o arroz; a indexação informal do preço de alguns setores, especialmente serviços pessoais; alguma pressão pela indexação informal de salários, embora a inexistência de regras formais reduza o impacto global.

Eris garante, em contrapartida, que as políticas fiscal e monetária estão basicamente sob controle. A base monetária, de maio a outubro, teve expansão zero. Do lado fiscal, embora tenha havido algumas frustrações em relação ao plano original, não haveria razões para alarme. A receita das privatizações não veio em 1990 e alguns passos da reforma administrativa esbarraram em obstáculos legais maiores do que o imaginado (por exemplo, quando o governo foi obrigado a pagar integralmente os salários dos funcionários colocados em disponibilidade). Mesmo assim ele aposta em bons resultados fiscais em 1991 e diz que, se for preciso, novas medidas virão.

O fato, contudo, é que a inflação continua num nível excepcionalmente alto, em relação à violência da política de estabilização montada para derrotá-la, e a dinâmica dos preços torna impossível prever, com segurança, quando haverá uma reversão. Sabe-se que a política acaba dando certo, mas é impossível dizer exatamente quando – e é certo, a essa altura, dizer que o preço a pagar será alto.

Como a equipe econômica acha que um congelamento seria impraticável, além de indesejável, e como só uma política de rendas poderia acelerar a queda nos preços e reduzir o custo, só resta a alternativa de algum tipo de pacto social. O fato de ser vital não o torna mais simples. As mesmas conhecidas razões que levaram ao fracasso de iniciativas desse tipo no passado continuam presentes. Do ponto de vista desse governo, mudou talvez apenas um ponto: o governo está, definitivamente, mais aberto a essa opção, até porque precisa dela agora muito mais do que precisou no passado. A linha de resistência da área econômica é uma reindexação integral de salários, o que comprometeria o coração do plano, mas sabe-se que qualquer proposta consensual que for traduzida por empresários e trabalhadores terá de ser levada a sério.

O pacto, de todo modo, não é a única alternativa possível, ainda que seja a mais desejável. Existem outros cenários possíveis, mais ou menos pessimistas.

O mais otimista seria a inflação finalmente dar sinais de queda no início do próximo ano, permitindo ao governo recompor sua esgarçada aliança política e dando fôlego à equipe econômica atual. A mais complicada seria imaginar a manutenção ou subida do atual patamar inflacionário durante mais dois ou três meses. Nesse caso, seria muito difícil excluir a hipótese de uma mudança da equipe econômica.

Trocar a equipe não seria problemático do ponto de vista político, já que nenhum laço político relevante sustenta nem o Ministério da Economia nem o Banco Central. Ao contrário, poucas equipes econômicas em governos recentes estiveram tão desvinculadas tanto de bases de apoio político quanto empresarial.

A lógica de uma mudança possivelmente obedeceria a um quadro de rearranjo de sustentação política do governo. Seria, provavelmente, uma mudança para dar mais força a uma aliança política pós-eleitoral. Haveria, contudo, um custo político para o presidente, na medida em que teria de assumir uma guinada de rota com nove meses de governo. Pior: uma guinada em relação a uma política e uma equipe fortemente identificada com ele.

O custo da mudança talvez torne essa alternativa menos imediata. No entanto, ele parece inevitável se o *front* inflacionário não oferecer nenhum alívio nos próximos meses – e a equipe econômica sabe disso.

Gazeta Mercantil, 27/11/1990.

O Cruzado e o Real

Dez anos depois de seu fracasso, que lições o Plano Cruzado ainda poderia trazer para o Plano Real?

A primeira e mais óbvia é que não se mistura plano de estabilização com descontrole fiscal e populismo político. No entanto, é preciso ir com certo cuidado no terreno fiscal.

Quem se der ao trabalho de buscar os números, lembrará que o ano do Cruzado, 1986, fechou com um déficit público operacional de 3,6% do PIB.

Ora, o déficit público operacional no ano passado está estimado em 4,95% do PIB. Estaríamos perto do mesmo desastre do Cruzado?

Na verdade, a grande, a enorme diferença entre a conjuntura do Plano Cruzado e a do Plano Real não é, como se viu, uma fantástica austeridade fiscal.

É a aliança entre âncora cambial e abertura do comércio exterior. Não há como sustentar um plano de estabilização, a médio prazo, sem equilibrar as contas públicas.

Como provou o Plano Real, no entanto, é possível manter a inflação baixa durante algum tempo, apesar do desequilíbrio fiscal, se houver a disciplina da concorrência dos produtos importados e uma situação de balanço de pagamentos que permita usar esta alavanca.

A rigor, o Plano Cruzado não morreu de desequilíbrio fiscal, embora este tenha sido um dos venenos que contaminaram sua saúde. Morreu de balanço de pagamentos, como normalmente acontece.

O Cruzado sofreu da mesma síndrome do Real. Tão logo a inflação despencou, houve um aumento do poder aquisitivo e um forte aquecimento da economia. Só que, enquanto o Real tinha US$ 40 bilhões de reservas cambiais para gastar, o Brasil, em 86, fechou o ano com US$ 4,6 bilhões em reservas.

Quando o excesso de demanda esbarrou na escassez de oferta interna de produtos, no Plano Cruzado, as importações dispararam, levando a um déficit comercial expressivo, a uma brusca queda de reservas e ao desastre.

No caso do Plano Real, a forte aceleração inicial da economia também provocou um salto nas importações e déficits na balança comercial.

Com o agravante que a crise do México, em dezembro de 1994, provocou uma fuga de investidores externos, acelerando a perda de reservas.

Mesmo assim, havia dólares suficientes para aguentar o baque, alimentar a demanda extra e segurar os preços.

O governo passou pelo teste da aposta geral em uma disparada de preços, no final de 94, e pelas dúvidas que acompanharam a mudança cambial, em março de 95, sempre ajudado por uma montanha de dólares.

É claro que existem inúmeras outras diferenças relevantes entre os dois planos. Quando a equipe do Cruzado descobriu que a economia havia disparado, não houve consenso, nem apoio político do presidente Sarney, para provocar uma desaceleração e tentar salvar o plano.

Ao contrário, a política monetária continuou frouxa, com taxas de juros reais negativas, enquanto o presidente saudava os sucessos fugazes contra a inflação como a entrada no Éden.

No caso do Real, na ausência de um aperto fiscal extra, o governo aplicou um aperto monetário extra _com o apoio do presidente Fernando Henrique. Pode-se discutir se a dosagem de juros foi correta e, principalmente, se não deveria ter sido revertida de forma mais rápida e firme. Pode-se, também, discutir se a política cambial inicial, permitindo uma forte valorização do real, não tornou o país ainda mais vulnerável na área externa, obrigando, portanto, a um ajuste mais duro.

Ninguém discute, contudo, que, se o país continuasse a crescer a 10% ao ano, como acontecia no início de 95, o Real teria tido vida curta. A tecnologia de passagem dos contratos, inclusive os salários, da inflação alta para a inflação baixa, foi menos sofisticada no Cruzado, quando foi inaugurada a famosa "tablita". No caso do Real, todos admitem que a operação da URV[33] foi uma engenharia de primeira qualidade e inegável sucesso.

No entanto, também é verdade que a complexidade da URV só foi necessária porque o país havia passado por uma coleção de fracassos, inaugurada pelo Cruzado. O Plano Cruzado teve um ingrediente único, impossível de repetir: um extraordinário apoio popular, só possível nesta intensidade, provavelmente, uma vez por geração. Um apoio tão fantástico, que permitiu que o congelamento de preços operasse razoavelmente bem durante meses, em meio a uma economia em disparada. O Cruzado não acabou porque usou o congelamento e sim porque contrariou a lógica básica da economia. E porque não pôde usar a abertura comercial externa. Em vez de segurar os preços com importações, teve que laçar boi no pasto

Folha de S. Paulo, 25/2/1996

33 Unidade Real de Valor, criada para ser o principal índice de correção monetária do país e depois convertida em moeda, o real.

Uma questão de âncoras

O diretor do Banco Central Francisco Lopes fez duas colocações na sua intervenção no Fórum Nacional, nesta semana, que merecem maior análise. Como o próprio Lopes abriu suas palavras lembrando que diretores do BC devem, em princípio, ouvir e não falar, é bom prestar atenção quando um deles resolve falar.

Lopes admitiu de forma clara a ligação entre a política monetária e a cambial (que parece óbvia, mas não em Brasília). "A ancoragem monetária é importante na defesa da âncora cambial", definiu.

Isso implica dizer que os juros altos não são apenas fruto da pressão fiscal, como querem outras autoridades. Servem para dar consistência à política de segurar o câmbio, vital para preservar a estabilidade. Os juros ajudam o câmbio tanto ao desaquecer a economia, evitando que um desequilíbrio na balança comercial gere uma crise nas contas externas, quanto atraindo capitais externos.

Lopes defendeu com ênfase, também, a ideia de que o Plano Real está apoiado tanto na âncora cambial quanto na monetária. E vai controlar a moeda a todo custo: os meios de pagamento estão crescendo a 30% ao ano e o BC irá derrubar essa taxa para 17%.

As observações são importantes porque indicam que a disposição do BC de baixar as taxas de juros está condicionada tanto à expansão monetária quanto à manutenção da âncora cambial. Como fazer isso, contudo, quando se tenta, ao mesmo tempo, controlar os juros e a taxa de câmbio?

O ex-presidente do BC Affonso Celso Pastore tinha feito observações críticas em relação a esse ponto, pouco antes de Lopes falar. Não houve debate no fórum, mas é interessante ouvir o que Pastore teria dito.

Pastore é o primeiro a reconhecer a importância da âncora cambial (isto é, de segurar o câmbio) para garantir a estabilização. Só que, se é preciso manter os juros altos para segurar a economia, na falta de uma política fiscal rígida, isso atrai uma enxurrada de dólares.

Se o BC não se importa com a taxa de câmbio, a entrada de dólares vai provocar uma valorização do real frente ao dólar até um ponto em que desestimula esse ingresso. Foi o que aconteceu nos primeiros meses do real, quando todo o dólar que entrava era comprado pelo mercado, não pelo BC.

Desde a crise cambial de março do ano passado, contudo, o BC mudou a postura. Passou a forçar alguma desvalorização do real frente ao dólar, a despeito da forte entrada de dólares, que engordaram as reservas. Como? Comprando os dólares no mercado, o que gera expansão monetária. E tentando, em seguida, enxugar essa expansão monetária vendendo títulos da dívida pública.

Tentar, ao mesmo tempo, controlar o câmbio e os juros, portanto, acaba gerando uma inconsistência. Se quer controlar o câmbio e manter juros altos, ou o BC deixa a moeda crescer, gerando pressão inflacionária, ou enxuga a moeda emitindo dívida. Nesse caso, contudo, gera pressão fiscal.

Lopes sabe disso e chegou a mencionar que é desejo da equipe "deixar o mercado flutuar, testar um câmbio com uma banda mais ampla". Só que ele mesmo ressalvou que isso só deverá acontecer no Brasil "de nossos filhos".

No meio tempo, como sustentar, ao mesmo tempo, a âncora cambial e a monetária? Controlar o ingresso de capitais é inútil, lembra Pastore.

A política acaba tendo três custos: o fiscal, pelo aumento da dívida pública; o de levar o setor privado à bancarrota; e o de manter o câmbio supervalorizado, levando a uma queda na atividade.

A conclusão, diz Pastore, é que o governo vai conter a atividade o necessário para manter a âncora cambial. A única alternativa seria ter uma política fiscal severa o suficiente para permitir não só um ajuste no câmbio, mas também nos juros.

Como esse cenário fiscal não está no horizonte, a inconsistência atual fica mais complicada. O governo tem algum tempo, mas é preciso que as pessoas acreditem que a direção da economia é correta.

Folha de S. Paulo, 17/5/1996

Nem truque nem panaceia

O Brasil está a poucos dias de inaugurar um modelo inédito de controle da política econômica em sua história, o sistema de "metas inflacionárias". Pouco conhecido, o sistema tem inspirado uma série de críticas, que vão de sua suposta inviabilidade técnica até sua irrelevância.

Várias críticas procedem, mas, em alguns casos, o sistema está sendo condenado pelo que ele não é. O equívoco mais grave é identificar o sistema como um novo truque para segurar a inflação com baixo custo.

Na verdade, a fixação de uma meta inflacionária apenas indica a disposição, teórica, do governo de atingi-la, num certo prazo. Só vai funcionar se a política econômica do governo, como um todo, for compatível com a meta.

A política de juros, arma principal do Banco Central para cumprir as metas, não prescinde de uma política fiscal austera; depende dela. Custos existem e serão tão mais altos quanto mais agressiva for a meta de redução da inflação. Então, qual é a vantagem do novo sistema?

O presidente do BC, Armínio Fraga, costuma dizer que, apesar de todos seus problemas, é melhor ter o sistema de metas inflacionárias do que não tê-lo. José Júlio Senna, ex-diretor do BC, hoje na consultoria MCM, lembra que existem apenas três âncoras antiinflacionárias conhecidas.

A primeira, muito em voga nos anos 80, é a monetária, baseada no princípio de que há uma relação entre a quantidade de moeda na economia e o nível de preços. O Reino Unido de Lady Thatcher tentou usar uma meta monetária rígida e foi um enorme fracasso.

O problema é que o crescimento da moeda e dos seus multiplicadores está sujeito a relações pouco estáveis, influenciadas por mudanças tecnológicas e dos mercados. Mesmo a Alemanha, que teoricamente segue metas monetárias, na prática tem abandonado a rigidez das metas, quando o bom senso assim sugere.

A segunda âncora disponível é a cambial: usar o controle do câmbio para segurar a inflação. Funciona, como prova o Plano Real, mas, quando se abusa dela, leva a crises, como também prova o Plano Real. O Brasil acabou de sair dessa âncora e não faz qualquer sentido voltar a ela.

A terceira é o sistema de metas inflacionárias, seguido por vários países. Ele funciona como um coordenador de expectativas sobre a inflação futura (daí porque não tem nada a ver com indexação, ligada à inflação passada). Usa vários indicadores, além da moeda, para se orientar.

É melhor ter alguma âncora do que não tê-la, porque, se a maioria acreditar nela, preços e salários vão-se acomodando nos limites. Acaba ajudando a chegar nas metas, pelo lado das expectativas, mas só funciona se os fundamentos estiverem na direção correta.

Para funcionar, o sistema precisa ser totalmente transparente. O ideal seria que, ao ser conhecida a inflação do mês, o mercado já soubesse exatamente qual seria a reação do BC em termos de juros e se antecipasse a ela. Daí porque o sistema prevê relatórios trimestrais sobre a inflação e justificativas públicas à Fazenda se houver desvios.

Outra vantagem do sistema, lembra Senna, é envolver todo o governo na meta. No Brasil, caberá à Fazenda fixar as metas para a inflação, mas ele acha que o processo deveria chegar até o Congresso. É a seriedade (ou não) desse compromisso que dá (ou não) credibilidade à política.

A independência importante para o BC é apenas a operacional. Quem fixa as metas é que toma a decisão política. Ao BC, cabe apenas cumpri-la e prestando muito mais contas à sociedade do que presta hoje.

No caso do Brasil, Senna acha que a primeira meta não deve ser agressiva: deve ficar dentro do que o mercado já espera (em torno de 6%). Isso seria importante não só para reduzir o risco de erros, mas principalmente para permitir a continuidade da redução nos juros, vital para aliviar o gasto fiscal com a dívida interna.

A meta é para a inflação, mas ela embute um cálculo sobre o crescimento da economia. Se a inflação subir além da meta, os juros subirão para corrigi-la. Mas, se ficar abaixo, o BC deve reduzir os juros. A ideia é que, abaixo da faixa de flutuação, estaria havendo um sacrifício desnecessário e indesejado, em termos de crescimento econômico.

As críticas mais sérias ao sistema são sobre a precariedade das estatísticas brasileiras e dos instrumentos de intervenção. Armínio concorda, mas acha que vale a pena correr o risco. Até porque a própria implantação do sistema pode ajudar a melhorar o aparato técnico do BC.

Folha de S.Paulo, 22/6/1999

A armadilha da meta inflacionária

O debate sobre o sistema de metas inflacionárias está cada vez mais acirrado, mas embute uma armadilha. Até o final deste mês [junho de 2002], a Fazenda e o Banco Central vão definir a meta inflacionária para 2004. O próximo presidente tomará posse com metade de seu mandato já definido em termos de meta inflacionária.

A rigor, o momento certo para introduzir qualquer mudança no sistema seria agora. Se o novo presidente assumir alterando o sistema e/ou a meta, colocará em risco sua credibilidade junto ao mercado. De outro lado, contudo, se esse governo resolver inovar demais para 2004, poderá ser acusado de tentar interferir demais na vida do futuro presidente.

Dos quatro principais candidatos, apenas um, o tucano José Serra, se comprometeu com o sistema atual. Outros até falam em metas para a inflação, mas no sentido de projeção, não no sentido de objetivo do sistema de metas. Querer combinar inflação com uma meta de crescimento mínimo, ou metas para áreas sociais, não tem nada a ver com o sistema de metas inflacionárias.

Serra se comprometeu com o sistema e chegou a dizer que o objetivo, a médio prazo, é fazer a inflação diminuir para 2,5%, número mais ousado do que os mencionados até hoje pela atual equipe econômica. Não disse, contudo, se gostaria de aperfeiçoar o atual sistema, nem deve fazê-lo tão cedo. A estratégia da campanha de Serra é definir os pontos básicos de seu programa de governo até a convenção do PSDB, dia 15, mas ele só detalhará pontos do programa se o debate público levar a isso. Ele até torce para que isso aconteça, mas provavelmente isso não ocorrerá nessa fase da campanha.

Várias ideias de aperfeiçoamento circularam nas últimas semanas. Está nas mesas do presidente do BC, Armínio Fraga, e de Serra, por exemplo, um artigo do economista Edmar Bacha: "Sete teses sobre o regime de metas inflacionárias". Ele propõe várias mudanças na forma como o BC lida com choques de oferta, que justificariam uma maior tolerância temporária com a inflação. Sua primeira sugestão é a mesma feita pelo ex-presidente do BC, Pérsio Arida: ignorar o centro da meta e usar uma banda de flutuação. Uma razão é a assimetria na avaliação do desempenho do BC. Se a inflação ficar acima da meta, será visto como um fracasso; se ficar abaixo, como um sucesso.

Bacha sugere o uso de duas bandas: uma pequena, de 3% a 4%, e outra maior, de 2% a 5%. O BC deveria perseguir a banda estreita. Mas, se pouco antes do final do ano ficar claro que existem boas razões (choques de oferta) para usar a banda larga, o BC pediria autorização ao Conselho Monetário Nacional para fazê-lo. Da mesma forma, se, ao longo do ano, um choque inesperado justificar o uso da banda larga, o BC poderia pedir autorização ao CMN para utilizá-la.

Teria, contudo, que obedecer a um conjunto de "cláusulas de escape" para usar a banda larga. Seriam quatro condições prévias: os choques de oferta teriam de ser significativos; não poderia haver pressão de demanda; também não poderia haver pressões de salários e preços oligopolizados; e as contas fiscais teriam que estar em ordem. Se o BC estiver usando a banda estreita, terá de ser rigoroso com os juros quando detectar algum desvio nas quatro condições que compõem a cláusula de escape. Teria que atentar, também, para o risco de deflação.

Armínio Fraga prefere não comentar as propostas de Bacha e Arida (que sugere o uso simultâneo de metas para o emprego), mas define a essência do sistema de metas como a combinação entre transparência e flexibilidade. "Pelo simples fato de dar transparência a metas, o sistema cria compromissos, o que é muito bom", argumenta. "Ao administrar as metas com total transparência, o BC se permite ter alguma flexibilidade." Ele acha que esse binômio é tão forte que "veio para ficar".

Ele sustenta que o sistema de metas brasileiro já passou, bem, por dois ajustes profundos: o do câmbio e o dos preços públicos. Digeridos esses dois choques, há boas razões para a inflação e os juros caírem. Ao lidar com os choques de oferta de 2001, diz, o BC agiu com flexibilidade. "Não fazia sentido jogar a economia no buraco para reagir a choques transitórios", diz. O BC acomodou o choque e a inflação foi quase o dobro da meta. No recente seminário sobre meta inflacionária, no Rio, Armínio criticou a ideia de "cláusulas de escape", porque introduziriam muita rigidez na forma como o BC deveria reagir a choques de oferta.

O uso de meta central ou de bandas, da inflação plena ou do núcleo inflacionário, de metas para o ano calendário ou para 18 a 24 meses, são questões importantes, mas que alguns economistas acham acessórias. Uma questão que todos consideram essencial é saber qual a meta permanente desejável. As críticas ao sistema de metas normalmente partem da noção de que ele exige um sacrifício forte demais da sociedade em nome de um zelo exagerado pela estabilidade.

A questão é menos óbvia do que pode parecer. Stanley Fischer, até o ano passado o segundo homem mais poderoso do FMI – e, portanto, insuspeito –, num artigo recente ("Modern Hyper and High Inflations", julho de 2001), lembra que a teoria econômica sabe, com certeza, que inflações altas prejudicam o crescimento e que ter inflação não ajuda, necessariamente, o crescimento.

Mas tem dúvidas sobre a partir de qual nível de baixa inflação ela se torna prejudicial ao crescimento.

Fischer cita dois trabalhos recentes, de economistas do FMI, que tentam medir essa questão. Michael Sarel descobriu prejuízos ao crescimento a partir de uma inflação de 8% ao ano. Mohsin Khan e Addelhak Senhadji identificaram um nível crítico de 1% a 3% para países desenvolvidos e de 7% a 11% para países emergentes. Dizer que a meta ideal para o Brasil é exatamente 3,25%, ou 2,5%, portanto, é algo muito mais aberto a debate do que alguns fazem crer.

Valor Econômico e *Folha de S.Paulo,* 6/6/2002.

A crise da dívida externa

Trunfos para negociar a dívida

O Brasil precisará de cerca de US$ 3 bilhões em caixa e, teoricamente, poderia dispensar novos recursos dos bancos e não negociar com eles pacote algum. Nessa hipótese, tampouco precisaria manter o duro programa com o FMI, já que sua única função é servir de aval para obter recursos dos bancos.

Esse é um dos cenários – improvável, porém factível – com que o governo brasileiro joga nessa negociação com o FMI e na futura renegociação com os bancos internacionais, disseram a este jornal duas fontes qualificadas da área econômica. Improvável, porque a intenção básica do governo é manter o acordo com o Fundo, desde que não implique apertos monetários adicionais insuportáveis, e fechar um bom acordo com os bancos.

Seja como for, essa alternativa extrema não só funciona como trunfo implícito nas negociações com os credores, como também se transformou numa forte tentação. "Por que deixar ao futuro governo os dividendos políticos da suspensão do acordo com o FMI?", indaga uma fonte.

"O rompimento do acordo seria visto como ato de heroísmo", admite a outra fonte. Seria, na verdade, algo que, no campo econômico, teria um impacto tão forte quanto uma decisão, na área política, a favor das eleições presidenciais "diretas-já".

É preciso ficar claro, no entanto, que essa alternativa seria extrema, como última resposta a um impasse incontornável. No caso da atual negociação de novas metas com o FMI, por exemplo, o impasse, do ponto de vista do ministro [da Fazenda] Delfim Netto, seria o Fundo insistir na adoção de um conjunto de medidas de aperto que inviabilizassem um crescimento industrial da ordem de 4% a 5% neste ano [1984], algo que o ministro entende como prova de sucesso de sua gestão.

Seu raciocínio é que, com a notória melhora do setor externo e uma retomada bastante razoável no crescimento, a despeito do programa com o FMI, a única área que ele deixaria vulnerável seria a inflação. Como ele está convencido de que um aprofundamento da recessão não ajudaria, hoje, a atenuar a inflação, prefere assegurar o crescimento.

De outro lado, os negociadores do governo brasileiro alinham uma série de razões pelas quais imaginam que não deverá haver impasse com o FMI. Existe, de fato, um largo fosso separando as posições do Brasil e do Fundo, mas ainda se aposta numa solução intermediária. Em primeiro lugar, porque o FMI não ganharia muito se jogasse o Brasil contra a parede. Faltam poucos meses para acabar este governo e o Fundo sabe que só com a próxima administração poderá negociar acertos duradouros. Um alto executivo do Morgan, um dos maiores bancos norte-americanos, em recente visita ao Brasil, expôs exatamente esse tipo de raciocínio a alguns interlocutores.

Além disso, é preciso lembrar que o que está em jogo com o FMI são a previsão inflacionária e as metas monetárias. Nenhum dos dois temas constitui "pecado capital" pelos mandamentos do FMI, ou seja, as projeções fixadas não são "critério de performance". Se um "critério de performance" não é cumprido (e o Brasil cumpriu todos no primeiro semestre), o país tem de pedir perdão (*waiver*) à direção do Fundo, e o acordo fica suspenso até que nova carta seja acertada.

No caso brasileiro, o estouro das metas monetárias e da inflação levou a profundas divergências de enfoque, mas não são razões suficientes para suspender o acordo. O Fundo, como deixou claríssimo, em Washington, seu diretor-gerente, Jacques de Larosière, acha que a inflação estourou porque há excesso de demanda, e o remédio para isso é mais aperto monetário e fiscal.

O Brasil alega que há pressões de custo sobre a inflação (câmbio e juros, entre as principais) e que mais austeridade não resolve. De outro lado, explica o estouro monetário pelo aumento das reservas, uma estratégia intencional. A dureza da posição do FMI, em Washington, continuou repetindo-se na missão que está em Brasília desde o início da semana passada. Já se imagina que o Fundo não aceitará 100% como meta para a expansão monetária, e sim, no máximo, uns 80% – embora não se tenha falado, ainda, em números. As rodadas decisivas de discussão serão nesta segunda e terça-feira [20 e 21 de agosto de 1984].

Se a questão fosse apenas chegar a um número, não haveria problema. O governo sabe que só precisará, na prática, cumprir o que assinar para o terceiro trimestre. As metas para o final do ano só serão apuradas até meados de fevereiro de 1985 – e aí o novo governo estará eleito e quase empossado. O problema é que o FMI não se limita a estabelecer um número qualquer ou uma fixação qualquer: exige, ao mesmo tempo, a adoção de medidas que viabilizem seu cumprimento, e essas medidas têm de ser implementadas. É esse ponto que preocupa o Brasil.

Mesmo assim o governo brasileiro aposta num entendimento por outro motivo: por mais criativo que seja, dificilmente o FMI conseguirá descobrir muitas áreas sobre as quais investir. Uma fonte lembra, por exemplo, que já em julho o Banco do Brasil aplicou menos recursos do que captou em CDB. Como pedir mais contenção? Na área fiscal, da mesma forma, praticamente não resta espaço para ação. É certo que, tanto em Washington quanto em Brasília, o FMI tem falado em liberalização das importações, mas não como uma fórmula salvadora para a inflação e a política monetária deste final de ano. Na verdade, o Brasil já havia aceito, na carta que ainda está em vigor, o compromisso de rever barreiras tarifárias e não tarifárias às importações. O trabalho já foi feito, é bastante abrangente, mas, na avaliação do governo, não deverá resultar num salto imediato nas importações. É mais uma operação de atualização, realista, de tarifas e eliminação de barreiras administrativas, em grande parte dos casos já superpostas a outras limitações.

A Seplan gosta, na realidade, da ideia de abrir controles de importação e de preços, mas, até agora, tem pensado em fazê-lo com certa prudência. Estuda, no momento, como dar esse passo no caso de certos insumos agrícolas – começando pelos fertilizantes –, mas não há indicação de que esteja disposta a ampliar o esquema imediatamente.

Está claro, portanto, o que o governo considera um acordo razoável com o FMI: fixação de metas para este final de ano que possam até ser irrealistas, desde que não venham acompanhadas de imposições de medidas de aperto inaceitáveis. Mesmo que a conversa com o FMI chegue a bom porto, contudo, a hipótese de um rompimento pode ainda acontecer, caso a futura negociação com os bancos leve a um impasse. Já está claro, pelas dificuldades que o México tem enfrentado, que os bancos não deverão ser tão generosos em conjunto quanto sugeriam alguns em particular.

O governo parte para a negociação, a partir de outubro, com algumas hipóteses: 1) quer um bom acordo, com avanços de prazo e redução de custos, como "coroamento" da sacrificada estratégia que escolheu para resolver a questão da dívida; 2) se ficar claro que os bancos só cederão com uma nova administração, a negociação pode ser postergada até, no limite, a posse do novo governo; 3) o Brasil quer tudo que o México conseguir, ou algo muito próximo.

Essa terceira condição introduz outro complicador. O México, hoje, também examina a hipótese de suspender seu programa com o FMI caso os bancos fiquem inflexíveis, já que também não precisa, teoricamente, de *new money* em 1985. Se isso acontecer, dificilmente o Brasil conseguirá evitar segui-lo. "Assinar um acordo que o México rejeitou seria, para o Brasil, politicamente insuportável", admite uma das fontes. A negociação mexicana define-se até o final do ano.

Gazeta Mercantil, 20/8/1984.

O roteiro da crise de US$ 100 bilhões

As nuvens começaram a adensar-se no segundo semestre de 1981. No início de 1982, já havia problemas de caixa em Nova York e a certeza de um forte vendaval. Em maio, o ministro Delfim Netto admitia a um amigo que o colapso externo era inevitável e desabafava: "Meu maior problema é caminhar até a eleição de novembro".

O mundo só tomaria real consciência da dimensão da crise da dívida com o "setembro negro", quando o México parou de pagar suas contas e os banqueiros, reunidos para a assembleia anual do Fundo Monetário Internacional (FMI), em Toronto, no Canadá, descobriram que o governo norte-americano não funcionaria como bombeiro.

Delfim conseguiu caminhar até a eleição: a opinião pública brasileira só tomou conhecimento oficial da crise depois de apurado o último voto das eleições gerais. O governo conseguiu, como queria, garantir a maioria no Colégio Eleitoral que escolheria o próximo presidente, mas acabou não evitando que o mesmo colégio elegesse o oposicionista Tancredo Neves como o próximo ocupante do Planalto.

O que se seguiu foi um pesadelo. A economia brasileira, que já havia experimentado uma inédita queda do produto em 1981, mergulhou numa funda recessão, acompanhada pela tensão das negociações com os credores e as incertezas de viver com o caixa zero. Esvaiu-se o sonho do "Brasil potência", que embalara a década de 70, e abalou-se a autoconfiança do país em seu futuro. De todas as marcas deixadas pelo governo Figueiredo, a crise externa talvez tenha sido a mais profunda e duradoura.

Para os críticos, o terremoto de 1982 apenas confirmou as profecias exaustivamente repetidas ao longo dos anos 70, sem ecos no governo. Para o ministro Delfim Netto, o que aconteceu foi uma conjugação inédita, imprevisível e violenta de fatores perversos na economia internacional. O colapso não foi brasileiro: atingiu todos os grandes credores, especialmente latino-americanos. Ninguém escapou ileso quando ruiu a máquina internacional de financiamentos privados, nem há exemplos de ajustes indolores.

A semente da crise da dívida, de toda forma, foi plantada nos anos 70. O recurso ao endividamento externo de forma mais extensiva é algo recente, inaugurado na primeira gestão do próprio Delfim como ministro da Fazenda do governo Médici. Ao final de 1973, contudo, a situação estava razoavelmente equilibrada: a dívida já chegara a US$ 12,6 bilhões, mas, descontado o valor das reservas, a dívida líquida chegava a US$ 6,2 bilhões, praticamente equivalente ao total das exportações.

Há alguma polêmica sobre o verdadeiro papel que o endividamento externo desempenhou, na época, para garantir taxas bastante elevadas de crescimento. O governo alegava estar absorvendo "poupança externa", mas nem sempre isso fica claro nas contas líquidas do período. Foi, porém, nos anos seguintes do governo Geisel que a estratégia oficial foi mais questionada.

Os preços do petróleo quadruplicaram a partir de 1973, o mundo entrou em crise, mas o Brasil continuou a crescer, apoiado na teoria da "ilha de tranquilidade num mar revolto". Foi montado num ambicioso plano de investimentos destinado a reduzir, a curto prazo, a dependência industrial por bens importados. Não houve nenhum movimento mais drástico de contenção de consumo energético, ou de rearranjo dos preços relativos.

No fundo, apostou-se em dois elementos básicos: que a crise internacional seria passageira e que haveria disponibilidade de recursos no mercado internacional para fazer o ajuste do balanço de pagamentos, ampliando os financiamentos. O reflexo dessa estratégia, obviamente, foi a deterioração das contas do balanço: entre 1974 e 1978 acumulou-se um déficit em transações correntes de US$ 30,9 bilhões, pressionado, nos primeiros anos, por fortíssimos desequilíbrios na balança comercial, mas já em 1978 com um peso expressivo da conta de juros e serviços. Ao final de 1978, a dívida havia saltado para US$ 43,5 bilhões (US$ 31,6 bilhões líquidos).

A contrapartida foi a sustentação de um crescimento anual de 6,9% da economia, uma taxa muito elevada para os padrões internacionais nesses anos. O ambicioso programa de substituição de importações lançado em 1974 não foi plenamente executado, mas ajudou a completar o cenário de industrialização brasileira. Ironicamente, durante os anos Geisel, o programa acabou sendo um peso a mais no prato das importações – os primeiros efeitos benéficos na balança comercial foram colhidos durante o período Figueiredo.

Pode-se discutir exaustivamente sobre as vantagens e desvantagens da estratégia de enfrentar a crise externa ampliando o endividamento. É fato que o país cresceu, apesar da crise, assim como é inequívoco que se tornou mais vulnerável na área externa.

Um dado vital para entender essa opção, no entanto, não foi definido em Brasília: o gigantesco movimento de reciclagem dos petrodólares pelo sistema bancário privado, interessado em despejar, em clientes como o Brasil, um volume quase irrestrito de recursos baratos. Na época, os juros internacionais, em termos reais, oscilaram entre cerca de 2% negativos e 2% positivos. Teoricamente, bastaria investir esses dólares em projetos com retorno razoável para viabilizar o repagamento, a longo prazo, da dívida. A tentação pelo endividamento era grande demais.

Essas foram as sementes da crise externa herdadas pelo governo Figueiredo. Os outros ingredientes foram adicionados durante sua própria gestão.

O colapso do setor externo aconteceu em 1982, mas, na realidade, desde o primeiro dia de sua administração o presidente Figueiredo teve de enfrentar sucessivos choques internacionais. Eles acabaram estreitando, dramaticamente, o espaço de manobra de sua política econômica.

Já em 1979 começa o movimento de alta dos preços do petróleo, que só se estabilizou dois anos depois. O barril saltou de US$ 12 para US$ 34. Os efeitos desse segundo choque do petróleo sobre a economia internacional foram ainda mais duros do que os do período 1974/75.

A inflação internacional dispara – e, com ela, as taxas nominais de juros, que chegam a 25% em 1981. O custo do dinheiro deprime os estoques de *commodities* e seus preços, gerando um fosso nas relações de troca. O comércio internacional cresce apenas 2% em 1980, 0,5% em 1981 e cai 2,5% em 1982. Para completar o quadro adverso, adiciona-se a inusitada política de ajuste norte-americana, que empurra as taxas reais de juros para mais de 7% positivos entre 1981 e 1983.

Mais uma vez o Brasil tentou enfrentar a crise externa com pouco sacrifício interno, financiando o desequilíbrio. Imaginava-se que o mundo reagiria à nova alta do petróleo de uma forma semelhante à do primeiro choque: recessão, inflação e altos juros durante um ou, no máximo, dois anos. Depois disso, a economia internacional voltaria à normalidade. A crise durou o dobro, o custo de seu financiamento ficou insuportável e o país quebrou.

Dessa vez, seis anos entre 1979 e 1984, o Brasil acumulou um déficit em transações correntes de US$ 58,1 bilhões, e a despesa com juros teve um peso gigantesco: US$ 52,3 bilhões. A dívida mais do que dobrou para US$ 100 bilhões. Em outros termos, a grande mudança no caráter da crise nesses anos é que aflorou, com todo impacto, seu caráter quase estritamente financeiro, que todo o esforço no lado das relações comercias não conseguiu minimizar.

As primeiras dificuldades com o mercado financeiro internacional começaram a surgir ainda no final de 1979, quando o Brasil foi obrigado a forçar a montagem de um jumbo de US$ 1 bilhão para fechar suas contas. O mercado engoliu o empréstimo a contragosto, já que era ostensivo seu caráter puramente financeiro, desvinculado de qualquer aplicação produtiva. As relações azedaram ainda mais durante o ano de 1980: o ministro Delfim Netto pôs em prática sua política heterodoxa de combater a inflação com crescimento econômico, o que feria a ortodoxia dos banqueiros. Além disso, o ministro sustentou uma longa queda de braço com os bancos em relação à taxa de risco (*spread*) cobrada ao Brasil, tentando evitar uma subida de patamar.

Durante o segundo semestre de 1980 armou-se o que seria um ensaio da crise de 1982. Os banqueiros internacionais começaram a pressionar duramente, e sem grandes sutilezas, para que o Brasil alterasse o rumo de sua política econômica. Muitos deles, além disso, tentaram empurrar o Brasil para a guarda do FMI.

Já em setembro, começa, de fato, uma guinada no rumo da política econômica. É abandonada a prefixação das correções monetária e cambial, os juros são puxados para cima, e começa a montagem da política de aperto que seria responsável pela queda de 1,9% no PIB em 1981 (em 1980, graças à heterodoxia, o PIB cresceu 6,7%). Não foi o suficiente. O país atravessava o mês de dezembro com seu caixa reduzido ao mínimo e por muito pouco é evitada uma ampla renegociação. Namorou-se, nesse período, com a hipótese de o Brasil recorrer ao Fundo Monetário Internacional (FMI). A Índia estava em meio a uma importante negociação com o FMI, que resultou no maior pacote de empréstimo concedido até então pela instituição, superior a US$ 5 bilhões. O próprio ministro Delfim Netto imaginava que, caso o Brasil recorresse ao FMI, provavelmente teria algum espaço para negociar condições bastante razoáveis.

Havia, no entanto, um pesado ônus político associado à hipótese de submeter-se à tutela do FMI, com quem o presidente

Juscelino Kubitschek havia rompido duas décadas antes. Em 1980, o governo armou um esquema semelhante ao de 1982: decidiu, por conta, algumas das medidas centrais que provavelmente o FMI exigiria, preparado para a eventualidade de ser empurrado a ele, como opção extrema.

Hoje, com a vantagem de saber exatamente o que viria pela frente, muitos criticam o fato de o Brasil não ter, naquele momento, iniciado uma ampla renegociação de sua dívida, inclusive com a participação do FMI. *A posteriori*, sabe-se, com segurança, que se isso fosse feito naquela época os custos teriam sido muito menores. O governo, no entanto, continuou apostando na atenuação futura da crise. Acreditava que sua política de administração da dívida conferia um bom cacife e queria evitar um inevitável sabor de derrota que uma renegociação isolada traria.

O ano de 1981 foi de duro ajuste econômico. A recessão obteve a demanda, reduziu as importações e permitiu um superávit comercial de US$ 1,2 bilhão. A bola de neve dos compromissos financeiros, contudo, já era incontrolável: apenas de juros o país pagou US$ 9,2 bilhões, engordando um déficit em transações correntes de US$ 11,7 bilhões.

Assessores do ministro Delfim Netto admitem, hoje, que em meados de 1981 estava claro que a única alternativa para evitar um colapso no ano seguinte seria algum alívio nos juros internacionais. Ao contrário, os juros continuaram muito elevados, em valores nominais e reais, e o comércio internacional estava estagnado. Não havia alívio à vista em nenhum dos dois lados vitais das contas externas: juros e exportações.

Os primeiros meses de 1982 serviram apenas para adicionar mais combustível a essa fogueira. Houve o colapso da Polônia e suas sequelas de incertezas para os bancos internacionais. Pouco depois estourou a guerra das Malvinas, que virtualmente estancou o fluxo de recursos para os países latino-americanos. Finalmente, em setembro, o México tomou a dianteira e anunciou, com todas as letras, que não tinha meios de pagar o que devia.

A angústia do ministro Delfim Netto, nesse período, dividia-se entre a percepção do buraco negro que se abria no cenário internacional e a necessidade política de garantir uma boa performance para o partido oficial nas eleições de novembro. Por essa razão, apesar da dramaticidade da situação internacional, houve uma perigosa liberalidade de gastos públicos eleitoreiros, com reflexos negativos nas contas internas e externas do país.

Quando, finalmente, ao término de novembro, o governo admitiu que o país estava quebrado, que os estados já haviam emprestado US$ 780 milhões (em setembro e outubro) para ajudar a fechar o caixa, e que seria encaminhado um pedido de empréstimo ao FMI, a situação era de total penúria. Não havia reservas disponíveis em caixa nem tempo para um arranjo mais meticuloso.

A primeira fase do acerto externo foi repleta de atropelos. O governo ainda imaginava que sua política "responsável" de gestão da dívida lhe permitiria obter um tratamento diferenciado dos credores – o que os meses seguintes mostraram ser uma simples ilusão. Os bancos precisavam fechar alguns negócios até o dia 31 de dezembro, para evitar a contabilizarão de prejuízos em empréstimos ao Brasil, e pressionaram o FMI nessa direção. O resultado foi a confecção de um programa com o Fundo em tempo recorde e de um acordo com os bancos, assinado com pompa, no elegante Hotel Plaza, de Nova York, antes do Réveillon.

A pressa e a falta de cuidados cobraram seu preço rapidamente. Em menos de três meses, já havia ficado claro para o mercado internacional que o Brasil subestimara sua necessidade de recursos novos para 1983 ao pedir US$ 4,5 bilhões. O acordo sem o Fundo, por sua vez, sofreu um remendo em final de fevereiro, em virtude da maxidesvalorização de 30%. Mesmo com essa revisão, já em março não foi possível cumprir as metas prometidas.

A partir desses reveses, que coincidiram com graves problemas de caixa do Banco do Brasil em Nova York, abriu-se uma segunda e ácida fase de negociações externas. Foi uma longa disputa:

o Brasil tentando fazer um ajuste mais cosmético que efetivo, rever alguns conceitos básicos do FMI e conseguir mais dinheiro dos bancos; os credores e o FMI cobrando mudanças profundas na economia. O estopim foi a suspensão na liberação dos recursos do Fundo e dos bancos, a partir do não-cumprimento das metas do primeiro trimestre.

O símbolo desse cabo de guerra acabou sendo a mudança na lei salarial. Já em janeiro, o presidente Figueiredo havia alterado a lei, suprimindo o adicional de 10% acima do INPC concedido para quem ganhasse até três salários mínimos. Era uma mudança muito tímida do ponto de vista do FMI, mas na concepção que se tinha, na época, no comando político do governo era talvez o máximo que se poderia recuar sem colocar em risco o projeto prioritário de abertura política.

O Brasil tentou evitar mexer nos salários, aprovando um pacote de aperto fiscal monetário em junho. Nesse momento, contudo, havia mudado o próprio comitê assessor dos bancos, e a flexibilidade inicial havia-se esvaído. As pressões avolumaram-se até o ponto em que se chegou a namorar, em Brasília, com a hipótese de romper com a solução negociada (ideia abandonada por absoluta escassez de dólares e petróleo para sustentar uma virada de mesa). Venceram os credores, e o governo acabou convocando o Conselho de Segurança Nacional em julho para referendar a mudança salarial.

As coisas poderiam ter retomado um rumo mais tranquilo, mas dois fatos voltaram a complicar o cenário: a inflação começou a disparar e o Congresso deu indicações claras de que resistiria à aprovação do aperto salarial. Ao mesmo tempo, a dramática escassez de divisas impôs no final de julho a decisão de centralização do câmbio pelo Banco Central.

O impasse salarial só foi resolvido com negociação política no final de outubro. A discussão sobre a inflação – e as enormes pressões do FMI por apertos adicionais na economia – arrastou-se bem mais: houve um outro pacote de aperto em julho, um terceiro pacote (basicamente fiscal) associado ao projeto da nova lei salarial, mas o acerto final só aconteceu no final de novembro. Mais uma vez, no auge das discussões com o FMI, a tensão chegou a extremos.

Há indicações bastante claras de que, ainda em meados de 1982, o governo fixou uma estratégia: fazer o ajuste, acumular reservas e procurar um acerto mais ambicioso, e por um prazo mais generoso, ao longo de 1984. Dessa feita, talvez pela primeira vez desde o início do governo Figueiredo, as coisas correram melhor do que se imaginava.

Houve duas ajudas essenciais da economia internacional (a retomada do crescimento, especialmente norte-americano, e a redução dos juros) e duas surpresas da economia interna (a vitalidade das exportações e do crescimento). E o efeito nas contas externas foi extraordinário: o déficit em transações correntes, que havia chegado a US$ 16,3 bilhões em 1982, deve ter sido eliminado em 1984, a dívida teve crescimento irrisório, o saldo comercial saltou para US$ 13 bilhões e as reservas somaram algo entre US$ 7 bilhões e US$ 8 bilhões.

Nesse contexto mais positivo, as negociações com o FMI entraram num curso menos turbulento. Embora a persistência de taxas inflacionárias altíssimas tenha aberto um campo de disputa entre as recomendações do Fundo e a disposição das autoridades brasileiras, houve muito mais flexibilidade por parte do FMI, como provam as sucessivas cartas de intenção assinadas.

A estratégia foi bem-sucedida na recomposição de alguma margem de manobra nas contas externas e no acúmulo das reservas indispensáveis para dar algum cacife para uma renegociação melhor com os credores. O fecho de todo esse processo, na visão do governo, seria a assinatura de um acordo multianual, que garantisse tranquilidade no setor externo pelos menos para o período do próximo presidente.

Nessa área, contudo, o resultado final acabou ficando aquém do esperado. Apesar dos esforços dessa administração, não foi possível assinar um acordo com os bancos antes da posse do próximo presidente. Além disso, o formato do pacote multianual, embora bem mais razoável do que os acertos anteriores, ainda deixa um flanco vulnerável, na medida em que pressupõe não só o pagamento integral dos juros devidos nos próximos anos, como uma parcela do principal.

Se as projeções que estão embutidas nessa fase 3 da renegociação com os credores estiverem corretas, o país terá tranquilidade, até o final da década, para sustentar um crescimento entre 5% e 6% ao ano, reduzir sua dívida externa e sua vulnerabilidade. Projeções, no entanto, são simples ficções que os economistas tecem para que se tornem realidade. Isso nem sempre acontece, e a experiência do próprio governo Figueiredo é um exemplo dramático disso.

Gazeta Mercantil, 28/2/1985.

As turbulências que Tancredo gerenciará

Quando foi colhido pela explosão da crise da dívida, em 1982, e 1983, o governo Figueiredo fixou, para si, uma tarefa mínima para executar até março de 1985: entregar, para seu sucessor, um país manejável, sem sobressaltos, no *front* externo.[34]

Houve, sem dúvida, um avanço nessa direção, mas o presidente Tancredo Neves não estará imune a sustos nas contas externas. A sombra da dívida de US$ 100 bilhões continuará presente em qualquer estratégia de política econômica, e um pequeno desvio de rota bastará para descarrilar qualquer composição que se tiver montado.

Em pelo menos um ponto essencial o governo Figueiredo foi bem-sucedido neste último ano e meio de governo [de meados de 1983 a fevereiro de 1985]. Hoje o país dispõe de um nível mínimo de reservas cambiais e de espaço na área energética para poder endurecer a negociação com os credores. Sem dólares no caixa, sem petróleo nos reservatórios e importando dois terços da energia consumida, não há como usar, com uma razoável credibilidade, a hipótese de virar a mesa como arma de barganha.

34 Publicado com o título "As turbulências que Tancredo gerenciará com a dívida e o FMI".

Bem mais duvidoso é o alcance do acerto montado por esse governo com os bancos internacionais. Talvez tenha sido a melhor opção disponível, mas certamente não é uma garantia de tranquilidade. Seus méritos são conhecidos: dá automaticidade ao processo de rolagem do principal e reduz o custo histórico da maior parcela da dívida externa.

Sua principal vulnerabilidade é fixar, como padrão de comportamento para os próximos 14 anos, o pagamento integral dos juros devidos, além de estabelecer um esquema gradual de repagamento do principal. Sempre é possível argumentar que o país poderá refinanciar uma parcela dos juros com créditos oficiais, de instituições internacionais ou estimulando o ingresso de investimentos diretos.

O centro do problema é que, por não imaginar uma alternativa mais flexível para reescalonar o estoque da dívida existente, esse modelo pressupõe a permanente conjugação de várias condições bastante favoráveis para que não haja sobressaltos. Será um esquema factível e adequado, desde que a economia internacional continue crescendo a taxas razoáveis (assim como o comércio), e os juros se acomodem, definitivamente, em patamares manejáveis. Qualquer desvio nessas duas variáveis principais abrirá um rombo em toda a projeção feita.

Ora, a verdade é que, se não tivessem ocorrido imprevistos na economia internacional (que mergulharam os países desenvolvidos em prolongada recessão, fizeram cair o comércio internacional e subirem a patamares recordes os juros), não teria ocorrido a crise da dívida dos anos 80. Pode-se até argumentar que o padrão irresponsável de endividamento dos anos 70, em escala internacional, acabaria levando a uma crise, mas certamente ela não se teria manifestado nestes últimos anos. Um modelo de renegociação com os credores, que tem como pressuposto principal que não se repetirão crises como essa, não é exatamente a forma mais criativa e amena de criar alternativas para enfrentar eventuais crises futuras.

Outra área onde a herança externa de Tancredo Neves embute um potencial de confusão é no acerto com o FMI. O governo foi bastante habilidoso, especialmente no ano de 1984, para encontrar uma forma mais flexível de negociação como o Fundo. Em parte graças ao sucesso obtido nas contas externas, o FMI acabou tendo uma postura mais razoável ao encarar os insucessos no controle inflacionário, a ponto de aceitar assinar sete cartas de intenção em dois anos (ou oito, caso se negocie a última carta, como tudo indica).

É fato, no entanto, que essa flexibilidade do Fundo sempre teve um custo, e ele é cumulativo. A direção da instituição, e em particular seu diretor-gerente, Jacques de Larosière, tem sofrido acusações crescentes de leniência no trato do caso brasileiro. Não parece razoável imaginar que o Fundo esteja disposto a empurrar o Brasil contra a parede, até porque o quadro das contas externas dá ao país muito mais chances de repudiar pressões insuportáveis.

Apesar do cacife acumulado na área externa, não parece realista a opção de o Brasil livrar-se da tutela do Fundo, desistindo de US$ 1,6 bilhão que ainda teria a receber. Do ponto de vista dos bancos internacionais e do governo norte-americano, existem apenas duas opções colocadas para os credores: a negociada, que inclui o modelo de acerto com o FMI, ou o confronto, com suas consequências.

Na verdade, o acordo multianual que está sendo negociado com os bancos embute a presença do FMI durante os seus prováveis 15 anos de duração. Foi assim com o México. As regras ainda não estão plenamente definidas, mas já está fixado o princípio: caberia ao Fundo, mediante um sistema provavelmente semestral de consultas, avaliar a correção dos rumos da política econômica executada. Se o Fundo a considerar inadequada, os bancos poderão suspender os termos do acordo até que o país retorne ao trilho desejado.

É injusto querer imputar ao governo Figueiredo a responsabilidade por todos esses constrangimentos. Eles são comuns aos principais devedores, resultam da mais grave crise econômica internacional desde os anos 30 e só terão uma solução diversa, provavelmente, por meio de um acerto coletivo, em nível político. Seja como for, a questão da dívida externa é uma das mais complexas e delicadas na área econômica, que o presidente Figueiredo transmitirá junto com a faixa presidencial, no próximo dia 15 de março.

Gazeta Mercantil, 28/2/1985.

Os devedores fazem pressão sobre FMI

É urgente a necessidade de mudar a direção do ajuste econômico dos países devedores num sentido "positivo", isto é, compatível com o crescimento econômico a médio e longo prazo. Para isso, é preciso criar mecanismos internacionais adequados de financiamento a esses países.

Essa é a tese central do grupo de países em desenvolvimento, o Grupo dos 24, e que deverá marcar sua posição nas discussões da reunião anual do Fundo Monetário Internacional (FMI) e do Banco Mundial (Bird), nesta semana e na próxima, em Seul, Coreia do Sul [meados de outubro de 1985]. A questão da dívida, a discussão sobre o papel do FMI e do Bird e o problema da política cambial e da liquidez internacional são os temas básicos dessa reunião. O recente encontro dos ministros da Fazenda dos cinco mais ricos países do mundo, em Washington, reforçou a atenção geral sobre a necessidade de se obter um relacionamento cambial, com uma queda gradual do dólar. Com certeza o dólar dividirá, com a discussão sobre a dívida, o centro do palco em Seul.

Como é de praxe, a reunião do FMI deverá ser escassa em decisões concretas, mas pródiga em indicações sobre o futuro próximo da economia mundial. A parte do encontro reservada às decisões acaba, por paradoxal que possa parecer, um dia antes do início da reunião formal da assembleia do FMI e do Bird. Ela se desenvolve nas reuniões dos comitês ligados ao Fundo, responsáveis pela discussão de seu desempenho e seu futuro.

O Grupo dos 24, no lado dos países em desenvolvimento, e o Grupo dos 10 (na verdade 11) países desenvolvidos articulam, em separado, seus pontos de vista. O desaguadouro natural é o comitê interino, o fórum responsável pelas efetivas alterações nas regras do FMI e das finanças internacionais, onde predominam os pontos de vista (e votos) dos países desenvolvidos. Esses comitês deverão reunir-se no próximo fim de semana. A assembleia geral abre na próxima terça-feira [8 de outubro de 1985].

O roteiro essencial das discussões do comitê interino já está montado. Ele inclui dois documentos centrais, ambos sobre o "funcionamento e aperfeiçoamento do sistema monetário internacional". Um deles foi determinado em conjunto e elaborado pelos suplentes do Grupo dos 10. Os ministros do grupo, reunidos em Tóquio, o aprovaram. O outro foi elaborado pelo Grupo dos 24 e examinado num encontro no final de agosto. Os ministros do grupo deverão debatê-lo no sábado e poderão incluir alguns adendos. Os dois documentos serão apresentados e discutidos no comitê interino.

O trabalho do Grupo dos 24, do qual se extraíram as conclusões citadas no início, é uma análise meticulosa e consistente das principais questões monetárias e financeiras. O Grupo dos 24 quer que a discussão dos documentos se estenda além da reunião do comitê interino e se torne duradoura, com a criação de um subcomitê formado por membros do comitê interino e do comitê de desenvolvimento. Mais do que isso, o grupo defende a ideia de realizar uma conferência internacional para efetivar a reforma do Sistema Monetário Internacional.

Como é previsível, a ênfase nas mudanças concentra-se nas propostas do Grupo dos 24, enquanto o Grupo dos 10 privilegia a permanência e a eficiência de algumas regras atuais. Os dois grupos seguem um mesmo roteiro de questões. Elas passam pelo exame do sistema cambial, da liquidez e do papel dos Direitos Especiais de Saque (DES), do papel do FMI e do Bird, do problema do monitoramento do Fundo e, no caso do Grupo dos 24, da questão da dívida externa.

A questão cambial é, talvez, a que traz menos divergências. O Grupo dos 24 faz críticas ao funcionamento do sistema de câmbio flexível, mas admite que é inviável o retorno ao sistema anterior, de paridades fixas. Sugere uma maior coordenação das políticas econômicas dos países desenvolvidos e um papel mais ativo do FMI no controle da política cambial internacional. Endossa a ideia do estabelecimento de *target zones*, algo como uma "área alvo" de flutuação ideal para as moedas, que serviria de orientação para a atuação coordenada dos países.

O Grupo dos 10 admite a necessidade dessa coordenação de políticas econômicas. Admite, inclusive, a necessidade de intervenção no mercado, embora argumente que seu alcance é sempre limitado. Não descarta a ideia das *target zones* (que algumas especulações da imprensa associaram às discussões recentes do Grupo dos 5 em Washington). E faz uma série de sugestões para tornar mais severa a supervisão do FMI nessa área.

Na questão da supervisão, ou monitoramento, do FMI, a divergência é grande. O Grupo dos 10 ressalta a importância da continuidade da estrita vigilância do FMI sobre os países, como uma forma de restaurar sua credibilidade. O Grupo dos 24 reclama da falta de simetria na *surveillance*: ela é severa no caso dos países devedores, mas ineficaz como instrumento para ordenar a política econômica dos países desenvolvidos.

O documento dos países em desenvolvimento expressa a preocupação de alguns países com a prática do FMI de montar *enhanced surveillance* ou supervisões especiais sobre países devedores. Essa supervisão prolonga a presença e o acompanhamento do Fundo sobre a economia desses países por um período extenso, embora seja mais branda do que as condições associadas à concessão de empréstimos formais.

Mesmo assim, o documento reconhece que essa *enhanced surveillance* torna-se inevitável, dado o papel que o Fundo ainda exerce como catalisador de recursos privados para esses países. Ele sugere que essa supervisão se limite apenas à restauração do fluxo de recursos privados aos países endividados; portanto, que se restrinja ao período de consolidação da dívida ou de carência no âmbito de acordos multianuais com os bancos internacionais.

Os países mais ricos mantêm uma atitude prudente em relação à necessidade de ampliar a liquidez internacional, enquanto o Grupo dos 24 faz uma decidida defesa da emissão anual de 15 bilhões de Direitos Especiais de Saque, como uma forma de ativar sua importância e fornecer a liquidez necessária para facilitar o ajustamento econômico dos devedores. O Grupo dos 10 apenas endossa a ideia de a direção do FMI fazer um estudo revendo o papel que deve desempenhar no futuro do sistema. A criação dos 10 reafirma que ela depende de uma supervisão da política econômica dos países desenvolvidos, mas também da melhora da credibilidade dos devedores, mediante a continuação de seus programas de ajustes.

Na discussão sobre o papel do FMI, o Grupo dos 10 faz uma defesa da eficácia da intervenção do Fundo, inclusive por meio das condições associadas aos seus empréstimos. Ele defende um maior entrosamento entre o FMI e o Bird, sem que isso implique uma mistura de objetivos entre as duas instituições. Sugere que a coordenação entre ambos sirva, por exemplo, para que a redução no acesso aos recursos do Fundo possa ser compensada pela oferta de recursos no Bird.

O Grupo dos 24 tem uma abordagem bastante diferente do problema. A análise parte da constatação de que o Fundo lida com problemas transitórios de balanço de pagamentos e problemas estruturais, persistentes. Na solução de problemas transitórios, sugerem-se mais recursos e mais fácil acesso à linha de financiamento compensatório (para cobrir desequilíbrios inesperados e exógenos do balanço de pagamentos). Ao mesmo tempo, o documento propõe a criação de uma linha semelhante de crédito que financie as necessidades de recursos resultantes de elevações abruptas das taxas internacionais de juros.

Para lidar com os problemas de ajuste de mais longo prazo, de origem mais estrutural, argumenta-se que o FMI deve, essencialmente, enfatizar ajustes que promovam o crescimento, não contrações de demanda. Seria preciso, portanto, rever os atuais critérios de condições do Fundo. No caso dos países mais pobres, sugere-se maior flexibilidade nos termos de pagamento. O Grupo dos 24 propõe que haja um aumento significativo dos recursos do FMI, de forma a restaurar sua importância. Para isso, sugere que o processo de aumento das cotas seja automático, ligado a um critério objetivo: as cotas devem manter algumas relações constantes com o tamanho da economia mundial. Defende a manutenção do acesso ampliado aos recursos do Fundo enquanto não se restabelece uma dimensão mais expressiva para a instituição. Esse acesso vem sendo limitado especialmente pela pressão norte-americana.

O tema deverá mais uma vez voltar ao plenário de discussões em Seul. Sobre a coordenação em maio entre o FMI e o Bird, o documento chama a atenção para o fato de que isso não deverá implicar a montagem de condições "cruzadas" entre as instituições, isto é, essa aproximação pode ser útil desde que não leve ao estabelecimento de exigências ainda mais duras aos países devedores. É provável que essa questão do papel do Bird seja examinada mais a fundo pelos ministros do Grupo dos 24 em Seul. As claras indicações de que o governo norte-americano é favorável a um reforço do papel futuro do Banco Mundial e as possibilidades que se abrem em função disso devem levar a um posicionamento mais específico dos países em desenvolvimento. Essa, aliás, é uma das questões mais interessantes dessa reunião de Seul e uma das áreas onde há mais chances de surgirem ideias (ou até fatos) novas.

Por fim, o Grupo dos 24 agrega em seu documento outro item tratando especificamente da questão da dívida externa. A crise da dívida, diz o trabalho, foi resultado da conjugação de empréstimos excessivos dos bancos, súbitas alterações de políticas econômicas nos países desenvolvidos (que levaram, por exemplo, a taxas de juros muito elevadas) e a tomada excessiva de empréstimos, acompanhada, em muitos países devedores, por políticas inadequadas. Para encontrar uma solução duradoura para o problema, é preciso corresponsabilidade entre credores e devedores, simetria no ajustamento e um esforço de cooperação.

O sentido do ajustamento precisa ser "positivo" – viabilizar o crescimento a médio e longo prazos. É preciso contar com recursos dos organismos internacionais e evitar a fuga de capitais, para o que os países desenvolvidos poderiam colaborar criando restrições. É preciso reduzir as taxas de juros e persistir na montagem de acordos multinacionais com os bancos. É essencial que os países desenvolvidos evitem medidas protecionistas. O Banco Mundial deve ter seu capital reforçado e manter seu papel de promotor do desenvolvimento. Acima de tudo, é indispensável criar as condições de oferta dos recursos internacionais necessários para superar os problemas dos países endividados. Sem eles, a economia mundial pode voltar a enfrentar uma recessão.

Essas são as linhas gerais que orientarão as discussões na reunião anual. Subjacentes a esse debate de longo curso, existem os fatos mais urgentes: a nova ameaça de recrudescimento da crise da dívida, com o colapso do ajuste mexicano; o rumo que a nova administração brasileira dará à renegociação da dívida; os problemas do dólar e sua origem (o déficit norte-americano), e a desalentadora revisão, para baixo, nas previsões de crescimento da economia e do comércio internacional.

Gazeta Mercantil, 2/10/1985.

A avaliação do Fundo

O relatório sobre a economia brasileira preparado pelos técnicos do FMI, que será examinado por seu conselho diretor no próximo dia 9 de setembro [de 1987], tem um tom basicamente positivo, embora faça algumas ressalvas importantes, especialmente em relação ao déficit do setor público.

Apesar do conteúdo "mais favorável do que desfavorável" do relatório, na descrição de quem teve acesso a ele, não há nenhuma perspectiva de um acordo com o Clube de Paris, relativo ao segundo semestre.

Fontes que acompanham de perto essa questão dizem que é provável que o Clube de Paris discuta a questão brasileira em algum ponto da semana que começa no dia 21 de setembro. Numa reunião específica sobre Brasil, mas paralelamente a discussões previstas de outros casos, deverá ser uma conversa apenas entre os membros do Clube de Paris, ou seja, os países desenvolvidos que mantêm créditos oficiais com o Brasil.

Um relatório positivo do FMI sobre a economia brasileira era um dos pré-requisitos fixados no acordo firmado entre o Clube de Paris e o Brasil em janeiro. O acordo, que valia por seis meses, venceu em 15 de julho, mas teria de ser ratificado *a posteriori*, com base no relatório do FMI e na existência de um acordo com os bancos privados.

Como o relatório do FMI não estava pronto em 15 de julho, o Clube de Paris aceitou prorrogar o exame até o dia 15 de setembro. É possível, segundo uma fonte bem informada, que o Clube de Paris aceite, em setembro, ratificar o acordo de janeiro (o que, do ponto de vista prático, para o Brasil, teria muito pouca valia). No entanto, é extremamente improvável que o Clube de Paris admita discutir um novo acordo para o segundo semestre.

Em janeiro, o Brasil chegou à mesa de negociações com o Clube de Paris com um poderoso "padrinho": o secretário do Tesouro norte-americano, James A. Baker II. Hoje, a posição dos Estados Unidos é conhecida: sem um acerto formal do Brasil com o FMI, a administração norte-americana se oporá a qualquer acordo no Clube de Paris. Em relação às negociações com os bancos privados, a postura do Tesouro tem sido a de mero observador, ou seja, não tem ajudado, mas não tem criado maiores problemas.

Crescem, de todo modo, as preocupações do próprio Executivo norte-americano com as negociações entre o Brasil e os bancos privados. Como é conhecida a impossibilidade brasileira de assumir qualquer compromisso mais grave antes da aprovação da Constituição e, portanto, do mandato presidencial, cresce a especulação em torno de um acordo provisório, talvez envolvendo apenas este ano [1987].

Um problema para um acordo desse tipo é que ele teria de embutir, de alguma forma, o refinanciamento dos US$ 4,3 bilhões de juros que o Brasil estima que não poderá pagar (e que corresponde a manter a moratória atual até o final do ano). Isso significa dinheiro novo e, mesmo no contexto de um acordo parcial e provisório, aprovar recursos adicionais sem um acordo formal com o FMI e com dúvidas em relação à economia seria um precedente. A vantagem, contudo, é que evitaria a reclassificação do Brasil para *value impaired*, o que exigiria a constituição de reservas específicas pelos bancos de 10% a 15% de seus ativos brasileiros.

Esse é o cenário mais otimista. Existe, contudo, tensão na negociação, e algumas hipóteses mais duras têm sido mencionadas. Mais de um banco importante norte-americano mencionou a uma fonte, por exemplo, a hipótese de se fazer um *write-off*, ou seja, considerar como perda os atrasados brasileiros, na virada deste ano.

O prazo legal para tomar essa atitude é o final de dezembro, o que implicaria uma decisão interna dos bancos por volta de novembro.

A vantagem, para os bancos, é que, considerando perda definitiva, é possível deduzir os recursos envolvidos do Imposto de Renda devido. A simples constituição de reservas, como vem sendo feita desde maio, implica prejuízos (ou redução de lucros), mas não tem compensações.

A enorme desvantagem é que uma atitude desse tipo de um ou alguns bancos acabaria precipitando uma postura idêntica do restante dos credores. A vida financeira de vários bancos e, provavelmente, a vida financeira do Brasil ficariam bastante vulneráveis.

Por essa razão, essa é considerada uma hipótese extrema. Ela só se tornaria mais provável caso houvesse clara recusa do Brasil em discutir um acordo com os bancos, ou ele empacasse num impasse incontornável. Por enquanto, nenhuma das duas hipóteses se está configurando.

Gazeta Mercantil, 29 a 31/8/1987.

Os maiores devedores formam grupo

Brasil, Argentina e México formalizaram ontem [24 de setembro de 1987] em Nova York a constituição de um grupo permanente de consultas econômicas, especialmente em relação à dívida externa e ao comércio. Será chamado G-3, num paralelismo com o G-5, o grupo dos cinco mais ricos países do mundo. O G-3 representa uma dívida externa de quase US$ 270 bilhões.

O grupo foi oficialmente formado depois de cinco horas de conversas entre os ministros da Fazenda do Brasil, da Argentina e do México. No final, foi emitido um comunicado à imprensa. "Foi uma decisão histórica da maior importância", comemorou o ministro brasileiro Luiz Carlos Bresser Pereira. O grupo terá reuniões no mínimo semestrais.

Os três países puseram-se de acordo em relação a vários pontos, muitos dos quais apenas reafirmam princípios estabelecidos, antes, pelo Grupo de Cartagena, que reúne todos os devedores latino-americanos. O comunicado menciona a necessidade de reduzir a transferência líquida de recursos para o exterior e reclama maior corresponsabilidade dos credores no processo.

Para garantir a estabilidade dos investimentos, os três países querem mecanismos mais automáticos de financiamento dos juros e de liberação desses recursos. Podem "formar alternativas mais adequadas" em termos de prazos e de juros para uma solução de longo prazo para a dívida.

Um segundo ponto do comunicado pede transferência de recursos dos organismos multilaterais, além de políticas mais flexíveis e orientadas para o desenvolvimento. O comunicado menciona a necessidade de um imediato aumento de capital do Banco Mundial e do Banco Interamericano de Desenvolvimento. Finalmente, critica o protecionismo.

A formação do G-3 tem o óbvio propósito de procurar ajudar nas negociações da dívida externa. O Brasil reúne-se hoje, em Washington, com o comitê de bancos credores para apresentar sua proposta.

A Argentina deverá rediscutir seus esquemas de financiamento externo durante a reunião do FMI e do Banco Mundial, na próxima semana.

O México, que dos três é o que está na mais confortável posição externa, com cerca de US$ 15 bilhões em reservas, foi o mais cauteloso. Perguntado se considerava a formação do G-3 como um passo muito importante no processo ou apenas mais um encontro de devedores, o ministro mexicano, Gustavo Petricioli, não vacilou: "É um encontro a mais", definiu à imprensa.

De todo modo, como disse Petriocioli, embora cada país mantenha suas próprias negociações e características, existem alguns pontos comuns de comunicação. "O problema atual dos nossos países é o desenvolvimento econômico e a preservação da democracia, e o problema da dívida perturba esses objetivos", disse a este jornal.

O ministro argentino, Juan Sourrouille, nada quis declarar. Apenas reafirmou que está entre os objetivos da Argentina a fixação de um teto para o pagamento de juros, de forma a assegurar um fluxo estável de transferências externas de recursos.

Bresser chamou a atenção para o fato de o grupo reunir apenas os três maiores países da América Latina, o que reforça a sua importância prática. Seja como for, não há qualquer desejo de nenhum dos três países em funcionar como uma espécie de cartel. Aliás, os bancos foram discretamente avisados dos objetivos não belicosos do encontro antes que ele se realizasse, pelo que disse uma fonte, que, nos últimos dias, manteve contatos do mais alto nível com cinco entre os maiores bancos norte-americanos.

A maratona de reuniões começou em grande estilo, com um almoço apenas entre os três ministros num dos mais luxuosos e caros restaurantes de Nova York, o Le Cirque, reduto de celebridades anexo ao elegante Mayfair Regent Hotel. Duas horas mais tarde, e aí já acompanhados de assessores, os três continuaram as conversas na sede do Banco do Brasil, na Quinta Avenida.

Hoje, às 13 horas, em Washington (14 horas em Brasília), o presidente do Banco Central, Fernando Milliet, e dois assessores, Fernão Bracher e Antônio de Pádua Seixas, abrem negociações com o comitê dos bancos credores. Milliet fará uma exposição sobre a economia brasileira, depois explicará o que quer o Brasil.

A ideia geral é conhecida: refinanciar US$ 7,2 bilhões de juros devidos neste e no próximo ano por um prazo longo, eliminar taxa de risco (*spread*) e abrir a possibilidade de transformar parte da dívida em títulos. Serão títulos certamente mais atraentes do que os *exit bonds*[35] argentinos, garantiu alta fonte brasileira, o que significa que oferecerão mais do que os 4% de juros dos papéis da Argentina.

Além disso, existe a ideia de oferecer, como atrativo adicional, a possibilidade de os portadores desses títulos converterem-nos em investimentos. O Brasil, contudo, não deverá apresentar agora as regras gerais para a conversão de dívidas em investimentos, como gostariam os banqueiros, nem há um prazo fixado para isso, pelo que disseram dois diretores do Banco Central, Seixas e Carlos Eduardo de Freitas.

35 Títulos da dívida externa.

A mesma alta fonte brasileira afastou a hipótese de afirmar-se um acordo provisório, de curto prazo, com os bancos. "Nem pensar nisso", afirmou. "Se for assim, é melhor continuar com a moratória, que está muito bom", sugeriu.

É fato, contudo, que há pressões para que alguma moldura de negociação seja aberta agora, o que poderia implicar algum refinanciamento de juros por parte dos bancos e, simultaneamente, a volta de algum pagamento de juros por parte do Brasil. O processo de negociação mais amplo prosseguiria até o início do próximo ano, quando os credores se sentiriam mais à vontade para concluir um acerto, terminada a Constituinte e definido o cenário político. Até lá também ficaria a perspectiva de um acordo formal do Brasil com o FMI.

Há resistência a essa ideia por parte do Brasil e de alguns bancos, mas entre os interessados na sua decolagem está o Departamento do Tesouro norte-americano. A posição da equipe brasileira, ontem reafirmada, tem sido a de dizer que a pressa e os maiores temores estão do lado dos bancos. Muitos tentarão convencê-los do contrário.

Bresser Pereira faz uma palestra hoje pela manhã no Conselho de Relações Exteriores e, ao final, tem um encontro com o ex-secretário de Estado Henry Kissinger. Vai para Washington à tarde.

Gazeta Mercantil, 25/9/1987.

Melhora o clima para negociar

A proposta brasileira de negociação da dívida externa parece ter superado o primeiro teste: ser considerada um razoável ponto de partida para conversas. As diferenças de posição continuam enormes entre o Brasil e os credores, mas existe um nítido esforço para criar um ambiente menos tenso.

"Nós indicamos que a proposta brasileira merece consideração", disse ontem o secretário do Tesouro norte-americano, James Baker III, logo após um encontro de mais de uma hora com o ministro da Fazenda, Luiz Carlos Bresser Pereira. "Foi um bom encontro", definiu Baker. Ele reafirmou que considera a discussão de um acordo do Brasil com os bancos e com o FMI como "questões separadas".

Dessa vez, os dois lados cuidaram para que as declarações à imprensa seguissem uma mesma direção. "Ele (Baker) disse que nossa proposta era uma boa base para negociação", explicou Bresser, "o que não quer dizer, é claro, que ele concorde".

Na verdade, nem Baker nem os bancos concordam com algumas ideias brasileiras. Os bancos acham o pedido brasileiro excessivo e querem mais participação dos bancos oficiais e agências multilaterais no pacote, o que é uma maneira indireta de pedir a garantia de um acordo formal com o FMI. Outra questão importante, segundo um assessor do ministro, é um pagamento simbólico de juros pelo Brasil, o chamado *token payment*, que funcionasse como gesto de boa vontade e agastasse de vez a ameaça de reclassificação dos empréstimos ao país, pelas autoridades bancárias norte-americanas, no próximo dia 26 de outubro [de 1987].

Bresser manteve contatos com vários ministros de países desenvolvidos e ficou animado. Pelo seu relato, alguns desses ministros (ele citou o inglês, Nigel Lawson, e o alemão, Gerhard Stoltenberg) concordaram em manter-se "neutros" frente a seus bancos, isto é, não recomendar que eles evitem qualquer acordo antes que o Brasil faça um acerto com o FMI. De outro lado, contudo, todos os ministros enfatizaram a importância de um acordo com o FMI para a renegociação das dívidas oficiais no Clube de Paris.

O ministro das Finanças da França, Edouard Balladur, disse a este jornal que a proposta brasileira "é engenhosa". Mas ressaltou que o primeiro passo deveria ser "convencional": ir ao FMI. Stoltenberg, por sua vez, disse à imprensa que o país deveria encontrar uma solução para a dívida "em cooperação" com o FMI.

A distância, nesse caso do FMI, pode ser menor do que parece. O Brasil não aceita vincular o desembolso do acordo com os bancos ao cumprimento de um acordo com o FMI e tem insistido em que esse acordo venha depois de algum acerto com os credores privados.

Bresser Pereira, contudo, explicou que é possível ao Brasil iniciar conversas com o FMI durante o processo de negociação com os bancos, desde que haja claras indicações da possibilidade de chegar a bom termo. A precedência do acordo com os bancos, disse ele, tem sido mencionada por uma questão de clareza, uma razão "didática", segundo o ministro. O que é inaceitável é vincular o desembolso dos bancos a um acerto com o FMI.

Quanto ao *token payment*, a posição é também flexível. Se os bancos mostrarem "que estão decididos a negociar", o Brasil poderá, segundo Bresser Pereira, fazer um gesto de boa vontade. O que é inaceitável, reafirmou o ministro, é suspender a moratória antes de um acordo com os bancos.

Independentemente das questões específicas, o fato é que há um esforço para caracterizar a discussão com o Brasil como positiva: há também o desejo, de muitos, de tentar preservar um espaço para Bresser Pereira. Como disse um alto funcionário de uma instituição multilateral, o ministro brasileiro é "uma pessoa muito construtiva que precisa ser apoiada". O suposto é que essa mesma atitude construtiva poderia faltar a um eventual sucessor.

Significativamente, o presidente do Comitê Interino do FMI, o ministro dos Países Baixos, Onno Rudding, usou a mesma expressão numa entrevista, pela manhã, à imprensa. Ele agradeceu a Bresser Pereira por "sua participação muito construtiva" nas discussões do comitê, no domingo.

O ex-presidente do Federal Reserve Board, o banco central norte-americano, Paul Volcker, foi ainda mais longe na questão brasileira. Falando num seminário, em Washington, Volcker disse que o Plano Baker[36] necessita de "reforço e revigoramento" e que as negociações entre o Brasil e seus credores serão "um caso-teste crucial".

Ele foi contra as propostas "de professores e políticos" que implicam perdão de parte da dívida, mas defendeu "um esforço corporativo" entre bancos, governos e instituições internacionais para montar programas que possam sustentar o crescimento do país durante anos.

Outro sinal entendido como positivo pelo ministro brasileiro foi o fato de o comitê interino, o mais importante centro de decisões relativas ao FMI, em que o voto dos países mais ricos é

36 Empréstimos emergenciais entre 1982 e 1985 aos países impossibilitados de honrar suas dívidas, num esquema proposto pelo ministro norte-americano das Finanças, James Baker. Eram realizados por bancos privados (individualmente ou em conjunto, no chamado Clube de Paris), pelo FMI, pelos países mais desenvolvidos e por outras agências internacionais.

hegemônico, ter incluído em seu comunicado final, ontem, uma referência à abertura de novas opções para a dívida, orientadas para o mercado. Entre elas, o comitê disse ser "especialmente dignos de atenção" novos instrumentos financeiros, inclusive títulos. Essa abertura a uma "secundarização" da dívida (transformação da dívida em títulos negociados), embora centro das regras do mercado e em bases estritamente voluntárias, endossa o princípio da parte não convencional da proposta brasileira de negociação. Antes disso, no sábado, o Brasil havia conseguido incluir no documento produzido pelo Grupo dos 24 (que reúne os países em desenvolvimento) um endosso formal à ideia de transformação da dívida em títulos de longo prazo, considerando-se os valores de negociação da dívida no mercado e a necessidade de ter juros fixos, de forma a tornar mais estável o fluxo de pagamentos externos.

Apesar da soma de sinais encorajadores e da criação de um clima mais distendido em relação ao Brasil, a avaliação sobre o futuro deve ser feita com prudência. Dois assessores do ministro da Fazenda sugeriram a este jornal que não há razão para excessivo otimismo e lembraram que existem muitos problemas pela frente. O próprio ministro, por sua vez, lembrou que a negociação deverá durar muitos meses.

Gazeta Mercantil, 29/9/1987.

Bom acordo ortodoxo

O novo acordo do Brasil com os bancos credores abre dois precedentes: de um lado, atenua as vinculações com os resultados do programa com o Fundo Monetário Internacional (FMI); de outro, contudo, cria um espaço inédito de interferência do Banco Mundial (Bird). O Bird sempre exigiu o cumprimento de certas condições para liberar empréstimos aos países. No caso dos empréstimos setoriais, trata-se de condições bastante abrangentes, que envolvem pontos importantes da política econômica.

O acordo com os bancos amarra a liberação de US$ 750 milhões ao êxito de dois empréstimos setoriais com o Bird: um do setor energético e outro do setor comercial. Ambos estão sendo negociados há muito tempo. O energético é considerado dentro do Bird como em estágio bastante avançado, já que os principais pontos foram atendidos pelo Brasil. O comercial, contudo, ainda está sujeito a discussões: ele prevê, na essência, maior liberalização do comércio exterior brasileiro. A simples aprovação da reforma tarifária prevista para julho não é considerada suficiente.

Pode-se argumentar que o Brasil, de um modo ou de outro, precisa do dinheiro do Bird e teria de enfrentar esse problema. De todo modo, o fato de atar parte do dinheiro dos bancos a esses dois empréstimos, sob a forma de cofinanciamentos, aumenta o poder de barganha do Bird e lhe amplia o espaço na mesa de negociação com o maior país devedor – algo que o Bird vem perseguindo, como estratégia, há alguns anos. No governo brasileiro, muitos consideram as condicionalidades do Bird mais incômodas do que as do FMI.

Os bancos queriam essa maior vinculação e ganharam, ainda que sobre uma parcela relativamente pequena do total de US$ 5,2 bilhões de novos recursos envolvidos no acordo. Em contrapartida, aceitaram liberar a maior parte do total, US$ 4 bilhões, sem qualquer vinculação direta com o FMI. A vinculação continua a existir apenas em duas parcelas de US$ 600 milhões cada uma.

De modo geral, a avaliação de vários economistas sobre o acordo com os bancos é positiva. "É o melhor acordo ortodoxo de que se tem notícia", acha, por exemplo, o ex-diretor do Banco Central André Lara Resende, opinião plenamente compartilhada por Luiz Paulo Rosemberg, antigo assessor especial do presidente José Sarney.

Até mesmo adversários da ortodoxia, como Paulo Nogueira Batista Júnior, um dos inspiradores da moratória, admitem que o acerto parece ter sido razoável dentro dos cânones ortodoxos. A discordância de Batista Júnior, contudo, está na raiz: o montante de dinheiro dos bancos é insuficiente para permitir uma redução no valor do saldo comercial e, em consequência, uma menor remessa líquida de recursos ao exterior. Com isso, a economia permaneceria pressionada.

De fato, para que as projeções das contas externas fiquem confortáveis a partir do acordo, é preciso imaginar um saldo comercial bastante respeitável – algo que, diga-se, parece praticamente certo neste ano [1988]. Rosemberg, por exemplo, supõe que as reservas cambiais acabarão o ano com um acréscimo de US$ 1 bilhão graças ao acordo, mas imagina, como ponto de partida, um saldo comercial de US$ 14,7 bilhões.

O Brasil tem acumulado saldos comerciais extremamente expressivos. Por motivos estratégicos, não interessaria divulgar, no momento, um montante muito alto de reservas. Se isso for verdade, o pagamento de US$ 1,050 bilhão, com recursos das reservas, que o Brasil se comprometeu fazer aos bancos até a próxima quinta-feira [30 de junho de 1988], poderá ser absorvido sem grandes traumas. Caso contrário, ao menos circunstancialmente, a situação das reservas ficará abalada, já que o final de semestre é uma época em que sazonalmente se acumulam muitos compromissos externos. O acordo prevê que o Brasil pague agora e espere o dinheiro dos bancos para uma data incerta no futuro – ou seja, supõe boa-fé para que dê certo.

Os bancos, sem dúvida, conseguiram algumas condições bastante atraentes no acordo com o Brasil. Os "bônus de saída" oferecidos são os mais vantajosos, jamais criados para os bancos: o México e a Argentina ofereceram taxas de juro muito menos atraentes para suas *exit bonds*. Em boa medida, esse era também um interesse brasileiro. A principal função dos *exit bonds* é eliminar o maior número de pequenos credores do processo de negociação, trocando suas *exposures* por títulos de longo prazo. O México e a Argentina não conseguiram detonar esses processos, daí a razão para as vantagens oferecidas pelo Brasil. Rosemberg, por exemplo, acha que o número de credores deverá cair de 700 para 150.

Além de juros mais altos (6% ao ano), ainda que inferiores aos de mercado (eles embutem um deságio superior a 30% ao longo dos 25 anos de maturação), eles poderão ser trocados por Obrigações do Tesouro Nacional (OTN) cambiais, ao par. É claro que os *exit bonds*, tão logo passem a existir, terão um mercado secundário de negociação onde certamente conseguirão um forte deságio (para compensar os juros inferiores aos de mercado).

Se o Brasil montar o controverso programa de conversão de dívida em exportações, contudo, haverá um mercado cativo para as OTN cambiais dos possuidores de bônus de saída. Será uma forma rápida e mais atraente para os bancos se livrarem do crédito brasileiro.

Os bancos também tiveram pleno êxito ao incluir a possibilidade de reempréstimo (*relending*) dos recursos novos que aportarão. Esse sempre foi um ponto de crucial interesse dos bancos: no processo de reempréstimo dos recursos, cada banco pode comprar, de forma aberta ou velada, novas comissões para colocar o dinheiro no setor público ou privado. Sem *relending*, o dinheiro fica nas mãos do Banco Central, e cabe ao governo determinar o que alocar e para quem.

Alguns tetos foram colocados ao reempréstimo, mas parecem bastantes razoáveis para os bancos. Para o setor privado, US$ 100 milhões por mês neste ano [1988], US$ 1,5 bilhão em 1989 e US$ 1,55 bilhão em 1990. Para o setor público, o equivalente à rolagem do principal mais juros no período.

Existe uma discussão sobre o impacto que o *relending*, somado ao processo de conversão de dívida em investimentos, tem sobre a política monetária, a dívida pública e a alocação de recursos. Nos dois casos, o governo acaba sendo obrigado a emitir, em favor das empresas que estão no processo como tomadora de reempréstimo ou receptoras de investimentos. O excesso, que pressiona a política monetária, acaba sendo recomprado via emissão de títulos federais, em prejuízo das finanças públicas. O resultado final pode ser questionável: nem sempre o dinheiro vai parar nas áreas mais prioritárias ou de interesse da política econômica.

Apesar dos efeitos negativos, tanto o processo de conversão quanto o de reempréstimo serão pontos difíceis de evitar numa negociação com os bancos. Até mesmo a equipe do ex-ministro Dílson Funaro previa a aceitação desses pontos, ainda que sujeitos a algumas condicionalidades e tetos.

O acordo com os bancos também procura impor certas restrições. No caso da conversão do dinheiro novo do acordo em investimentos, permite-se o precedente da conversão ao partir, sem deságio, mas fixa-se um limite mensal de US$ 50 milhões e abre-se uma carência para o início do processo, de 12 meses após atingir-se o endosso de 90% dos bancos ao acordo (previsto para outubro). Fixam-se, também como foi dito, tetos para o *relending*.

Não se imagina, em geral, que esses processos embutidos no acordo possam ter reflexos muito fortes a curto prazo nos processos já vigentes de conversão formal e informal da dívida externa. Bancos grandes têm relutado em aceitar os deságios nos leilões e talvez aceitem fazer conversões ao par, no próximo ano, do dinheiro novo que aportaram no acordo. Seja como for, ficam as dúvidas, presentes entre economistas ortodoxos e heterodoxos, sobre os reais benefícios e desvantagens da substituição de dívida por investimentos.

Certamente, a principal vantagem palpável do acordo é a economia real e definitiva que a redução no custo da dívida proporcionará. Nesse caso, trata-se de um abatimento concreto sobre a dívida. O Brasil conseguiu um *spread* equivalente ao que o México obteve em setembro de 1986 e um prazo marginalmente superior.

Os que questionam a essência do processo ortodoxo de negociação lembram que vantagens desse tipo e dessa proporção, já concedidas a outros países, não foram suficientes, até agora, para resolver duradouramente o problema da dívida. Os que defendem a via convencional rebatem lembrando que, de outro lado, ninguém ainda conseguiu vantagens duradouras e mais amplas com alternativas não ortodoxas.

Todos convergem, contudo, para um mesmo ponto na avaliação do acordo: ele é muito limitado em sua abrangência, até o primeiro semestre do próximo ano. A perspectiva de reabrir negociações para um novo acordo com os bancos, poucos meses depois de concluir a atual, é muito pouco animadora. Como o próximo ano [1989] é de eleições para presidente, pode-se supor que a próxima negociação, além de vir à tona rapidamente, certamente deverá arrastar-se em razão das evoluções da cena política.

Gazeta Mercantil, 24/6/1988.

As dúvidas dos credores

A primeira reação do mercado secundário da dívida externa à definição do representante do PT, Luiz Inácio Lula da Silva, como segundo candidato à Presidência do Brasil foi suave. O papel brasileiro, que havia subido bastante na sexta-feira [17 de novembro de 1989], manteve os preços.

Vários banqueiros consultados por este jornal, contudo, consideram a calma aparente e temporária. "A evolução do quadro eleitoral brasileiro é bastante perigosa para os bancos estrangeiros", disse um qualificado executivo de um dos bancos mais ativos no mercado secundário. "Olhando os resultados, fica claro que a esquerda pode vencer no segundo turno", completou.

Quatro diferentes fontes concordaram em que a flutuação do mercado secundário nos últimos dias não esteve ligada diretamente à apuração das urnas no Brasil. Os papéis, em geral, vinham caindo nas últimas semanas e atingiram o fundo do "vale" na segunda-feira da semana passada [13 de novembro de 1989]. Naquele dia, era possível encontrar vendedores de papéis brasileiros a 19,5 centavos por dólar, ou seja, com um deságio recorde de 80,5%.

Desde então, os preços em geral reagiram. México e Venezuela, por exemplo, ganharam três pontos percentuais apenas na sexta-feira passada. No caso do Brasil, na sexta-feira, havia vendedores a 23 centavos por dólar (deságio de 77%). No movimento de baixa, a queda brasileira foi maior do que a de outros países, refletindo um grau a mais de incerteza política e a possibilidade de se ter um candidato de esquerda disputando o segundo turno. A recuperação acompanhou o movimento geral, mas um banqueiro acha que pode ser de curto fôlego.

Muitos no mercado consideram 20 centavos por dólar um "preço de resistência" do papel brasileiro, a partir do qual surgem compradores convencidos de que é improvável uma queda ainda maior. De fato, havia compradores do papel brasileiro no final da semana passada, o que ajudou a elevar as cotações.

Ao mesmo tempo, contudo, existe a apreensão em relação aos resultados do segundo turno, o que deve determinar um tom de cautela para as próximas semanas.

O principal receio, obviamente, é uma vitória de Lula. Nenhum banco supõe uma imediata retomada de pagamentos externos pelo Brasil. Mas, com Lula, essa perspectiva fica ainda mais remota.

"As empresas multinacionais não fechariam imediatamente as portas no Brasil, no caso de uma vitória de Lula", argumenta um banqueiro. "Mas, mesmo não agindo de forma tão impulsiva, certamente as decisões de investimentos, que estão sendo adiadas até a definição do próximo presidente, seriam em muitos casos negativas", diz ele.

Collor desperta mais confiança, apesar das dúvidas que cercam suas ideias. "O que quer dizer o fato de Collor ser de centro-direita?", pergunta um banqueiro, para ele mesmo responder: "É apenas um rótulo". Uma fonte de outro banco, contudo, lembra que Collor "pelo menos reconhece que o Brasil tem obrigações para cumprir no exterior, algo que Lula não faz".

A promessa de Collor de retirar o aval da União à dívida externa e deixar que cada credor do setor público se acerte com seu banco credor não é levada muito a sério. "Muitos bancos só colocaram o dinheiro em certos empréstimos porque eles tinham a garantia federal", lembra uma fonte. "Do ponto de vista legal ou moral a ideia não se sustenta."

No fundo, muitos torcem para que Collor, mesmo sem ter definido muito claramente o que quer, acabe se tornando um segundo Menem – o presidente argentino que, depois da posse, colocou em prática uma política neoliberal ausente de seus discursos de campanha. E as chances de Lula revelar uma faceta socialdemocrata moderada? "Muito difícil", diz um banqueiro.

A mais longo prazo, as incertezas políticas brasileiras podem, na opinião de alguns banqueiros, afastar ainda mais o país do centro das atenções dos investidores internacionais. A recente democratização dos países do Leste Europeu abriu o que muitos preveem que seja um novo e produtivo campo para investimentos.

Muitos dos países do Leste têm uma base econômica forte – a Alemanha Oriental é a décima economia do mundo, lembra um banqueiro; todos eles têm grau de educação alto, muitos dispõem de mão-de-obra qualificada e, em todos eles, ela é extremamente barata se comparada à dos países ocidentais ricos. Além disso, existem laços culturais, históricos e geopolíticos que empurram especialmente os países da Europa Ocidental em direção preferencial aos países do Leste Europeu.

A perspectiva de uma liberalização política e econômica, e de uma ajuda econômica provavelmente substancial a esses países, torna a perspectiva de investimentos muito interessante. Persistem alguns obstáculos sérios, como lembra uma fonte: a não-conversibilidade das moedas, a falta de dados econômicos confiáveis (ou de dados econômicos de qualquer espécie, em alguns casos) e a torturante burocracia.

De todo modo, enquanto a perspectiva futura para esses países parece atraente, no caso de muitos países latino-americanos, ao contrário, existe uma incerteza crescente, argumentam alguns banqueiros. A eleição brasileira, nesse sentido, é uma definição muito importante.

Gazeta Mercantil, 21/11/1989.

A lição que ficou das duas moratórias

O ex-presidente José Sarney disse a um amigo que, na sua recente conversa com o presidente Fernando Collor, lhe ofereceu um conselho. "O maior equívoco que eu cometi no meu governo foi ter feito a moratória", ensinou Sarney, um ex-entusiasta da moratória, por motivos políticos menores, meses antes que seu ministro, Dílson Funaro, estivesse convencido de suas virtudes. Sarney referia-se à sua primeira moratória, de fevereiro de 1987, mas a lição completa só pode ser aprendida se for considerada também sua segunda moratória, a de julho de 1989.

A primeira foi voluntária, feita por um ministro "heterodoxo", que vinha desafiando, desde o início, as regras do jogo fixadas pelos credores para a dívida externa. A segunda foi inevitável, feita por um ministro "ortodoxo", que assinou um acordo tradicional com os banqueiros meses depois de subir ao poder e que sempre manteve uma atitude "cooperativa" em relação aos credores internacionais. Uma foi feita com orgulho, a outra com pesar.

O calote de Funaro pretendia ter sido o ponto de partida para um novo plano de ajuste interno. Tão logo foi anunciado, Sarney percebeu que seus dividendos políticos foram magros. Funaro foi abandonado e o ajuste interno nunca foi feito. O calote do ex-ministro Maílson da Nóbrega seguiu o fracasso do seu plano de ajuste e o esvaziamento do caixa externo.

Nos dois casos, certamente o Brasil sofreu perdas de recursos e investimentos externos, mas é preciso cuidado ao tecer as relações casuais. A atitude cooperativa de Maílson ajudou a fechar rapidamente um acordo com o FMI e outro com os bancos, mas não a rechear os cofres do país: ambos só desembolsaram uma primeira parcela minguada de dinheiro, o crédito oficial jamais apareceu, nem os investidores, enquanto o Brasil continuou a pagar em dia os juros aos bancos. Meio ano depois, Maílson foi obrigado a fazer sua moratória.

A verdadeira moral da história é mais complicada do que simplesmente sugerir que o confronto com os credores é a fonte de todos os males e que a cooperação é a origem de todas as virtudes salvadoras, como alguns voltaram a argumentar depois da mudança do comando econômico do governo Collor. Nem a moratória foi suficiente pra resolver o *imbroglio* econômico interno, nem o acordo de Maílson, por si só, deu estabilidade para a economia. Faltou, nos dois casos, um efetivo ajuste econômico interno, sem o qual nem a economia se estabiliza, nem os recursos externos voltam. Haja confronto ou haja cooperação.

Gazeta Mercantil, 4/4/1991.

Até quando sobrará dinheiro no mundo?

No último ano e meio [de fins de 1990 a março de 1992], todos sabem, jorrou dinheiro internacional para a América Latina, incluindo o Brasil, com uma liberalidade só comparável à do final dos anos 70. Trata-se, contudo, todos também sabem, de um dinheiro potencialmente volátil, resultado de circunstâncias especiais.

Duas delas são cruciais e estão interligadas: a recessão internacional e as baixíssimas taxas de juro norte-americanas (baixas porque o governo quer, com elas, estimular o crescimento). A uma brusca redução da demanda por recursos nos países ricos somou-se uma brusca queda na remuneração dos investimentos financeiros nos Estados Unidos. Nesse quadro, a recuperação econômica de vários países latino-americanos e o *boom* de seus mercados acionários transformaram a região numa atraente opção.

Até quando, contudo, as condições internacionais favoráveis persistirão? Do ponto de vista da velocidade da recuperação da economia mundial, não há nenhum indício firme de mudança de rota.

A despeito do forte corte nas taxas de juro, a economia norte-americana continua patinando. Na Alemanha, o novo recrudescimento da inflação em janeiro [de 1992] (4,4% ao ano), combinado com alguma retomada no crescimento, afasta a hipótese de uma guinada imediata na política de juros altos e retração econômica, que, por sua vez, tem arrastado os outros países europeus. O Japão continua declinando (menos 0,8% em janeiro sobre dezembro).

Alguns, capitaneados pelo FMI, têm previsto, mesmo assim, uma situação de "escassez" de poupança internacional, em razão das demandas adicionais do Leste europeu, América Latina, Oriente Médio e Alemanha, o que tenderia a pressionar os juros reais. Uma análise feita pelo banco American Express, divulgada neste mês [março de 1992], coloca em dúvida essa ideia.

O banco calcula para 1992/93 uma demanda extra de capital mundial e US$ 140 bilhões, comparada a 1988/89, resultado da mudança da situação fiscal na Alemanha (US$ 80 bilhões), no Leste (US$ 20 bilhões) e na América Latina (US$ 20 bilhões). A essa demanda extra, contudo, contrapõe uma redução de US$ 130 bilhões na demanda dos setores de construção dos Estados Unidos (US$ 70 bilhões). O resultado líquido é uma demanda adicional de apenas US$ 10 bilhões, insuficiente para gerar um efeito mais dramático sobre as taxas de juro.

Se o Amex tem razão, portanto, não há muito o que temer no curto prazo.

Gazeta Mercantil, 17/3/1992.

O risco-Brasil

O Brasil fica mais vulnerável

O colapso sucessivo das moedas da República Tcheca, Tailândia, Filipinas e Indonésia deixou o Brasil numa posição desconfortável em relação às suas contas externas. Só dois países em desenvolvimento com déficits em conta corrente[37] superiores aos do Brasil neste ano ainda não sucumbiram: Malásia e Peru.

Todos os outros, entre 29 países em desenvolvimento listados pelo banco americano JP Morgan, deverão ter neste ano déficits externos inferiores ao déficit de 4,5% do PIB previsto para o Brasil.

No último ano e meio, a equipe econômica brasileira insistiu que, como tantos países emergentes, a começar pelos tigres asiáticos, sustentaram por muitos anos déficits superiores a 4% do PIB sem problemas, essa era a prova de que não havia risco para o Brasil. O argumento, hoje, virou de cabeça para baixo: o fato de tantos países com altos déficits, inclusive os tigres asiáticos, terem sido obrigados a mudar sua política cambial é um alerta para o Brasil.

37 A conta corrente das relações com o exterior compreende a balança comercial e a de serviços (juros, lucros e dividendos, turismo, fretes etc.).

A crise da sexta-feira, que envolveu Filipinas e Indonésia, pouco depois da desvalorização da moeda tailandesa, finalmente despertou o mercado brasileiro para o óbvio, fazendo a bolsa cair e os mercados futuros subirem. "Não vemos mudanças abruptas no Brasil, mas aumentou a vulnerabilidade dos países com déficits em conta corrente elevados", define Marcelo Carvalho, economista do Morgan no Brasil.

Os dois trunfos de que o Brasil dispõe, a seu ver, são o volume de investimentos diretos e o número de empresas importantes privatizáveis. As reservas de US$ 60 bilhões ajudam, mas não são mágicas. Nas contas do Morgan, a dívida de curto prazo mais as amortizações no ano equivalem a 1,2 vez o total das reservas. Quer dizer, num cenário adverso, elas podem virar pó.

O mercado internacional continua com dinheiro sobrando e taxas de juros baixas nos Estados Unidos e Japão, o que tem ajudado a diluir o impacto da crise monetária asiática. Se a situação mudar, o quadro se complicará. "O mercado continua a dar dinheiro ao Brasil, na expectativa de que outros continuarão dando dinheiro no futuro, da mesma forma que ao México antes de 94", observa o diretor de um banco americano em Nova York.

Isso não quer dizer que será inevitável um ataque especulativo contra a moeda brasileira. O risco, contudo, aumentou. O que o Brasil tem em comum com outros países que sofreram colapsos é uma moeda claramente sobrevalorizada e déficits externos altos e crescentes. Em vários aspectos, Tailândia, Filipinas e Indonésia tinham, antes da crise, indicadores bem melhores que os do Brasil: equilíbrio fiscal, taxas muito elevadas de crescimento e exportações expressivas.

Embora a dívida externa brasileira em relação ao PIB seja menor do que a desses países, dois indicadores da capacidade de pagamento são muito piores: as relações dívida externa/exportações e serviço da dívida/exportações. Nos dois casos, os indicadores brasileiros são de duas a três vezes piores do que os dos três países asiáticos.

Tailândia e Filipinas foram obrigados a deixar suas moedas flutuarem livremente, a exemplo do México e da República Tcheca.

No caso da Indonésia, a decisão foi de ampliar a banda de flutuação do câmbio de 8% para 12%, um parente próximo da livre flutuação.

A Tailândia e a República Tcheca tinham déficits externos altíssimos, comparáveis aos do México em 94, perto de 8% do PIB. Nas Filipinas, contudo, o déficit foi de 3,5% do PIB no ano passado, e na Indonésia, de 3,3% – em ambos os casos, inferiores ao do Brasil neste ano.

Câmbios fixos ou atrelados a um indicador, como é o caso do Brasil, costumam ser defendidos pelos bancos centrais com o uso das reservas e pelo aumento dos juros. Quando os mercados se convencem de que a situação da moeda é insustentável, passam a vendê-las pesadamente nos mercados futuros. Como nessas operações só se desembolsa uma fração do total das posições, a capacidade de alavancagem na aposta contra a moeda local é enorme. Proibições formais contra essas operações são inúteis, como mostrou o caso da Tailândia.

No final das contas, o banco central acaba perdendo bilhões de dólares, que se transformam em lucro para os especuladores quando a moeda sucumbe. Calcula-se que o mercado mundial de câmbio gira US$ 1,4 trilhão por dia. Um valor capaz de engolir qualquer banco central no mundo.

Folha de S.Paulo, "Brasil", 13/7/1997

O calote é inevitável?

A ideia de que a dívida do governo é alta demais e não escapará de alguma "reestruturação", como quer Ciro Gomes, ou calote, como dizem outros economistas da oposição, voltou à mesa de discussão. Qual o risco disso acontecer?

Para saber a resposta, é preciso saber o que vai acontecer com o estoque. Hoje, o estoque da dívida líquida do governo está em torno de 50% do PIB.

Não é muito, comparado a alguns países desenvolvidos, como Bélgica e Itália, mas é alto demais para um país como o Brasil, com um passado de calotes, abertos ou disfarçados, e que paga juros altos demais. A única forma de evitar que haja suspeitas sobre um calote futuro é convencer os agentes de que a relação dívida líquida/PIB vai cair e se estabilizar.

O acordo com o FMI prevê que, até o final de 2001, essa relação esteja em 46,5% do PIB. Se isso acontecer, e os juros estiverem num nível razoável, será possível manter estabilizado o estoque da dívida sem precisar de um esforço fiscal tão grande quanto o atual.

O problema é saber se isso é factível. O Banco Central acha que sim, até com uma certa folga. O diretor de Política Monetária, Luiz Fernando Figueiredo, menciona dois cenários: um que classifica como razoável (ou realista), outro como pessimista.

No cenário razoável, o BC supõe, para os próximos dois anos, uma taxa de câmbio de R$ 1,80 a R$ 1,90, um crescimento de 4% ao ano, o cumprimento da meta de inflação de 6% e 4% e um juro real médio de 8% ao ano (pode ser maior em 2000 se for menor em 2001). Ele acha realista um juro real desse tamanho e cita o exemplo do México, onde os juros reais básicos, hoje, são de 2%.

Nesse cenário, se o Brasil cumprir estritamente as metas de superávit primário acertadas com o FMI (3,1% do PIB este ano, 3,2% em 2000 e 3,3% em 2001), a dívida líquida cairia muito. De 50% do PIB no final deste ano, ela chegaria a 41,9% no final de 2001. Se o superávit primário fosse de apenas 2,5% em cada um dos próximos dois anos, a dívida líquida fecharia em 43,7% em 2001. Nos dois casos, ela ficaria abaixo da meta do FMI, de 46,5% do PIB em 2001.

No cenário pessimista, ele supõe um câmbio a R$ 2,00 no final deste ano e R$ 2,20 na média dos próximos dois anos, um juro real de 12% ao ano, um crescimento de 2,5% e inflação de 6% e 4%. A inflação é pessimista, porque inflação mais alta ajuda a meta fiscal, por corroer despesa e aumentar, nominalmente, várias receitas.

Nesse cenário ruim, se o Brasil cumprisse as metas de superávit primário do FMI, a relação dívida líquida/PIB passaria de 53% este ano para 51,4% em 2001. Se o Brasil só fizesse 2,5% do PIB de superávit primário no próximo biênio, a dívida fecharia 2001 em 53,2% do PIB.

Sua conclusão é que, mesmo num cenário pessimista, a trajetória da dívida líquida não seria, necessariamente, explosiva. Num cenário mais otimista, o governo poderia reduzir a dívida ainda mais do que previsto, ou aliviar um pouco o esforço fiscal.

É claro que essas contas são hipersensíveis às hipóteses, e o tamanho dos juros reais é crucial. Ele argumenta que o juro real já está em 11% e, nos parâmetros da nova política cambial, não há por que não reduzi-lo mais. No ano passado, o juro real médio foi de 26,5%. Só a aceleração do reajuste cambial exigia mais de 6% nos juros. Com o câmbio flutuante, acabou-se o adicional e abriu-se espaço para quedas significativas.

CÂMBIO LIVRE

Existem duas leituras para a decisão do BC de permitir que empresas de petróleo, gás e energia elétrica tenham contas em dólares no país. Uma é que seria um passo no sentido da liberalização da conta de capitais, meta do BC.

Figueiredo diz que o objetivo, a longo prazo, é liberalização mesmo, com conversibilidade.[38] Outra medida recente de flexibilização cambial permitiu aumentar de 30 para 60 dias a antecipação ou postecipação de envio de dólares.

A outra leitura é de curto prazo. Existem "vários bilhões de dólares" em projetos nessas áreas a serem realizados, sendo alguns bilhões em prazo curto. Permitir conta em dólares dá mais flexibilidade às empresas para protegerem (fazerem "hedge") seu capital. Não é muito diferente de elas comprarem títulos cambiais, argumenta Figueiredo, pois nos dois casos o dinheiro está no Brasil e, portanto, embute um risco de país.

Essas empresas estão acostumadas a ter esse tipo de flexibilidade onde investem. Como a conta em dólares é um "hedge", aliviará a pressão eventual por "hedge" desses investimentos. A curto prazo, Figueiredo prevê que esses investimentos gerem apenas entrada de dólares, e significativas, aliviando o fluxo. As remessas viriam a médio e longo prazo.

Folha de S. Paulo, 12/9/1999

38 Livre troca de moeda nacional por estrangeira.

A pior crise é a que ainda virá

Desde a crise do México, em 1994, crises parecidas atingiram Tailândia, Coreia, Indonésia, Filipinas, Rússia, Brasil, Turquia e, agora, Argentina. Foram crises, em alguns casos, devastadoras para os países envolvidos, mas rápidas. Os mercados para países emergentes se refizeram meses depois de cada crise e alguns desses países voltaram a crescer já no ano seguinte.

Qual a causa comum a essas crises? E, o que explica recuperações tão rápidas, quando se lembra que a crise da dívida dos anos 80 resultou na "década perdida"?

A resposta mais conservadora à primeira pergunta culpa a má gestão econômica. Irrealismo cambial, falta de disciplina fiscal, excesso de intervenção estatal, falta de regulação bancária e até corrupção demais. Para a esquerda, a culpa recai na especulação financeira, no impacto da globalização e na liberalização do fluxo de capitais. A resposta otimista para a segunda pergunta tem sido argumentar que o mundo está mais preparado para lidar com crises.

Michael Pettis discorda. Oferece respostas alternativas, originais e instigantes, num livro – *The Volatility Machine* (*A Máquina de*

Volatilidade) – que a Oxford University Press está lançando nos Estados Unidos. Ele argumenta que a principal causa em comum para as crises é o desbalanceamento da estrutura de capital dos países, do seu "balanço": ativos e passivos não estão equilibrados e tendem a gerar volatilidade explosiva quando algum fator, normalmente externo, detona uma crise.

Sua explicação para a rapidez das crises dos anos 90 é perturbadora. Ele identificou, nos últimos 180 anos, sete ciclos de expansão de liquidez internacional, desde 1820, seguidos por sete ciclos de contração de liquidez. Todos eles guardam uma incômoda semelhança. Quando sobra dinheiro no mundo, investe-se muito nos países emergentes, eles crescem, se endividam e são ajudados por elevações nos preços das matérias-primas que exportam. Quando vem a contração, o dinheiro some, os preços das *commodities* despencam, há recessão, moratórias e períodos longos de recuperação dos mercados.

Dois exemplos do século 20 são as longas crises de contração pós 1929-30 e nos anos 80. Seu argumento é que, desde 1991, o mundo entrou num longo ciclo de farta liquidez, que ainda não terminou. Todas as crises que se viu, do México à Argentina, foram crises "menores", dentro desse ciclo longo de liquidez, o que explica a rapidez da recuperação. No entanto, alerta, se a história é boa conselheira, um novo ciclo de contração de liquidez virá, talvez em três ou quatro anos, e seus efeitos poderão ser tão devastadores quanto em crises anteriores, a menos que os países e os investidores prestem mais atenção no gerenciamento da estrutura de capital.

Pettis é um observador privilegiado do tema. É professor-adjunto da Universidade de Columbia, com larga experiência em finanças corporativas. Ao contrário de muitos economistas, conhece e usa a história econômica como guia. Ao mesmo tempo, passou os últimos 14 anos no mercado financeiro, quase sempre na área de países emergentes (é diretor da Bear Stearns, em Nova York). Escreve para vários lugares. No Brasil, é colunista do *Valor*.

Os 180 anos de história mostram que existe muito pouca relação entre os méritos da política econômica e a entrada de capital externo. E nenhuma relação entre países com políticas liberais e menor vulnerabilidade a crises. No final do século 19, Chile e Colômbia praticavam políticas muito mais liberais do que os Estados Unidos. Receberam recursos externos em abundância, mas inúmeros outros países não liberais também receberam. E faliram junto com todos, quando o ciclo mudou. Pettis lembra que nenhum país capitalista de sucesso, do Reino Unido aos Estados Unidos, Alemanha e Japão, deixou de ser protecionista e intervencionista na sua consolidação.

Modismos de política econômica à parte, o que empurra os investidores é a abundância de liquidez, gerada por diferentes fatores. Ele vê por trás do ciclo dos anos 90: 1) a mudança no mercado hipotecário norte-americano, que permitiu aos investidores desmobilizar dinheiro em imóveis e colocar em títulos e ações; 2) a gigantesca reciclagem dos saldos comerciais japoneses (e dos outros asiáticos, pós-crise de 1997); e 3) a enorme fuga de capitais da Rússia.

O "balanço" dos países é instável porque, ao contrário do que acontece nas empresas, não se procura gerenciar e cobrir o risco futuro. Por exemplo: se o fluxo de dólares é bom, os países tendem a captar em dólares e em prazos curtos, na expectativa de que os juros baixem ainda mais. Se se endividassem em moeda local, com juros fixos (ainda que mais altos), haveria uma proteção: se houvesse crise, a inflação subiria e o custo real da dívida cairia, compensando perdas com uma desvalorização cambial.

O que tende a acontecer é o oposto. Quando o país começa a ficar sob pressão, como o México em 1994 e o Brasil em 1997 e 1998, o Banco Central tende a "dobrar a aposta", se endividando em dólares, ou em ativos ligados ao dólar. A esperança é de que o mercado, ao ver que o BC está elevando para si o custo de uma desvalorização, acredite que ela não virá. O que acontece é que a desvalorização vem, a volatilidade se multiplica e amplia o impacto da crise.

É possível aos países montar várias estruturas de endividamento que procurem cobrir riscos. Por exemplo, emitindo títulos com remuneração ligada ao preço de matérias-primas, ou com remuneração que varia de forma inversa aos juros internacionais. Pettis discute amplamente modelos de gestão do "balanço" dos países. Seu ponto é que nenhum país consegue escapar de uma crise de contração de liquidez, mas pode minimizar os custos.

A propósito: ele acha muito provável um colapso externo argentino. A dívida externa é alta demais e só se estabilizaria se a economia conseguisse crescer de 6% a 9% ao ano, sempre.

Valor Econômico e *Folha de S.Paulo*, 5/4/2001.

FMI endossa déficit menor no Brasil

O FMI deu um estímulo para que o Banco Central passe a medir o déficit público sem considerar o impacto do câmbio sobre toda a dívida, como faz hoje. A diferença entre os dois critérios é enorme. Com o câmbio, o déficit nominal em doze meses era de 5,34% do PIB em junho [de 2001]. Sem o impacto do câmbio, era de 2,79%.

Parece um truque para maquiar o tamanho do déficit, mas não é. Na verdade, só o Brasil aplica a variação cambial sobre toda a dívida na apuração do fluxo do déficit. O déficit comparável ao dos outros países, portanto, é 2,79% e não 5,34%.

Helen Clark, que visitou o Brasil esta semana e esteve ontem [19 de setembro de 2001] num almoço na Fundação Getúlio Vargas, em São Paulo, explica que as metas inflacionárias foram muito discutidas, politicamente, mas ninguém quer voltar ao passado. No governo trabalhista anterior, em 1984, diz ela, o déficit público chegou a 8% do PIB, e 60% da renda agrícola vinha de subsídios. Esse tipo de descontrole tornou-se inaceitável.

De outro lado, o sistema de metas inflacionárias tornou-se um pouco mais flexível. De 1990 a 1992, o teto da meta inflacionária foi caindo, de 5% para 3,5%. De 1993 a 1996, a meta ia de zero a 2%. O rigor excessivo levou a juros altos, valorizou a moeda, prejudicou as exportações e afetou a economia, lembra Clark. Desde 1997, a meta passou a ser de zero a 3%, por tempo indeterminado, e, desde 1998, o BC aceitou com mais flexibilidade a desvalorização da moeda. A economia voltou a crescer e a inflação está sob controle. Clark nem sonha em mexer no sistema.

Essa foi sua primeira visita ao Brasil, mas ela conhece bem outros países da região (México, Chile, Argentina, Peru e Nicarágua), é fã da literatura latino-americana e arranha algum espanhol.

O aval para usar o novo critério está num relatório do FMI sobre as contas fiscais brasileiras, concluído sexta-feira e ainda não divulgado. Trata-se de um Relatório sobre o Cumprimento de Códigos e Padrões, ou Rosc, na sigla em inglês. É uma prática recente do fundo, dentro do princípio de ampliar a supervisão sobre as economias dos países-membros, decidida depois da crise da Ásia, em 1997. O objetivo é fazer uma radiografia de como os países acompanham onze diferentes áreas da economia e se seguem códigos e padrões internacionalmente aceitos.

Os mais importantes são os Roscs sobre as políticas fiscais e monetárias. Uma missão do FMI, chefiada pela diretora do Departamento Fiscal, Teresa Ter-Minassian, que durante muitos anos chefiou missões negociadoras no Brasil, esteve no Brasil nas últimas duas semanas. O relatório será discutido com o Brasil e, segundo Guilherme Dias, secretário do Ministério do Planejamento, Orçamento e Gestão, deve ser divulgado em 30 dias. As avaliações são, em geral, positivas.

A questão do critério a ser usado para o déficit nominal não é apenas uma tecnicalidade. Medido com o impacto cambial, o déficit vem crescendo desde julho de 2000, chegou a 6,21% do PIB em julho deste ano e os bancos projetam que chegue a 7% do PIB até dezembro. É um déficit muito alto para qualquer país do mundo e passa a clara impressão de que os gastos públicos estão fora de controle.

Já excluindo o impacto cambial, como fazem os outros países, o déficit nominal vem caindo praticamente sem parar desde abril de 1999. Os 2,79% do PIB de junho seriam suficientes, por exemplo, para qualificar o Brasil dentro das rígidas exigências do Tratado de Maastricht[39] na Europa (que limita o déficit anual a 3% do PIB). Mais: apesar de a taxa de juros ter voltado a subir, e muito, desde fevereiro, o déficit continuou a cair (era de 3,36% do PIB em fevereiro).

A razão é simples. Embora os juros tenham subido e, com eles, as despesas financeiras, também subiu, neste ano [2001], o superávit primário (receitas menos despesas, exceto juros). O desempenho fiscal melhorou, medido dessa forma. Mas piorou, e muito, se medido com o impacto cambial.

Ilan Goldfajn, diretor do BC, diz que não faz sentido incluir a variação cambial sobre toda a dívida no fluxo (que é o déficit anual), porque, de fato, não há desembolsos equivalentes. Uma forte desvalorização faz o déficit nominal dar um salto, enquanto uma valorização do real pode gerar um enorme superávit nominal, sem que nenhum dos dois casos reflita o impacto fiscal real sobre a economia. Já sobre o estoque da dívida, o impacto do câmbio sempre foi e continuará a ser computado. A dívida líquida chegou a 52,5% do PIB em julho.

Outra mudança que o BC fará é passar a publicar a série do déficit nominal com e sem incluir o resultado do BC. Os países, em geral, excluem o BC do déficit. O relatório do FMI elogia o fato de que a inclusão do BC no déficit "garante que uma atuação quase fiscal remanescente se reflita nas contas". Mas observa que a inclusão do BC pode se tornar cada vez menos relevante à medida que se fortaleça a independência do BC. Não chega a ser uma recomendação para excluir o BC das contas do déficit, mas encoraja a divulgação das duas séries, com e sem o BC. No primeiro semestre, o BC teve um prejuízo de R$ 4 bilhões, que engordou o déficit nominal.

No Brasil, discute-se mais o conceito de déficit primário, até porque ele é o critério de desempenho no acordo com o FMI. No entanto, entre bancos e investidores internacionais, o déficit

39 Tratado que lançou uma moeda comum na União Europeia, o euro.

nominal é um indicador crucial. O J P Morgan, por exemplo, usa o tamanho do déficit nominal como um dos critérios para medir o risco dos países. O Brasil, com déficit estimado em 7%, tem a pior nota possível nesse quesito.

Uma recomendação do relatório do FMI, segundo Dias, é que o BC passe a divulgar também o detalhamento das fontes de financiamento do déficit (dívida externa, interna, via títulos ou bancos etc.). É uma informação importante para avaliar o risco fiscal e o BC já estava se preparando para incluí-la.

Na radiografia do setor fiscal, o FMI elogia vários avanços. Menciona que o país é uma federação, mas que minimizou o fator de risco dos estados e municípios com mecanismos como a Lei de Responsabilidade Fiscal[40] e os termos da renegociação das dívidas com o governo federal. Registra que o orçamento tornou-se cada vez mais realista e é usado, de fato, como instrumento de política fiscal. Elogia, ainda, a disseminação eletrônica de dados fiscais.

Os Roscs do FMI são importantes como referência para investidores, na medida em que sejam divulgados pelos países. Até abril deste ano, foram feitos 110 relatórios, em 43 países, dos quais 76, referentes a 31 países, estão disponíveis no *site* do fundo (www.imf.org). Não há nenhum Rosc do Brasil, mas a intenção é divulgar o fiscal.

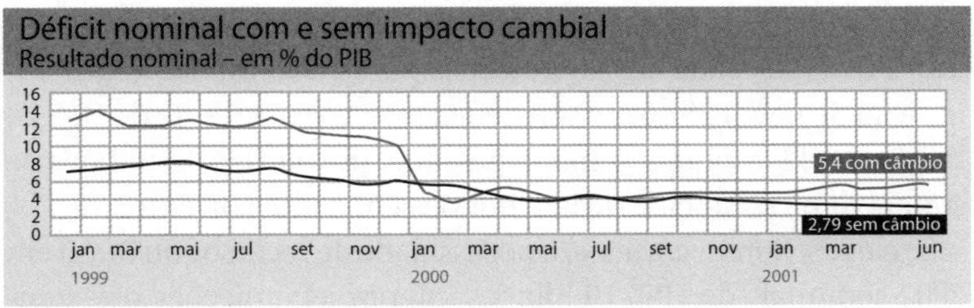

Fonte: Banco Central

Valor Econômico e *Folha de S.Paulo*, 20/9/2001.

40 Estabelece normas em finanças públicas voltadas para a responsabilidade na gestão fiscal, procurando assim o equilíbrio nas contas públicas.

O ajuste brasileiro e o "efeito tango"

O fantasma da crise Argentina, que andou escondido depois do atentado em Nova York,[45] voltou a assombrar os mercados. Ao mesmo tempo, cada vez mais bancos apostam numa virada profunda nas contas externas brasileiras em 2002.

Enquanto o Ministério do Desenvolvimento fala em superávit comercial de US$ 5 bilhões no próximo ano [2002] e o Banco Central em déficit em conta corrente de US$ 24 bilhões, alguns bancos vão muito mais longe. O ABN Amro divulga hoje [4 de outubro de 2001] suas novas projeções para 2002: um superávit comercial de US$ 9 bilhões e um déficit em conta corrente de US$ 18 bilhões. O J P Morgan, semana passada, previu US$ 10 bilhões de superávit na balança e US$ 20 bilhões em conta corrente.

Se eles estiverem corretos, a necessidade de recursos do Brasil em 2002 será mais de US$ 10 bilhões inferior às projeções pré-atentado.[41] O que deteriorou o risco brasileiro pós-atentado e fez o câmbio disparar foi a percepção de que os investidores internacionais ficarão mais avessos ao risco em países emergentes. Quem mais

41 Referência ao 11 de setembro de 2001.

dependia de financiamento, mais sofreria. O Brasil é campeão mundial, em valores absolutos, de necessidades externas de recursos.

Se a reação das contas externas for mais forte e rápida do que se imaginava (ainda que pelo lado pior, o do corte nas importações pela recessão), será que a percepção de risco também vai melhorar? E, se isso ocorrer, será suficiente para compensar um novo agravamento do risco-Argentina?

Primeiro, é bom entender o que se passou na Argentina. Desde o anúncio do acordo com o FMI, em agosto, os depósitos na Argentina subiram US$ 2 bilhões. É verdade que só em dólares, não em pesos. Mas era a corrida para sacar depósitos que ameaçava um colapso que tantos previram para agosto. A confiança interna melhorou e o atentado não reverteu.

Depois do acordo, as reservas passaram a cobrir 120% das exigências do regime de convertibilidade. As reservas e outras fontes de liquidez, nos cálculos do Morgan, cobrem 110% dos passivos de curto prazo. Para 2002, o país precisa US$ 19,8 bilhões, mas entre dinheiro já garantido, ou quase certo, são US$ 15,3 bilhões. Sobram US$ 4,5 bilhões para buscar no mercado, a partir do terceiro trimestre, o que não é dramático.

A Argentina deve perder US$ 28 bilhões de capitais privados (9,8% do PIB) este ano, só parcialmente compensado pelo ingresso de US$ 10,7 bilhões (3,8% do PIB) de fontes oficiais, como o FMI. Mas o grosso das perdas já tinha ocorrido antes do atentado. A piora da liquidez não faz tanta diferença.

Se não há um "gatilho de liquidez", como diz Tomás Brisola, do banco BBM, que esteja prestes a levar a Argentina à moratória, então por que seu risco subiu para 1.700 pontos e voltou o medo de um colapso? Duas razões. A queda de 14% na arrecadação de setembro coloca em risco o déficit público zero – e, sem ele, não há dinheiro do FMI que garanta a liquidez. Além disso, os atrasos nos repasses às províncias complica o cenário político e a viabilidade do déficit zero.

Arturo Porzecanski, economista-chefe para países emergentes do ABN Amro em Nova York, acha inevitável que a Argentina tome novas medidas fiscais depois das eleições de 14 de outubro. Ele imagina o não-pagamento do 13º e cortes adicionais de salários do funcionalismo. O agravamento da recessão e as dúvidas políticas ressuscitaram previsões, no mercado, de que a Argentina possa ser forçada ao calote até o final do ano. O tamanho do risco-Argentina reflete este temor.

E, se isso ocorrer, o Brasil pode se safar melhor? Arturo é pessimista. Ele acha que a melhora nas contas externas pode minimizar o pessimismo que fez com que todo mundo passasse a apostar no dólar contra o real. Algo que, diz ele, a política de "negligência benigna" do BC, no início do ano, fez com que fugisse do controle.

Mas um colapso argentino, a seu ver, teria um impacto muito negativo junto aos investidores, que não poupariam o Brasil. Até porque as incertezas da eleição presidencial continuarão. A dúvida dos investidores é sobre se a dívida pública sairá de controle e se o próximo presidente estará disposto a continuar gerando superávits primários para mantê-la sob controle.

Nesse sentido, um ajuste mais forte nas contas externas ajuda. Tira pressão sobre o câmbio, cuja desvalorização afeta muito o estoque da dívida. Abre algum espaço para crescimento sem crise externa. E, se resultar em apreciação do real, mais à frente, permitirá uma queda mais agressiva do juro real. Mesmo assim, as dúvidas só desaparecerão se ficar claro que o próximo presidente não quer um calote e fará um esforço fiscal para evitá-lo.

Valor Econômico e *Folha de S.Paulo,* 4/10/2001.

Brasil quer solução flexível para crises

A forte defesa feita por Anne Krueger, a "número dois" do FMI, da criação de um "regime de concordata" para países emergentes em crise, reforça a posição da linha-dura, numa discussão que vem desde a crise da Ásia, em 1997. Estados Unidos, Reino Unido, Canadá e Alemanha lideram o bloco dos que querem a fixação de regras rígidas, que joguem o risco de investir em emergentes nas mãos do setor privado.

O Brasil tem sido um dos líderes na defesa da tese oposta, a de que a melhor solução para crises em países emergentes é discutir caso a caso, tendo o setor oficial (FMI, BIS, G-7 etc.) claramente um papel de catalisador e, quando for o caso, de financiador de parte da solução.

É essa a tese central de um *paper* que o presidente do Banco Central, Armínio Fraga, e o diretor de Assuntos Externos, Daniel Gleizer, acabaram de finalizar ("Constrained Discretion and Collective Action Problems: Reflections on the Resolution of International Financial Crises") e que deverá estar no *site* do BC nos próximos dias [fim de novembro e início de dezembro de 2001].

Ele será discutido por Armínio numa reunião, na próxima semana, do G-30, o mais respeitado grupo internacional de discussão sobre o sistema financeiro internacional.

Na reunião do G-30, o *paper* do BC brasileiro estará na ponta oposta de um *paper* feito pelos bancos centrais do Canadá e do Reino Unido ("The Resolution of International Financial Crises: Private Finance and Public Funds", de Andy Haldane e Mark Kruger, disponível no *site* www.bankofengland.co.uk). Eles defendem limites rígidos para ajuda do FMI e regras claras para negociação ou suspensão de pagamento ao setor privado, na mesma linha de Krueger.

A adesão de Krueger e o apoio de quatro entre os sete países do G-7 à tese da concordata parece indicar que a briga já tem vencedor. Na prática, contudo, a ideia envolve problemas complicadíssimos. Países soberanos teriam que aceitar ceder decisões legais a uma corte externa e ao fundo. Como aplicar essas decisões a títulos que já têm uma jurisdição clara?

A ideia pode levar bem mais do que os dois a três anos previstos por Krueger para sair do papel. Enquanto isso, o mundo continuará enfrentando dilemas gerados pela sucessão de crises desde 1997. Os dois *papers* argumentam que houve progressos na discussão dos mecanismos de prevenção de novas crises (melhores regulamentos, transparência, administração de dívida etc.), mas avançou-se muito menos nas soluções.

As diferenças de opinião acabaram se cristalizando no papel que caberia ao setor privado. A tese por trás é que, se há a percepção de que qualquer crise em emergentes terá um pacote de resgate bancado pelos governos (com o FMI), haverá um "risco moral". Os países tenderão a se preocupar menos com o ajuste de suas políticas e os investidores tenderão a minimizar o risco.

Gleizer acha que há um exagero. Países que passam por crises têm custos econômicos, políticos e sociais altos demais para se falar em "risco moral". Mesmo os investidores enfrentam prejuízos altos. A Rússia era considerada imune a quebras, por ser potência nuclear. Apesar de toda ajuda, quebrou e gerou enormes prejuízos. Algum "risco moral" existe, mas ele não é a causa única ou maior das crises.

É preciso ver as razões por trás das crises e elas são muito diferentes nos seis casos analisados no *paper* (Brasil, Equador, Coreia, Paquistão, Rússia e Ucrânia). O interesse dos diversos credores (curto e longo prazos, em títulos ou empréstimos, oficiais e privados) é variado, o que torna complicado criar regras únicas e rígidas.

O setor oficial (FMI e países ricos) tem um papel importante como catalisador, e é fundamental que, rapidamente, defina sua participação. Mesmo que seja apenas para deixar claro que não haverá dinheiro oficial para ajudar. É crucial estruturar o diálogo entre devedor e credores. Gleizer deixa claro que não se descarta a hipótese de suspensão negociada do pagamento (como na concordata), ou uma ampla reestruturação da dívida, equivalente a uma moratória. Só que essa não deveria ser uma regra rígida.

Os países têm a responsabilidade de adotar políticas econômicas adequadas, mas às vezes fatores exógenos têm um peso enorme. Um ponto crucial é haver coordenação entre os credores e com eles. Mesmo que haja disposição a colaborar, os credores privados temem que um grupo fique de fora e se aproveite disso.

O exemplo do Brasil depois da desvalorização ilustra o ponto. O país tinha melhorado os fundamentos econômicos, mas enfrentava um período de transição em que havia desconfiança externa. O BC organizou a manutenção das linhas de curto prazo com os próprios bancos e transferiu a bancos líderes regionais o levantamento da posição de cada um. Ao poder acompanhar o comportamento geral e saber das razões para alguma variação numa posição individual, criou-se confiança entre os bancos para aceitar manter as linhas e a liquidez do país. Certamente, nesse caso, uma suspensão de pagamentos, a centralização cambial ou a moratória teriam sido opções muito mais custosas.

O *paper* defende que as respostas sejam rápidas, transparentes para os credores, que levem em consideração ações que credores podem tomar fora de um acordo geral, que admitam tratamento diferenciado para créditos essenciais (como os comerciais), mas que não haja privilégios entre os credores. Em suma, diz Gleizer, o que se está propondo é agir com bom senso e dentro de certos critérios, mas sem regras imutáveis.

Por trás da posição de Krueger e do outro *paper* do G-30 está a ideia de que, se regras rígidas retraírem os investidores, tudo bem: é melhor ter menos endividamento do que mais em emergentes. Está também a hipótese de que, com as regras de reestruturação predefinidas, o investidor pode até achar que o risco de moratória será menor, não maior. O Brasil, ao contrário, acha que regras rígidas reduzem a chance de boas soluções. O debate promete.

Valor Econômico e *Folha de S.Paulo,* 28/11/2001.

As vantagens do gradualismo

O debate entre economistas de diferentes escolas parece dividido, hoje, entre os que acham que a vulnerabilidade externa é a questão central, que impede a baixa dos juros e o crescimento sustentado, e os que acham que decisivas são a política fiscal e mais reformas. Outra questão que está por trás desse debate, contudo, é saber se há uma saída mais rápida ou se é preciso persistir no ajuste gradual.

O diretor do Banco Central Ilan Goldfajn não tem dúvidas sobre as virtudes do gradualismo. Ele admite que o déficit externo é relevante e que traz algum impacto negativo sobre as taxas de juros, mas não vê atalhos viáveis como solução.

Ele acha inviável, por exemplo, cortar abruptamente os juros, como propõem Luiz Carlos Bresser Pereira e Yoshiaki Nakano. Ou induzir um salto na desvalorização cambial, como propôs, nesta coluna, o ex-diretor do BC, Francisco Pinto. "Fico lisonjeado com a suposição de que o BC conseguiria elevar o câmbio real (descontada a inflação) para R$ 3,50, mas isso é impossível", argumenta.

O câmbio de equilíbrio é o que zera o déficit externo ao longo do tempo, ou o torna facilmente financiável. Mesmo que o BC forçasse uma desvalorização nominal a curto prazo, o mercado acabaria trazendo o câmbio real para o nível de equilíbrio de longo prazo. Por valorização do real ou, na pior hipótese, pelo aumento da inflação.

O BC tem pouco menos de US$ 70 bilhões em títulos indexados ao dólar. Ilan concorda que, se o BC cortar esse estoque, induzirá uma desvalorização. O título indexado ao dólar funciona como um seguro do governo ao mercado, pago pelo endividamento de gerações futuras. Se o seguro aumenta, como aconteceu no ano passado, reduz a incerteza dos investidores e o câmbio se aprecia. Se reduz, ocorre o oposto.

Estes são, contudo, efeitos de curto prazo. A médio e longo prazo, prevalece a lógica do câmbio de equilíbrio. Ele acha que essa lógica não é afetada de forma significativa pelo tamanho do estoque de papéis cambiais. Esses papéis fazem parte da composição da dívida interna. O câmbio responde à lógica da dívida externa.

O ideal seria reduzir ao mínimo o estoque de títulos cambiais, mas sem provocar turbulências. Mesmo pensando assim, o BC aumentou em US$ 17,8 bilhões o estoque de papéis cambiais em 2001. Só entre setembro e outubro, vendeu US$ 9,1 bilhões. Ilan diz que imperfeições de mercado, no curto prazo, justificam intervenções desse tipo.

O BC, teoricamente, saiu lucrando. No pico de setembro e outubro, vendeu as cambiais a uma média de R$ 2,74 por dólar. Se fosse resgatar hoje, a R$ 2,40, teria lucrado R$ 3 bilhões. Em todo o ano passado, vendeu cambiais a uma média de R$ 2,53 por dólar. A rigor, contudo, só será possível dizer se o BC ganhou ou perdeu com esses papéis quando houver resgate líquido, ou seja, quando a dívida diminuir (e na proporção da redução), o que ainda não aconteceu.

Outra razão que limita a eficácia de um salto no câmbio é que ele só ajudaria a competitividade se reduzisse os salários em dólar. Isso, como se vê no gráfico do BBV, já aconteceu fortemente desde 1999. Ilan diz que seria difícil pensar numa compressão ainda maior. Redobrar a redução de salários "seria sinal de incapacidade de tornar o país mais competitivo por mais reformas estruturais ou por aumento da produtividade".

Outro problema é o impacto da redução do déficit externo sobre a poupança. Hoje o déficit em conta corrente está em 4,5% do PIB. Se for cortado pela metade e se quiser manter o nível de investimento, seria preciso elevar a poupança pública em 2% do PIB (ou seja, o superávit primário teria que superar 5,5% do PIB), ou elevar a poupança privada em 2% do PIB, duas opções complicadas.

Ilan defende a transição gradual; insistir nas reformas, nas políticas fiscal e monetária apertadas, e ir reduzindo, gradualmente, o déficit externo. Colocado de outra forma, seria persistir no caminho de tornar o país "nível de investimento" pelas agências de avaliação de risco, o que permitiria uma forte redução no prêmio de risco. A recompensa seria criar um círculo virtuoso: os juros caem, a economia cresce, a dívida é reduzida, aumenta a confiança e entram mais dólares.

Mas as agências de avaliação de risco, no fundo, não se guiam pelo risco externo? Ilan diz que a regra tem sido o mercado reavaliar os países, reduzindo ou elevando os *spreads* (prêmios de risco), e as agências seguirem atrás. É o que aconteceu, por exemplo, com o México.

E quanto tempo seria preciso para uma virada? Ilan argumenta que o processo não é linear. Pode levar vários anos para que uma política fiscal e monetária prudente, como a do Brasil nos últimos dois anos, se traduzisse em menores juros externos. Quando isso acontece, contudo, tende a ser por um salto, que poderia colocar o país num outro patamar. Ele acha que 2003 será um ano com boas condições para crescer, desde que o novo governo mantenha a essência da política econômica – mesmo que seja "continuidade sem continuísmo", observa, numa referência velada ao lema do candidato tucano, José Serra.

É uma análise que tem o aval de Armínio Fraga e que certamente o acompanhará no novo governo, se for mantido na presidência do BC.

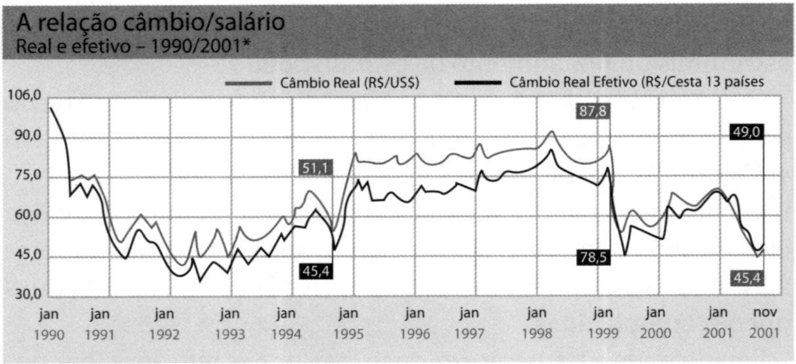

Fonte: IBGE e BBV Banco *Índice 100 **Janeiro/1990

Valor Econômico e *Folha de S.Paulo*, 7/2/2002.

O que preocupa os investidores

Os investidores em papéis de países emergentes de um dos maiores bancos norte-americanos venderam títulos brasileiros, em abril [de 2002], num volume só comparável ao de maio do ano passado, quando o mercado estava em pânico com a Argentina. Boa parte preferiu ficar com dinheiro na mão: o volume de *cash* foi o maior desde outubro do ano passado.

Esse é um retrato do que vem acontecendo nas últimas seis semanas [entre abril e início de maio de 2002] e preocupando o governo brasileiro. Houve uma maior aversão a risco, em geral, e ao Brasil, em particular.

Paulo Leme, diretor da Goldman Sachs em Nova York, calcula que os prêmios de risco subiram de 100 a 150 pontos porcentuais nesse período. Isso inclui os países emergentes mas, também, papéis de maior risco e maior retorno (*high yield*) nos Estados Unidos. O prêmio brasileiro subiu cerca de 200 pontos desde meados de março. Portanto, algo entre a metade e três quartos da subida refletiu apenas uma menor vontade dos investidores em correr riscos.

Uma razão para essa aversão foram os prejuízos cavalares, nos Estados Unidos, em setores como o de telecomunicações. Leme estima que a perda de valor das empresas do setor, este ano, deve chegar a US$ 1 trilhão. A WorldCom, dona da Embratel, que chegou a valer US$ 163 bilhões, hoje vale US$ 5 bilhões. Além disso, alguns indicadores da economia norte-americana ficaram aquém das expectativas. Em relação à América Latina, certamente a situação da Argentina e da Venezuela não ajudaram.

O Brasil teve uma penalização adicional por várias razões. O mercado estava otimista demais com o Brasil no primeiro trimestre, e muitos investidores estavam com posições acima do tamanho relativo do mercado brasileiro (uns 25% da carteira de emergentes). Fundos dedicados, fundos mais especulativos (*hedge funds*) e posições próprias de tesouraria de bancos de investimento acabaram vendendo títulos da dívida brasileira para realizar lucros.

Além do menor apetite por riscos, aumentou a incerteza em relação ao resultado das eleições no Brasil e pioraram alguns indicadores econômicos. As exportações estão em queda, a inflação tem dificultado a redução dos juros, a economia cresce mais lentamente do que se esperava, os resultados fiscais não repetiram a folga dos últimos quatro anos.

Leme acha que muitos clientes de papéis brasileiros estão menos pessimistas sobre as eleições do que os investidores aqui. Entre muitos investidores externos, diz, a aposta é que o candidato tucano, José Serra, tem mais de 60% de chances de ganhar. Portanto, se o pessimismo daqui se confirmar, poderá haver uma rodada adicional de queda de preços, aumento do risco-Brasil e pressão sobre o câmbio (ele acha que, no pior cenário, poderia chegar a R$ 2,70 ou R$ 2,80 por dólar até setembro).

O problema é que, quando as coisas pioram no Brasil, o mercado ressuscita o velho fantasma do tamanho da dívida pública. O que a vice-diretora-gerente do FMI, Anne Krueger, disse no Conselho das Américas, terça-feira, reflete as dúvidas gerais: a dívida brasileira é "maior do que o desejável", embora não represente um "problema imediato".

O que ela quis dizer se explica pelas projeções feitas pelo FMI sobre a dinâmica da dívida brasileira. Quem teve acesso às contas diz que o fundo projeta um crescimento de 2% da economia neste ano. Supondo um crescimento de 3% nos próximos anos, se o governo conseguir repetir um superávit primário (receita menos despesas, exceto juros) de 3,5% do PIB, será possível estabilizar o tamanho da dívida. Mudanças na projeção de um ponto percentual nos juros e no crescimento não seriam desastrosas. Ou seja, a dívida é grande, mas não é um problema imediato.

Mas pode se transformar num problema de curto prazo se o mercado desconfiar que o futuro presidente não vai estar disposto a produzir um superávit primário de 3,5% do PIB. Alguns candidatos já disseram que não querem fazê-lo e esperam contornar o problema renegociando, voluntariamente, os termos da dívida, ou apostando numa queda mais forte dos juros. E o que acham os bancos?

O J P Morgan publicou em março um trabalho sobre a dinâmica da dívida brasileira feito por Drausio Giacomelli. Ele chama a atenção para a dívida bruta brasileira, de 73% do PIB (72,6% em março). Calcula em mais 10% do PIB "esqueletos" fiscais que ainda serão incorporados nessa dívida. Portanto, trabalha com uma dívida total do país de 83% do PIB, muito alta se comparada a qualquer outro país (os países da União Europeia fixaram um teto de 60% do PIB para a dívida bruta). A dívida líquida brasileira, de 54,5% do PIB, é igualmente elevada.

Nas projeções de Giacomelli, um superávit primário de 3,5% do PIB seria suficiente apenas para estabilizar a dívida. Se o país quisesse reduzi-la, o que seria aconselhável, teria de fazer um esforço fiscal ainda maior. Obviamente, é uma situação desconfortável. Qualquer sombra de dúvida sobre a consistência fiscal, ou macroeconômica, do futuro do país pode trazer dúvidas sobre sua capacidade de continuar honrando a dívida.

O J P Morgan/Chase é, de longe, o banco que tem mais clientes com aplicações em títulos da dívida brasileira. O segundo maior é o Citibank, e o terceiro é o Deutsche. O Morgan foi cuidadoso na análise, mas a dúvida implícita está lá. O Deutsche, pelo que se sabe, também compartilha dúvidas sobre Brasil, em parte pelos riscos na dinâmica da dívida.

O verdadeiro receio de Brasília não são movimentos cíclicos de mercado, como o das últimas semanas, que podem ser desfeitos por um par de boas notícias. O temor é que haja um refluxo mais prolongado na liquidez externa para o Brasil, o que pressionaria o câmbio e os juros, elevaria de imediato a dívida e poderia reavivar dúvidas que já existem, entre alguns bancos e investidores, sobre a sustentabilidade da dívida. Promessas da atual administração não são suficientes para sanar essas dúvidas.

Valor Econômico e *Folha de S.Paulo*, 13/2/2002.

O risco não existe só em Wall Street

O risco de haver [a partir de maio de 2002] novas turbulências no mercado financeiro até as eleições [presidenciais, em outubro] vem mais dos investidores externos ou internos? Para o ex-presidente do Banco Central Affonso Celso Pastore, é bobagem tentar distinguir. Os investidores reagem de forma similar e quase simultânea. O comportamento dos preços nos dois mercados prova isso.

O termômetro da reação externa a boas ou más notícias é o chamado risco-Brasil, o prêmio que os títulos do país pagam acima dos juros pagos pelo Tesouro norte-americano (o Embi mede o prêmio de uma cesta de títulos do governo). O melhor indicador no Brasil é o comportamento das taxas de juros de longo prazo. O prêmio que o juro de 360 dias paga (ou não) em relação às taxas de curto prazo (Selic) é uma boa medida da avaliação do risco embutido.

O gráfico [veja na pág. 318] compara as duas curvas. Desde 1999, com o câmbio flutuante, elas seguem sempre na mesma direção, ainda que, algumas vezes, não com a mesma intensidade. A reação é quase simultânea. Pastore argumenta que, se há uma pequena precedência, é a do mercado brasileiro, maior e mais líquido, em relação ao externo, mas nada significativo.

Os dois mercados, nos últimos anos, reagiram juntos a três tipos de choque: contágio da crise de outros países emergentes, mudanças na economia mundial ou desajustes na economia brasileira. De outubro do ano passado a março deste ano [2002], as reações foram positivas. Em 8 de outubro, o Embi chegou a 1.256 pontos e o prêmio dos juros de 360 dias sobre a Selic (de 19%) foi a 628 pontos (ou seja, os juros longos estavam em 25,28%). Em 20 de março, o Embi havia caído para 698 pontos e os juros longos estavam 41 pontos mais baratos do que a Selic (de 18,75%), ou seja, a 18,34%.

Essa queda espetacular dos prêmios de risco, para Pastore, se explica, basicamente, por razões externas. Depois dos atentados de 11 de setembro, o banco central norte-americano baixou os juros e vários bancos centrais injetaram forte liquidez no sistema. Ao mesmo tempo, a economia norte-americana, até janeiro, ainda estava com a perspectiva de recuperação lenta. A combinação entre dinheiro farto e poucas opções aumentou o apetite dos investidores por risco. A queda do risco-Brasil foi acompanhada por quedas similares dos riscos de outros países emergentes, como Rússia e México.

Desde então, o risco para países emergentes voltou a subir um pouco. No caso do Brasil, contudo, ele disparou e chegou ao pico de 973 pontos no dia 13 de maio, quando os juros longos chegaram a um prêmio de 206 pontos. Ou seja, ambos os riscos subiram mais de 200 pontos (275 o externo e 247 o interno). Qual a razão?

Para Pastore, a explicação foi o risco eleitoral, com o avanço do candidato do PT. O Brasil precisa de uns US$ 20 bilhões para cobrir o déficit em conta corrente externo, mais cerca de US$ 30 bilhões para cobrir amortizações. "Se há dúvidas sobre o programa do provável futuro presidente, o fluxo de capitais encolhe, o câmbio sobe, aumenta a dívida líquida do setor público em relação ao PIB, o que exige um aumento no superávit primário", diz. "Sem mais superávit primário, a dívida sai de controle. Se há dúvidas sobre a vontade futura em produzir esses superávits, isso traz dúvidas sobre a solvência, os juros sobem, afetando mais ainda a dívida, e o risco é de o temor inicial se transformar numa profecia autorrealizável."

Essa reação conjunta dos mercados internos e externos se dá porque existe, de fato, liberdade na movimentação de capitais, e não há qualquer disposição desse governo em cerceá-la. O BC não tem muita margem de manobra para tentar mudar o rumo do mercado. Não é correto imaginar que, se o BC cortasse os juros, reduziria a percepção de risco, argumenta Pastore. Traria apenas uma inconsistência entre taxas curtas e longas, que embutiria um potencial inflacionário.

O BC pode fixar a taxa curta (Selic) e tentar influenciar a longa. Mas a distância entre as taxas curta e longa oscila muito. Desde 1999, a taxa longa, de início, esteve à frente da redução do juro curto pelo BC. Em 2000, as duas taxas estiveram bastante coladas e o prêmio quase inexistiu. Em 2001, ao contrário, as taxas longas subiram antes do aumento da Selic e o prêmio longo chegou a 8 pontos percentuais (800 pontos básicos). Hoje, o prêmio está em torno de 150 pontos básicos.

Pastore apoiou a decisão de ontem [22 de maio de 2002] do Copom de não reduzir os juros também por outra razão. Quando sobe o risco-país, como agora, tende a haver uma desvalorização do câmbio, porque o aumento dos juros externos reflete menos demanda por títulos brasileiros e, portanto, alguma pressão sobre o fluxo de dólares. Se as empresas procurarem se proteger contra a desvalorização fazendo *hedge*, a pressão sobre o câmbio será ainda maior.

Hoje, há pouca procura por *hedge*, porque seu custo é elevado, dados os juros altos. O cálculo do mercado é que o câmbio futuro deve refletir a cotação hoje (*spot*) mais o custo financeiro de carregá-la (medido pelo DI). Se o BC reduzisse o juro curto, argumenta, baratearia o custo do *hedge* e estimularia as empresas a procurá-lo. Acabaria havendo uma pressão sobre o câmbio *spot*.

Por tudo isso, ele acha que o risco de o BC baixar os juros, hoje, seria alto. Não só poderia não ajudar a estimular a economia, como poderia até pressionar ainda mais o câmbio.

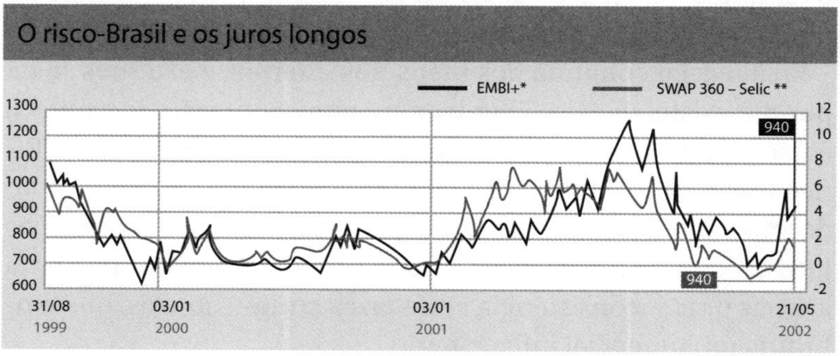

Valor Econômico e *Folha de S.Paulo*, 23/5/2002.

A desvalorização sem teto definido

Até onde pode chegar o câmbio? A resposta a essa questão é uma das chaves para tentar entender qual será a estratégia do Banco Central para conduzir o país até as eleições presidenciais de outubro [de 2002].

Num regime de câmbio flutuante, a resposta deveria ser óbvia: o real será desvalorizado até onde o mercado quiser. Na prática, abaixo do Equador existe o que alguns economistas batizaram de "medo de flutuar". A razão principal é o efeito devastador que uma forte desvalorização teria sobre as dívidas em dólares das empresas e do governo.

O presidente do BC, Armínio Fraga, não cansa de repetir que não defenderá nenhum nível de câmbio, mas insiste que não tem preconceito contra intervenções em momentos de exageros injustificados. No passado, interveio várias vezes, com sucesso. O que fará agora?

É crucial entender a situação das empresas com grandes dívidas em dólares. O aumento do prêmio de risco nos papéis do governo (refletido no Embi, ou risco-Brasil, na casa dos 1.700 pontos) eleva enormemente o custo de qualquer captação privada, encurta os prazos e reduz a oferta. Nessa ordem, diz um banqueiro.

O mercado não se fechou completamente. A Odebrecht, por exemplo, está completando uma operação superior a US$ 200 milhões, com apoio (mas não aval) do IFC,[42] ligado ao Banco Mundial. Outras grandes empresas têm conseguido alguma coisa, normalmente com operações estruturadas. O BC calcula que a taxa de renovação de captações externas, daqui para a frente, ficará em torno de 65% do que está vencendo.

Duas questões devem ser consideradas. Ao contrário do que aconteceu ano passado, quando o agravamento da crise externa levou o dólar a R$ 2,83, dessa vez a surpresa foi menor. Muitas empresas já tinham *hedge*, proteção contra desvalorização. Grandes bancos não estão sentindo pressão por *hedge* nessa rodada de forte desvalorização. Quem quer dólar, em geral, são as tesourarias dos bancos, especialmente estrangeiros. Esses bancos, por princípio, sempre têm seu patrimônio líquido protegido contra desvalorização.

Além disso, todas as empresas sabiam, desde 2001, que haveria turbulência em meados deste ano em razão da eleição. Várias empresas, inclusive a Petrobras, anteciparam a rolagem dos vencimentos para fugir da confusão.

Quem não se preparou pode ter problemas para tomar dinheiro lá fora e até no mercado interno. Qual o risco de haver grandes calotes? Pequeno, dizem os presidentes de dois grandes bancos. Ambos acham que os bancos credores não teriam grande problema em reescalonar dívidas.

Até porque o centro do problema é datado: a definição após as eleições de outubro pode reverter o nervosismo. Não faz sentido deixar um grande devedor quebrar agora. O executivo de um grande grupo industrial, com pesada dívida externa, tem a mesma percepção. De resto, num regime de câmbio flutuante, os dólares, por definição, estão disponíveis no mercado, a um preço. Se

42 International Finance Corporation.

a empresa não paga, o problema é dela com seu credor, não do governo. Já tem sido assim em alguns casos de inadimplência.

Neste segundo semestre [de 2002] vencem US$ 10,6 bilhões em amortizações e US$ 5,3 bilhões em juros de empréstimos e financiamentos de médio e longo prazo do setor privado. Não é pouco, mas não assusta. O efeito sobre os balanços das empresas será devastador, mas sempre existe a possibilidade de o governo permitir às empresas diferir os prejuízos, como já fez no passado.

Deixar o câmbio flutuar tem a vantagem de construir uma solução. Além de melhorar a balança comercial, uma sobredesvalorização pode inibir novas saídas, pelo medo de uma reversão, ou estimular novas entradas, pelas oportunidades nos preços. O lado ruim é que pode passar a impressão às pessoas de que o BC perdeu o controle e que tudo pode piorar ainda mais.

O BC tem armas já mostradas para intervir e outras guardadas. Faz sentido: se usar um canhão agora, pode ficar sem munição mais à frente. Por enquanto, está tentando suavizar a desvalorização, não revertê-la bruscamente. Além de ter US$ 13,5 bilhões para gastar, o BC pode enxugar ainda mais a liquidez e reduzir a alavancagem em dólares permitida aos bancos (o que, de uma penada, poderia injetar alguns bilhões de dólares no mercado).

O mercado sabe disso. Há bancos e fundos, especialmente de *hedge*, especulando em títulos da dívida, dólares e ações. Mas não há uma aposta única, como no tempo do câmbio fixo. Especula-se, realiza-se o ganho, remonta-se posições. Isso impede melhoras duradouras, mas também refreia o ritmo da corrida contra o Brasil.

Difícil é o BC dosar esse jogo de gato e rato com o mercado sem permitir pânico entre investidores médios. A corrida por dólares existe, mas a proporção é ainda pequena. As saídas por CC-5,[43] bom termômetro dessa corrida, foram de US$ 616 mi-

43 Contas bancárias em moeda nacional cujo titular não é residente e, por conta disso, o titular pode converter livremente seus saldos em dólares até o limite dos dólares que trouxe de fora. Essas contas são reguladas pela Carta Circular número 5 (daí o CC-5). Já de muito tempo se permite que bancos estrangeiros abram contas desse tipo; por meio delas, um cidadão brasileiro pode fazer depósitos em reais nessas contas, e o titular, um banco estrangeiro, pode transformar esses depósitos em disponibilidades em dólares no exterior, passando pelo "flutuante".

lhões em maio e US$ 545 milhões até agora este mês. Esse volume se compara a uma média de US$ 509 milhões/mês em 2001, ou seja, é um sinal amarelo, não vermelho.

Valor Econômico e *Folha de S.Paulo,* 27/6/2002.

Dúvidas e fantasias sobre o Brasil

O Brasil virou a "bola da vez" do mercado internacional, em boa medida, por herança argentina. As perdas dos investidores, financeiros e não financeiros, na Argentina, superaram qualquer previsão e qualquer modelo de risco. Foi um calote interno e externo; em empréstimos de maior risco e em créditos garantidos comerciais; atingiu quem capitalizou subsidiárias e quem deixou quebrar. O risco de o Brasil seguir a Argentina, na cabeça dos investidores, é o que basta para abandonar o país, a despeito de algumas boas notícias.

O paralelo com a Argentina, contudo, é um equívoco, por várias razões. A primeira delas é que, quando há uma crise de confiança externa e o regime é de câmbio fixo (Argentina) ou controlado (Brasil até 1998), a situação tende a se agravar sem parar: as reservas somem, os juros disparam e a economia entra em colapso. Quando o câmbio é flutuante e o Banco Central deixa ele flutuar, a crise externa provoca desvalorização, o que ajuda a reduzir a dependência externa. A economia contrai pela falta de crédito externo, mas o juro básico não precisa, necessariamente, subir.

Essa é a terceira crise cambial desde 1999 e o ajuste já feito é impressionante. Todo mundo repete o bordão de que “o Brasil precisa de US$ 50 bilhões por ano” e aí está a vulnerabilidade externa. Não é bem assim. Em 1998, auge do câmbio controlado, o Brasil precisou de US$ 63,4 bilhões (US$ 33,4 bilhões de déficit em conta corrente e US$ 30 bilhões de amortizações). Nos últimos 12 meses encerrados em junho deste ano, as necessidades externas ficaram em US$ 48,2 bilhões (déficit em conta corrente de US$ 18,2 bilhões e amortizações de US$ 30 bilhões).

O choque da desvalorização deste ano pode produzir números surpreendentes em 2003. Se o superávit da balança comercial ficar perto de US$ 7 bilhões, o déficit em conta corrente pode cair para US$ 16 bilhões ou pouco mais. As amortizações estão calculadas em US$ 23,9 bilhões, mas estão superestimadas por razões que serão explicadas em seguida. A necessidade de recursos, portanto, ficariam em torno de US$ 39,9 bilhões ou menos, uma queda de 40% em relação a 1998.

Quem achar que um superávit na balança comercial de US$ 7 bilhões é otimista vai ficar surpreso ao descobrir, no final deste mês de agosto, que o superávit comercial, em 12 meses, já estará em torno de US$ 7 bilhões. É claro que parte do resultado se deu pela contração da economia, que, espera-se, terá melhor desempenho no próximo ano. No entanto, é preciso lembrar três coisas: a importação partirá de um patamar menor; o câmbio estimulou e estimula substituições de importações; e as exportações estão crescendo, apesar da deterioração da economia mundial.

O total de amortizações está superestimado por duas razões. A primeira é que, sem financiamentos externos para rolagem, as empresas estão sendo obrigadas a liquidar suas captações externas. Um banco calcula as liquidações em mais de US$ 2 bilhões. Ruim para as empresas, mas bom para as contas externas: some a dívida e, com ela, gastos com juros.

A segunda é que, com os papéis de empresas brasileiras com descontos de 60%, 70% ou mais, quem pode remete dólares e recompra dívida. É um ótimo negócio, mas, como não pode ser feito oficialmente, o dinheiro sai pela CC-5. De janeiro a julho, saíram US$ 3,8 bilhões pela CC-5. Uma parte desse dinheiro foi para recompra de dívida. Quanto? Em situação de crise semelhante, em 1998 e 1999, a redução da dívida por recompra constatada pelo BC chegou a US$ 16,2 bilhões.

Além disso, o BC anunciou que recomprou US$ 2,3 bilhões em títulos que venciam em 2003 e 2004. Se comprou os títulos com deságio médio de 60%, liquidou US$ 3,8 bilhões em dívida pública externa. Como as amortizações do governo central somam US$ 3,5 bilhões em 2003, é possível que não haja nada mais para rolar. Somando esse ganho com a redução privada, não é impossível supor que as necessidades de recursos, em 2003, caiam para uns US$ 35 bilhões.

Isso quer dizer que, se o Brasil não captar um único centavo de dólar até o final de 2003 (hipótese absurda), mas o próximo presidente mantiver o acordo com o FMI, as contas fecham. As reservas estão hoje em US$ 37 bilhões, dos quais US$ 19 bilhões disponíveis, pelos termos do acordo com o FMI. Em dinheiro novo entrarão mais US$ 30 bilhões do fundo (US$ 6 bilhões este ano), US$ 7 bilhões entre Banco Mundial e BID, mais uma rolagem automática de US$ 8,9 bilhões em amortizações ao FMI (que não estão incluídos na conta de amortizações anterior).

Se for considerado que, num sistema de câmbio flutuante, rolagem de dívida privada é problema privado (como tem sido até agora), as amortizações e juros da dívida externa pública, de hoje ao final de 2003, totalizam uns US$ 12 bilhões, menos o que já foi recomprado. Ou seja, sobram muitos dólares.

Quer dizer, aceitar o acordo com o FMI significa garantir o fechamento das contas externas até o final de 2003 e, portanto, permite crescer um pouco mais, mesmo num cenário externo adverso. É claro que, quando o mercado tiver certeza disso, reabrirá linhas para o Brasil: os bancos estão sempre prontos para emprestar para quem não precisa.

Para atrapalhar, há uma aversão geral ao risco e uma piora do cenário externo. Mas os dados mostram que, enquanto o risco dos países emergentes, exceto Brasil, subiu 320 pontos desde março, melhor momento do ano, o do Brasil subiu 1.300 pontos. A aversão é, acima de tudo, ao Brasil, por dúvidas pertinentes e fantasias. Se as fantasias saírem de cena, a situação tenderá a aliviar, apesar da conjuntura internacional difícil. O risco de a crise fugir de controle existe, mas, para isso, o futuro presidente precisará errar muito.

Valor Econômico e *Folha de S.Paulo*, 22/8/2002.

Razões para manter a cautela

Nos últimos dez dias [de outubro de 2002], sobraram boas notícias financeiras. O dólar caiu, a bolsa subiu, os juros futuros caíram, as reservas estabilizaram e aumentou a rolagem da dívida interna. Nada mal para a semana que precedeu e os dias que se seguiram à eleição inédita da oposição de esquerda à Presidência. É preciso, contudo, balancear bem as razões para a melhora e não exagerar no otimismo.

Pesou, para melhorar a confiança, a moderação da cúpula do PT. Pesou também, no entanto, a recuperação da Bolsa norte-americana e das bolsas europeias, algo que vinha acontecendo desde meados de outubro. Outro fator que ajudou foi o comportamento extraordinário da balança comercial, que já superou US$ 2 bilhões no mês, ajudando o fluxo privado de dólares e reduzindo a necessidade de o Banco Central intervir.

De setembro a 23 de outubro [de 2002], exceto por um ingresso previsto no dia 11 de setembro, as reservas caíram quase sem parar. Desde quarta-feira da semana passada, as reservas se estabilizaram e até tiveram algum ganho. Ontem, o BC voltou a vender linhas de crédito, dentro do programa normal previsto.

A taxa de câmbio, depois de chegar a R$ 3,93 no dia 21, manteve tendência de queda. A tendência da bolsa é de alta desde seu ponto mais baixo, dia 16. Em setembro, o BC havia conseguido rolar 35% dos títulos não cambiais da dívida interna que venceram. Em outubro, a rolagem desses títulos já chegou a 67% do total. Pela primeira vez em muito tempo, nesta semana, o BC conseguiu rolar todo um vencimento, de US$ 2 bilhões, de dívida cambial.

Com tanto vento a favor, por que a cautela? A principal razão é que o financiamento externo não melhorou. Três bancos consultados dizem que as linhas, inclusive de comércio, não aumentaram. Ao contrário, disse o presidente de um dos maiores bancos do país, enquanto os grandes bancos procuraram não cortar mais créditos depois do giro externo de Armínio Fraga e Pedro Malan, os bancos menores continuam a sair do risco-Brasil.

Isso não vai mudar tão cedo. Até o final do ano, a chance de melhora é zero. Nenhum banco externo vai querer aumentar seu grau de exposição ao Brasil no balanço de dezembro, porque tenderia a ser punido pelos investidores em suas ações e pelas agências de risco. Não mudou a percepção, especialmente nos Estados Unidos, de que é muito alto o risco de o Brasil ser levado a uma moratória interna e externa, num período de até 12 meses.

Vozes influentes, como a do ex-diretor do FMI Michael Mussa em depoimento ao Senado norte-americano, dia 14, seguem nessa direção. Há duas opções no caso brasileiro, sugeriu: ou parte-se já para uma reestruturação da dívida e usa-se o programa do FMI para atenuar o impacto negativo, ou amplia-se a aposta. O FMI teria que estar disposto a colocar de US$ 100 bilhões a US$ 120 bilhões no Brasil e exigir, em troca, superávit primário de 5% do PIB até a dívida interna cair para 55% do PIB e 4% até cair para 50%. A pior alternativa, disse, é a atual: um programa do FMI visto pelo mercado como insuficiente para eliminar o risco de moratória.

A tradução dessa cautela se vê no gráfico feito pelo economista Hugo Penteado, do Real ABN Amro. Ele mostra as necessidades de recursos (déficit em conta corrente mais amortizações) e o financiamento básico (investimentos diretos mais empréstimos de médio e longo prazo). As necessidades estão correndo na frente dos ingressos desde o segundo semestre do ano passado, e a previsão é de que o buraco aumente ainda mais em 2003. A conta fecha, com folga, com FMI, Banco Mundial e BID, mas o fluxo privado é ruim.

A extraordinária melhora nas contas externas ajuda muito, mas, se a conta de capital não se recuperar, a pressão continuará. A rolagem recente ficou em 44% dos títulos que vencem. Pode aumentar em 2003, mas o cenário externo é de incertezas na economia norte-americana e enorme probabilidade de invasão do Iraque.

O vice-presidente de um grande banco aponta outra fonte potencial de dólares: grandes empresas exportadoras, inclusive estatais, têm retido algo que ele estima em até US$ 7 bilhões no exterior, por receio das turbulências. Se a confiança se consolidar, esses dólares poderão gradualmente entrar no país.

Outro fator de incerteza é a situação de empresas endividadas em dólares e que não estão protegidas (por não terem feito *hedge* e/ou não terem receita expressiva em dólares). O problema existe e muita gente no mercado espera novos casos de reestruturação e *default*. Não se imagina, contudo, que haja risco sistêmico, porque os casos mais agudos não chegam a oito ou nove grupos. De forma geral, as empresas brasileiras estavam protegidas (essa foi a terceira crise cambial em quatro anos), com poucas dívidas, e os bancos emprestaram com moderação e cautela.

Cresce no mercado a expectativa de que o FMI possa flexibilizar o programa com o Brasil, antecipando desembolsos e/ou reduzindo o piso de reservas líquidas, se as negociações com o PT forem bem. Um funcionário qualificado do fundo disse a um banqueiro que eles esperam três compromissos: um superávit primário adequado, a autonomia do BC e a reforma da previdência. O PT já deu indicações de ser favorável às três coisas. Uma sinalização positiva do fundo e dos Estados Unidos poderia ajudar.

Achar que a "doutrina Bush" contra pacotes de ajuda impediria esse gesto é ingenuidade. Mussa lembrou que, em 20 meses de governo Bush, o FMI, com apoio norte-americano, montou seis pacotes: dois para a Turquia, dois para o Brasil, um para a Argentina e um para o Uruguai. O governo Lula, contudo, teria que cumprir à risca sua parte.

Valor Econômico e *Folha de S.Paulo,* 31/10/2002.

As opções com o menor risco-Brasil

Com o risco-Brasil finalmente abaixo de mil pontos, cresce a ansiedade no mercado em saber quando o governo voltará a lançar papéis no mercado externo. Daqui a duas semanas [meados de abril de 2003], fará um ano desde a última emissão internacional da República.

Também daqui a duas semanas, vencem US$ 1,9 bilhão em títulos do governo brasileiro. Teoricamente, abre-se um espaço de pelo menos US$ 1,9 bilhão para colocações públicas ou privadas. Qual a melhor opção?

A resposta divide os analistas. Mário Mesquita, do ABN Amro, por exemplo, acha que o governo deve esperar o risco-Brasil cair para 800 pontos, o que pode ocorrer em um ou dois meses. Ao não emitir, o governo está abrindo espaço para o setor privado. Não vale a pena pagar demais apenas para marcar presença.

O ex-diretor da área externa e ex-presidente do Banco Central, Demosthenes Madureira Pinho Neto, tem uma visão oposta. “Depois de passarmos por tantas crises, é redundante ficar preocupado com o preço da emissão”, diz ele. “Se existe uma janela de oportunidade, vai e faz." Ele acha que o papel da República é abrir portas para o setor privado, não seguir emissões privadas.

"É purismo achar que se a República emitir a um prêmio um pouco maior vai se desgastar", diz. A experiência dos anos recentes mostrou que os prêmios oscilam muito. Mais importante é aproveitar oportunidades. Hoje, elas existem. Mas há dúvidas sobre como será o mundo pós-guerra do Iraque, em termos de fluxos de capitais e investimentos, adverte.

O Banco Central prevê captar US$ 3 bilhões este ano. Se não o fizer, consegue fechar as contas. Mas, embora as reservas brutas estejam em US$ 42 bilhões, líquidas do dinheiro do FMI e de títulos brasileiros, elas estavam em US$ 14,2 bilhões no final de fevereiro. Como lembra o BBV, não é muito para uma conta de US$ 10,7 bilhões em principal e juros externos vencendo este ano [2003]. E é pouco confortável se lembrarmos que só o principal que vence em títulos do governo subirá a US$ 8,1 bilhões em 2004 (menos o que foi recomprado pelo BC no mercado). O governo terá uns US$ 4 bilhões do Bird e do BID este ano, mas está claro que seria bom reforçar as reservas utilizáveis com alguns bilhões em captações.

O fato de o risco-Brasil, medido pelo Embi, estar a 900 ou 1.000 pontos não quer dizer que este será o prêmio pago pelo país para emitir um papel. O Embi mede a cotação do dia dos papéis da República, compara com o risco norte-americano e chega ao prêmio de risco médio pago. Como os papéis mais longos rendem mais, emissões mais curtas ou em mercados distintos podem ficar abaixo do Embi. De fato, um levantamento do BBV para os últimos seis anos mostra que das 30 emissões feitas, só 3 o foram acima do Embi; a maioria (20) ficou entre 50 e 300 pontos abaixo. A média do prêmio pago pela República de 1999 para cá, depois do câmbio flutuante, foi de 789 pontos.

Obviamente, o ideal seria ver o risco-Brasil cair mais e o governo colocar papéis a um prêmio ainda menor e com prazos maiores. O setor privado voltou ao mercado, mas a prazos curtos, inferiores a um ano. Uma emissão bem recebida da República poderia ajudar a ampliar os prazos.

Duro é saber até quando a janela de oportunidade estará aberta. O risco-Brasil despencou 60% desde setembro, pela combinação entre o conservadorismo econômico do novo governo e o exagero na avaliação anterior do mercado do risco de uma moratória brasileira. Mas é bom ficar claro que os outros emergentes, exceto o Brasil, também tiveram uma redução forte no risco, de 40%, no mesmo período.

Quer dizer, o Brasil surfou a mesma onda de maior liquidez internacional, graças aos juros baixos nos países desenvolvidos, que beneficiou os emergentes, só que com um impulso a mais. O risco-Brasil ainda é alto demais: o da Rússia é inferior a 400 pontos, o do México inferior a 300, os do Chile e da África do Sul, inferiores a 200 pontos.

No caso do Brasil, voltaram os investidores mais especulativos (fundos de *hedge*) no último trimestre do ano passado. Os fundos dedicados à região começaram a voltar em janeiro e os fundos mais gerais (e conservadores) voltaram nas últimas cinco ou seis semanas. Além disso, quem fez posições especulativas contra o Brasil (*short selling*), muitas vezes alavancadas com empréstimos, está desmontando, o que ajuda bastante a cotação, especialmente dos títulos da dívida (*brandies*), como o C-Bond.

Melhorou o fluxo, mas até quando? Desde a crise da Tailândia, em 1997, os ciclos de otimismo com emergentes em geral e o Brasil, em particular, acabaram engolidos por uma nova crise a cada seis meses.

Valor Econômico e *Folha de S.Paulo*, 3/4/2003.

Enquanto isso, na Argentina

O mundo vai bem sem a América Latina

Os países desenvolvidos comemoraram, nesta semana [início de outubro de 1989], em Washington, durante a reunião anual do FMI e do Banco Mundial, seu sétimo ano de sólida expansão econômica. Desde a Segunda Guerra Mundial, este tem sido o mais longo período de alto crescimento com relativamente baixa inflação.

O último ano em que os países ricos experimentaram um recuo no crescimento foi 1982, ano em que eclodiu, em setembro, a crise da dívida externa. Desde então, e até o final deste ano (se forem confirmadas as previsões do FMI), os países industrializados terão crescido, em média, 3,6% ao ano, uma taxa excepcionalmente positiva.

Não só isso. Nesses sete anos, o comércio internacional expandiu-se num ritmo igualmente excepcional. Em média, a 5,9% ao ano. No ano passado, o crescimento bateu em 9% e, neste ano, deverá ficar em 6,9%.

Foi um período de prosperidade e intensificação do comércio. Para o bloco de países em desenvolvimento, o dos países asiáticos, este foi um período de ouro. Mesmo sem chamá-lo de milagroso, os países asiáticos cresceram, em média, 7,6% ao ano nesses sete anos. Só no ano passado, esses países cresceram 9,2%.

Os países ricos cresceram, o comércio se expandiu e os países asiáticos participaram intensamente desse excepcionalmente longo ciclo de boas notícias. Para os países altamente endividados, especialmente os latino-americanos, contudo, esse foi um período negro. Em conjunto, esses países cresceram apenas 1,87%, em média, ao ano, uma taxa inferior à do crescimento de suas populações. Ou seja, esses países ficaram mais pobres.

É útil lembrar esse cenário por duas razões. De um lado, ele qualifica o tamanho do problema da dívida. No início da crise, em 1983, o FMI e os países industrializados costumavam fazer projeções indicando o caráter transitório do problema. Com o comércio internacional crescendo a 3% ao ano e os países endividados aplicando políticas corretas, dizia-se, na época, que em menos de uma década a situação estaria equacionada. O comércio cresceu, em sete anos, o dobro disso, muitos dos devedores fizeram enormes esforços (bem-sucedidos) de expandir suas exportações, mas a questão da dívida continua quase tão dramática quanto em 1983.

A segunda razão é que essas estatísticas ajudam a dar um toque de realismo na discussão sobre o futuro. O fato é que o mundo viveu e cresceu muito bem sem a América Latina nos último sete anos e não há nenhuma razão por que não possa fazê-lo nos próximos sete.

Gazeta Mercantil, 2/10/1989.

O "efeito Orloff" pode voltar à cena

Um conselho útil a todos os brasileiros, hoje, é prestar atenção ao que acontece com o novo plano de estabilização argentino. Seguindo a tradição do "efeito Orloff", não é impossível que nosso destino passe por algo semelhante no futuro.

O princípio plano argentino é o mesmo que o presidente Fernando Collor ouviu do economista André Lara Resende, quando ainda estava montando seu programa de governo. Resende, que falou duas vezes com Collor, levado pelo ex-ministro Mário Henrique Simonsen, continua apostando na mesma direção, acompanhado, recentemente, pelo economista Francisco Lopes.

A ideia central é criar uma nova moeda conversível em dólares (Resende) ou indexar a economia em dólares (Lopes), amarrando as políticas fiscal e monetária do governo de uma forma definitiva, e dando credibilidade à moeda. O estoque de dólares em reserva equivaleria, no limite, ao estoque disponível de moeda, e seria impossível aumentar automaticamente a emissão para financiar déficits fiscais. Como seria impossível desvalorizar a moeda, teria de haver, necessariamente, acomodação dos custos.

Os britânicos, em outro contexto e dimensão, sentiram parte do impacto da disciplina de ter uma moeda não desvalorizável a partir de outubro do ano passado [1990], quando entraram no sistema europeu de flutuação conjunta (ERM).[44] Por esse sistema, a libra não pode oscilar mais de 6% para cima ou para baixo em relação a outras nove moedas europeias.

Na hora em que ingressou no sistema, a libra ganhou credibilidade e o governo conseguiu, desde então, reduzir de 14% para 12,5% os juros internos sem sofrer um impacto maior na cotação da moeda. Esse é o aspecto positivo que levou a maioria a pedir o ingresso no ERM.

Em compensação, o governo perdeu flexibilidade, e o ajuste será tanto mais duro quanto mais longe se mantiver a inflação britânica da inflação do país de moeda mais forte do sistema, a Alemanha. Quanto maior for a resistência interna da economia, maior será o custo do ajuste: não há como acomodar aumento de custos internos (salariais, por exemplo) mediante uma desvalorização cambial, como acontecia no passado. Tão logo este lado, o da férrea disciplina, ficou evidente, aumentou o coro dos que ficaram contra o ERM.

É esse choque entre os ganhos de credibilidade com os custos da disciplina que a Argentina deverá enfrentar daqui para a frente – e o Brasil, talvez, algum dia.

Gazeta Mercantil, 23 e 25/3/1991.

44 Exchange Rate Mechanism.

As batalhas da Argentina

A Argentina está envolvida em duas batalhas vitais. A de curto prazo, em que está sendo razoavelmente bem-sucedida, é afastar os temores de um colapso iminente. A de longo prazo é mais complicada: provar que pode voltar a crescer de forma acelerada, como nos primeiros anos de seu regime de câmbio fixo.

O risco de curto prazo aumentou pela soma de vários fatores. O pacote fiscal do ano passado [1999] deveria aumentar a arrecadação em US$ 1,9 bilhão este ano. Nos primeiros cinco meses, a receita subiu apenas 0,4%. Ficou claro que o programa com o FMI estava em risco, num momento em que aumentava o nervosismo no mercado externo e os juros cobrados à Argentina.

O governo anunciou um pacote de corte de gastos de US$ 538 milhões este ano, além de algumas reformas, e está indo à luta para reverter as expectativas. Enquanto o ministro da Fazenda foi aos Estados Unidos, dois secretários seus, Daniel Marx e Carlos Winograd, vieram ao Brasil explicar o novo pacote e os planos de médio prazo.

Para sorte da Argentina, seu pacote coincidiu com uma guinada positiva no clima externo que levou a uma redução geral dos juros para os países emergentes. No caso da Argentina, a taxa caiu 2,5 pontos percentuais, lembrou ontem Winograd, mas é difícil separar o que foi feito pelo pacote do que veio da melhoria geral.

O fato é que a Argentina voltou com sucesso ao mercado externo e acalmou as expectativas. Guillermo Mondino, economista da Fundación Mediterránea (de onde saiu o ex-ministro Domingo Cavallo), acha que a aposta de curto prazo do governo embute outros ingredientes.

O governo quer se assegurar de que cumprirá a meta do FMI para o segundo trimestre, graças a três "passos de mágica", como classificou numa palestra que fez, em São Paulo, a clientes do banco CSFB-Garantia. Uma moratória de impostos renderá mais US$ 100 milhões entre maio e junho. Uma mudança na estrutura do imposto sobre o lucro renderá US$ 300 milhões em junho. Uma operação, ontem, de troca (*swap*) de dívida, deverá render mais de US$ 300 milhões como receita, pela liberação de colaterais.

São três fontes não permanentes de recursos, mas que ajudarão a cumprir as metas do segundo trimestre. No terceiro trimestre, Mondino acha impossível cumprir a meta do FMI. A aposta é que, com a melhora no ambiente e algumas reformas andando, fique mais fácil renegociar as metas sem causar traumas.

O secretário Daniel Marx admite que a receita de US$ 1,9 bilhão não deve se realizar, e que poderá haver "compensações". Não discute a hipótese de renegociação de metas com o FMI, mas ressalta a importância de o Fundo "entender as mudanças de médio e longo prazo".

Mondino acha que o crescimento não passa de 2,5% este ano, enquanto o governo insiste em 4%. Só o crescimento de 15% na exportação garante 1,5% de PIB, estima Winograd.

No crescimento está a segunda batalha, a de médio e longo prazo. O câmbio fixo acumulou uma valorização real de 15% desde 1991, e de 20% em relação ao Brasil desde a desvalorização do real (que Winograd projeta que cairá para 9% a 13% até o final do ano). Não são números insuperáveis, mas vêm acompanhados de indicadores ruins para a competitividade argentina.

Mondino lembra que os preços dos serviços públicos subiram 30% acima dos preços por atacado (que refletem os preços industriais) desde 1996, pressionando os custos. De 1995 a 1999, a produtividade total de fatores norte-americana cresceu 8%; a Argentina cresceu 5,3%. Em 1999, a produtividade caiu 5,5% e, este ano, deve ficar em torno de zero. A produtividade é fundamental para compensar a valorização do câmbio. A taxa de investimentos caiu 8% desde 1998.

O governo argentino quer atacar o problema da competitividade liberando o mercado de telefonia, flexibilizando investimentos privados em infraestrutura, tocando ambiciosas reformas trabalhista e na saúde, e tentando, gradualmente, criar regras para os gastos dos Estados. É suficiente? Depende muito do cenário externo e da percepção dos mercados.

E quais seriam os riscos de crise? Desvalorização é um risco quase nulo: 90% da dívida pública e 80% da privada são em dólares. Os créditos em dólares do setor privado não financeiro são 180% superiores aos depósitos em dólares. Mondino pondera que não há hipótese de a Argentina desvalorizar sem fazer junto uma moratória (uma combinação explosiva *à la* Rússia). Se sofrer um ataque forte contra a moeda, a saída será dolarizar, não desvalorizar.

O risco de uma corrida bancária é pequeno. Vários instrumentos de liquidez garantem hoje 44% dos depósitos bancários argentinos; na complicada crise do México, a perda de depósitos foi de 18%. O risco de um estrangulamento dos financiamentos externos é relativo: 61% das necessidades deste ano já estão contratadas e, se usar disponibilidades do FMI e outras, a Argentina ganha fôlego para passar 2001 sem um colapso.

Se não houver uma forte crise externa, o maior risco, para Mondino, é de o país ficar atolado num crescimento medíocre, na casa dos 2% a 3% ao ano, por vários anos. Ao desgaste econômico se somaria um enorme desgaste político.

Valor Econômico e *Folha de S.Paulo*, 8/6/2000.

Por que o Brasil paga pela Argentina

A situação argentina se complica e os juros sobem no Brasil, o real se desvaloriza e a Bolsa despenca. Os problemas da Argentina derivam de seu câmbio fixo, do desequilíbrio fiscal e da estagnação econômica. O Brasil tem um câmbio flutuante bem-sucedido, um superávit fiscal acima do exigido pelo FMI e um crescimento de 3,5% a 4%.

Faz sentido o Brasil pagar a conta do aumento do risco da Argentina? Faz, se o elo de contágio for lido pelo lado das contas externas. A recuperação brasileira pós-desvalorização foi impressionante, mas seu déficit externo em conta corrente continua muito elevado.

Depois da revisão dos números do PIB, descobriu-se que o déficit externo jamais ficou abaixo de 4% do PIB, um número muito pouco confortável. Nos idos de 1996, antes das crises asiática e russa, o ministro da Fazenda, Pedro Malan, costumava dizer que a crise do México de 1995 ensinou que um país prudente deveria manter seu déficit em conta corrente entre 2,5% e 3% do PIB.

As exportações brasileiras se recuperaram, mas o resultado do saldo comercial é decepcionante. A Fazenda argumenta que, se os preços de importação e exportação se mantivessem nos níveis de dezembro de 1998, o Brasil já teria um saldo comercial de US$ 8 bilhões este ano. É verdade, mas, como houve um choque nos termos de troca, o que vale é que caminhamos para um déficit.

Qual o peso, contudo, que os investidores externos dão a fatores positivos no Brasil como a melhora fiscal, a retomada do crescimento e a redução inflacionária, e quanto pesam os fatores negativos dados pelo desequilíbrio externo ainda persistente?

A resposta ficou mais fácil a partir de um trabalho feito pelo economista Márcio Garcia, ajudado por Tatiana Didier, da PUC do Rio: "Taxas de juros, risco cambial e risco-Brasil" (www.users.rdc.puc-rio.br/mgarcia/). Ele separa e mede os vários fatores que formam a taxa de juros no país: a taxa de juros internacional, a desvalorização cambial esperada, o risco cambial e o risco-Brasil.

A teoria diz que num país aberto financeiramente ao exterior, como o Brasil, os juros deveriam ser equivalentes aos do mais baixo risco externo (juros do governo norte-americano), mais a expectativa de desvalorização da moeda. Na vida real, eles são bem maiores. A diferença se explica pelo risco-país (ou risco-Brasil), que é, no limite, o risco de o país quebrar, e o risco cambial, de desvalorização maior do que a esperada.

Não é simples quantificar cada risco, mas o trabalho o faz usando vários indicadores de mercados futuros e *spot*, de juros e de câmbio, no Brasil e em Nova York, além de ferramentas econométricas. As conclusões são bastante interessantes.

A principal é que, hoje, o risco cambial tem um peso muito significativo na composição do prêmio total de risco do país. Em meados de setembro [de 2000], quando o texto foi escrito,o risco cambial era estimado em 4%, bastante elevado, enquanto o risco-Brasil estava em 2%, menor do que no passado recente.

O que empurra para cima o risco cambial são as dúvidas sobre a sustentabilidade do balanço de pagamentos e o comportamento da balança comercial. A flexibilidade gerada pelo câmbio flutuante não foi suficiente para reduzir a percepção externa de risco cambial.

Os dois riscos, o cambial e o Brasil, têm, é claro, várias causas em comum. Entre os fatores testados, têm peso importante os resultados fiscais, as condições do mercado financeiro doméstico e as condições do mercado financeiro internacional. A magnitude do risco cambial mostra, contudo, que não bastam bons resultados fiscais para assegurar uma redução do risco-Brasil e, portanto, dos juros.

Em relação às condições do mercado externo, um ponto crucial é o apetite do mercado por risco. Um parâmetro importante é o prêmio de risco pago pelos papéis de maior risco (equivalentes ao de países emergentes), os *junk bonds*,[45] no mercado norte-americano.

Esse prêmio deu um enorme salto, de 2% para até 16%, na crise da Rússia, em 1998, especialmente depois que o fundo de *hedge* LTCM[46] entrou em colapso nos Estados Unidos. O prêmio recuou um pouco em 1999 mas, hoje, voltou a níveis muito próximos aos da crise russa – prova de que continua a haver o receio de uma "aterrissagem forçada" da economia norte-americana, o que afetaria o risco de crédito, comenta Garcia. A melhora de ânimo na bolsa norte-americana, nos últimos meses, não foi acompanhada pelo mercado de renda fixa. Só devido a esse fator, o risco-Brasil está sendo acrescido de uns 2%, calcula.

Outro ponto interessante medido é o chamado "risco de convertibilidade", ou seja, as medidas de controle cambial que impedem um investidor externo de transferir dólares do Brasil. Esse risco (medido pela diferença entre mercados futuros aqui e em Nova York) foi irrisório até a crise da Ásia, em 1998. Deu um enorme salto nas crises da Ásia e russa e só começou a recuar depois do sucesso da desvalorização. Hoje é maior do que zero, mas tem pouco peso na formação dos juros.

O que o trabalho de Garcia sugere é que, mesmo tendo vencido grandes obstáculos, a agenda de redução do risco-Brasil continua complexa.

Valor Econômico e *Folha de S.Paulo*, 26/10/2000.

45 Títulos podres.
46 Long-Term Capital Management.

Os limites do pacote argentino

O pacote argentino dá algum fôlego de curto prazo, acena com alguma ação na busca de solvência, mas não resolve as dúvidas, especialmente políticas, sobre como o país retomará a competitividade. Sem ela, não há crescimento, nem solução a longo prazo.

A reestruturação da dívida externa entrou no pacote por insistência norte-americana. O câmbio, contudo, ficou intocado. Os alemães, segundo fontes qualificadas da Argentina e de Washington, foram os que mais pressionaram por uma mudança no câmbio antes de qualquer ajuda, invocando o sucesso de Reino Unido, Itália e Espanha em sair da crise monetária de 1992 via desvalorização.

Espanha, França, Itália e Reino Unido foram importantes nas pressões por uma ajuda à Argentina. A insistência latino-americana, especialmente do Brasil e do Chile, também ajudou a colocar os Estados Unidos numa posição incômoda. Se nada fizessem, poderiam ser acusados de serem responsáveis por uma crise que ameaçaria se alastrar pelo continente.

O câmbio foi preservado, mas amarrou-se o pacote a uma reestruturação da dívida. Qual, não está claro. São US$ 3 bilhões (além de US$ 5 bilhões que seriam liberados em setembro) que estão condicionados à reestruturação. Especula-se no mercado que os US$ 3 bilhões seriam usados para comprar garantias para um novo título. Como a dívida é de US$ 128 bilhões, os US$ 3 bilhões não levam muito longe. Mas, se virarem um *zero coupom bond* do Tesouro norte-americano, que só paga juros e principal no final, poderiam sustentar uma emissão de uns US$ 20 bilhões com 30 anos de prazo.

Até aí, seria uma reedição de fórmulas do Plano Brady. Em troca de aceitar menos juros, ou redução no principal, o investidor ganharia um papel com garantia. Especulava-se ontem, na Argentina, outra hipótese, mais inovadora.

Uma comissão de economistas do Congresso norte-americano, entre eles Alan Meltzer e Charles Calomiris, sugeriu, em maio, um "*default* construtivo" como nova política para o FMI. Funcionaria assim: o FMI financiaria um fundo para a Argentina recomprar sua dívida com um desconto maior do que o existente no mercado. Por exemplo: ontem, o FRB, título da dívida argentina, estava negociado em torno de 75 centavos por dólar. Esse fundo aceitaria recomprar a, digamos, 40 ou 50 centavos por dólar. Quem quisesse sair do risco Argentina teria de aceitar a perda.

Na época em que a proposta foi apresentada, perguntei ao presidente do Banco Central, Armínio Fraga, sua opinião. Ele achava que era um exercício puramente acadêmico, sem chances de virar política do FMI. A conferir.

Os argentinos têm boas razões para relutar em mexer no câmbio. O ex-ministro da Economia, Ricardo Lopez Murphy, que esteve no Brasil semana passada, lembrou duas. A primeira é que seria muito difícil ter qualquer demanda pelo peso depois de uma desvalorização.

Hoje, 68% dos depósitos são em dólares. Um dos temores dos bancos na Argentina, diz um banqueiro, é que, numa crise cambial, decida-se não honrar esses depósitos em dólares. Seria uma quebra de confiança grave no sistema bancário. A alternativa seria honrar depósitos em dólares e desvalorizar o peso. Mas, além de problemas de equidade, seria preciso encontrar fórmulas para forçar a população a usar os pesos desvalorizados.

A outra razão é que não dá para desvalorizar sem moratória. O estoque da dívida pública equivale a 45,9% do PIB. Nos cálculos de João Carlos Scandiuzzi, do Banco Pactual, uma desvalorização de 50%, como no Brasil, elevaria o estoque a 92,2% do PIB. Mesmo que a economia crescesse de 2% a 3% e houvesse superávit primário de 4% do PIB, seria necessária uma redução de 34% a 43% no valor da dívida apenas para evitar que o estoque continuasse a crescer.

A solução do regime de *currency board*[47] para a competitividade é a redução de preços e salários. Isso vem acontecendo no setor privado, segundo Murphy, mas não no setor público. Na verdade, a Argentina deixou de cumprir três requisitos básicos para operar num regime desse tipo: ter uma dívida mínima, equilíbrio fiscal e flexibilidade de salários.

Na visão ingênua de alguns economistas, uma das vantagens do regime de *currency board* seria exatamente tornar automática a obtenção desses requisitos. O governo perde a capacidade de emitir (só pode fazê-lo quando aumentam as reservas externas). Portanto, sabe que, se seus credores deixarem de investir, será impossível ter déficit público e será vital que o estoque da dívida seja pequeno, para que seja possível honrar seu serviço e evitar uma moratória.

A ingenuidade vem da conclusão de que, se a lógica do regime é essa, a realidade também o será, independentemente das pressões políticas. Na Argentina nada disso aconteceu. Entre 1991 e 2000, lembrou Murphy, a economia argentina cresceu 42%, mas os gastos públicos subiram 90%. A dívida federal quase duplicou, para 45,9% do PIB; o gasto com juros subiu para 5% do PIB.

Em vez de gerar superávits primários quando crescia, para reduzir a dívida e precaver-se contra choques futuros, a Argentina continuou a gerar déficits. Os choques externos, desde 1997

47 É um regime monetário e cambial no qual o país se compromete a converter, sob demanda, sua moeda local em outro ativo líquido de aceitação internacional, a uma cotação fixa.

(crise russa, desvalorização brasileira, queda nos preços das *commodities* e valorização do dólar), foram interpretados como "transitórios", diz Murphy, e decidiu-se enfrentá-los elevando ainda mais a dívida.

O resultado é que, quando o mercado fechou-se, o tamanho do ajuste via redução de preços e salários (especialmente públicos) tornou-se politicamente complicadíssimo. Na lógica do *currency board*, o déficit tem que ser zerado, o dinheiro das províncias controlado, os salários e aposentadorias do setor público têm de cair e a política trabalhista precisa ser flexível. Em Hong Kong, que também tem *currency board*, essa disciplina tem sido possível. Na Argentina, a gigantesca crise política mostra que é difícil compatibilizar um regime desse tipo com países democráticos, onde há direitos e votos trabalhistas.

Valor Econômico e *Folha de S.Paulo*, 23/8/2001.

Dúvidas que vão além da Argentina

Todo mundo concorda que a crise argentina pode prejudicar o Brasil, basicamente, pelo lado financeiro. Se houver um calote e isso assustar investidores internacionais, o dinheiro pode ficar mais escasso também para o Brasil.

Do lado comercial, o impacto é muito menor e já ocorreu, em grande medida, nestes últimos três anos de recessão argentina. Muitas exportações de automóveis, por exemplo, foram desviadas para a Venezuela e para o México.

Se o risco argentino é financeiro, então o que interessa é saber quanto o Brasil está vulnerável. Este ano está virtualmente fechado. Para 2002, finalmente caiu a ficha de que a desvalorização cambial vai ampliar o saldo da balança (que já está girando a um valor, anualizado e dessazonalizado, superior a US$ 6 bilhões) e reduzir o déficit em conta corrente. Os investimentos diretos não vão sumir de vez e os créditos comerciais devem ser rolados, como o foram até durante a moratória de 1987.

Mesmo os mais pessimistas em relação à rolagem de títulos públicos e privados chegam a um "buraco" nas contas de 2002 de até uns US$ 8 bilhões. Está claro, hoje [em novembro de 2001], que o Brasil teria acesso rápido a um montante desse tipo junto ao FMI, se quisesse. Não quer, no momento, por três razões: 1) não quer se misturar com a Argentina; 2) se puder, evitará o aperto fiscal extra, num ano eleitoral, que a ampliação do acordo com o FMI exigiria; e 3) ainda aposta que um novo acordo pode ser desnecessário.

Se tudo isso é verdade, então o impacto negativo da crise argentina sobre o Brasil não é nulo, mas também não é o fim do mundo. Quando o mercado começou a se convencer disso, o Brasil começou a descolar da Argentina e o real a se valorizar.

Então, tudo bem? Infelizmente, não. O déficit em conta corrente vai cair, mas o Brasil continuará precisando de muitos dólares, muito tempo, e as incertezas da sucessão eleitoral serão garantia de volatilidade em 2002. Além disso, a dívida pública é elevada, de prazo curto e muito indexada ao câmbio e aos juros.

O futuro depende do programa do próximo presidente, mas também da economia mundial. As notícias recentes nessa área não são boas. O J P Morgan, por exemplo, piorou sua estimativa para a economia norte-americana (queda de 2% do PIB neste trimestre e no próximo) e europeia (queda de 1% no mesmo período). Como o Japão já está em recessão, o risco de recessão global é o pior em 40 anos.

Uma questão crucial é saber se esse cenário afetará, de forma duradoura, o fluxo de capitais para países emergentes. Desde o século 19, o mundo vive ciclos periódicos de abundância de liquidez em países emergentes, seguidos por ciclos de escassez. Na abundância, os países se endividam e crescem; na escassez, entram em moratória e recessão.

O ciclo de liquidez dos anos 90 não teve precedentes, como mostram dados do FMI (veja o gráfico na pág. 352) sobre o fluxo líquido de recursos privados para países emergentes. Nos anos 70, que marcaram um ciclo de abundância cujo desfecho foi a crise da dívida dos anos 80, a média do fluxo foi de US$ 19,9 bilhões/ano (entre 1973 e 1981). No ciclo de abundância dos anos 90, de 1989 a 1997, a média foi de US$ 125 bilhões/ano, seis vezes mais do que nos anos 70. Se for considerado o pico do fluxo dos anos 90, de 1991 a 1997, a média anual sobe a US$ 153 bilhões, ou oito vezes mais do que nos anos 70.

Quando se comparam os dados dos anos 90 com os da "década perdida" dos 80, o contraste é impressionante. De 1982 a 1988, a média foi de US$ 9,5 bilhões/ano. De 1989 a 1997 a média foi 13 vezes maior e, de 1991 a 1997, foi 16 vezes maior.

Desde a crise da Ásia, em 1997, contudo, a média caiu para US$ 42 bilhões/ano. Representa um terço da média dos anos 90, embora ainda seja o dobro dos anos 70.

Os principais beneficiários dos dois bons ciclos de liquidez foram a Ásia e a América Latina. Nos anos 70, a América Latina tomou 2,3 vezes mais do que a Ásia. Entrou em crise nos anos 80 e a posição se inverteu: a Ásia tomou 7,6 vezes mais. Nos anos 90, a Ásia tomou 29% mais: US$ 48,5 bilhões/ano, comparados a US$ 37,5 bilhões na América Latina.

A retração pós-1997 aconteceu principalmente na Ásia, cujo fluxo anual ficou negativo em US$ 13,6 bilhões/ano de 1997 a 2000. Na América Latina, o fluxo foi positivo, em US$ 40,6 bilhões/ano, em 1999 e 2000. O fortíssimo ajuste externo da Ásia veio com gigantescas recessões. Na América Latina, o ajuste foi menor e, portanto, é maior a vulnerabilidade a uma mudança no ciclo mundial de liquidez.

O fato é que, desde 1997, a tendência tem sido de retração progressiva dos investidores em países emergentes. O FMI prevê fluxo negativo de US$ 1,4 bilhão este ano (a Ásia com menos US$ 22 bilhões e a América Latina com US$ 39 bilhões positivos). Para 2002, a previsão é de recuperação: US$ 71 bilhões, sendo US$ 57 bilhões na América Latina e menos US$ 3,5 bilhões na Ásia.

Tudo vai depender da intensidade e duração da recessão mundial e de saber se o que aconteceu, nos últimos anos, foi o início de uma virada no mais espetacular ciclo de liquidez da história ou apenas uma pausa temporária. Países com grandes passivos externos, como o Brasil, dependem dessa resposta.

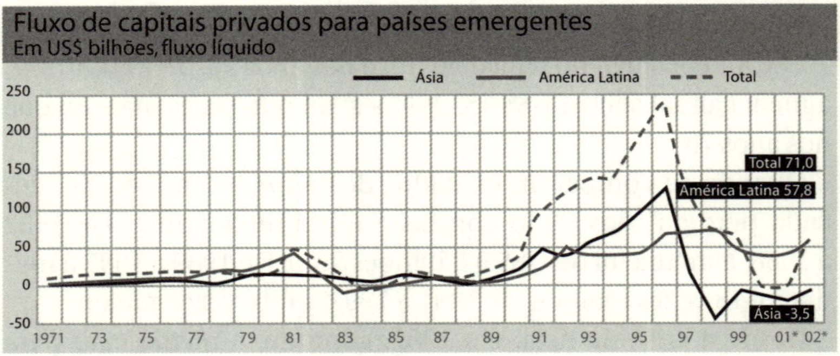

Fonte: FMI e World Economic Outlook (Base de dados de Out/01) * Projeção

Valor Econômico e *Folha de S.Paulo*, 8/11/2001.

Bacha vê virtudes no "argentino"

A solução encontrada pela Argentina, de emitir uma nova moeda, não conversível, é exatamente a saída proposta pelo economista Edmar Bacha, há algum tempo. Não é milagre nem panaceia, mas tem sua lógica e, a seu ver, pode gerar alguma reativação a curto prazo.

Bacha, do banco BBA e presidente da associação dos bancos de investimento (Anbid), argumenta que a criação da nova moeda, o "argentino", foi uma saída menos traumática, politicamente, do que seriam a desvalorização ou a "pesificação" (transformação para pesos das dívidas em dólares). Na situação atual argentina, não dá para ignorar o impacto político de qualquer solução.

As pesquisas de opinião do final de semana (dezembro de 2001) mostraram que 79% dos argentinos continuam contra a desvalorização, mas 45% são contra a conversibilidade, que passou a ser associada à recessão. Ao criar uma nova moeda não-conversível, o governo acabou, na prática, com a conversibilidade (cuja regra básica é só emitir moeda com lastro em dólar, o que o argentino não terá). Os argentinos vão gerar liquidez e permitir alguma reativação. Quanto mais sua imagem for associada à reativação e à criação de empregos, mais fácil será sua aceitação.

E os pesos, que continuam conversíveis em dólares? O governo já definiu que quem quiser sacar pesos pode fazê-lo, mas receberá argentinos. Bacha diz que a lógica supõe, também, algum tipo de congelamento, talvez por um ano, dos depósitos em dólares e conversíveis em dólares.

Se for assim, a circulação de argentinos tenderá a aumentar. A conversibilidade fez com que o volume de pesos em circulação caísse de 15 bilhões, em 2 de janeiro, para 10 bilhões, em 19 de dezembro. Uma contração monetária de 33% é um contrassenso para uma economia com o PIB em queda livre.

Bacha diz que numa economia em depressão, com altíssima capacidade ociosa, obviamente existe espaço para emissão monetária e para crescer sem pressão inflacionária. O constrangimento externo, que impedia o crescimento, está suspenso pela moratória. Ele acha que há chances de alguma reativação a curto prazo, se não se cometer nenhuma loucura, como dobrar o salário mínimo. Se a reativação vier, diz ele, é provável que o presidente interino, Adolfo Rodríguez Saá, concorra às eleições presidenciais diretas, em março [de 2002], com boas chances de vitória.

Um problema gravíssimo, contudo, continua intocado. A população e as empresas argentinas têm uma forte dívida em dólares. O argentino, obviamente, sofrerá uma desvalorização em relação ao dólar. Quem receber em argentinos terá sérios problemas para honrar suas dívidas em dólares.

Bacha acha inevitável haver uma grande renegociação, com a fixação de regras para diferentes tipos de dívidas (imobiliária, para bens de consumo etc.). No fundo, o governo terá que arbitrar perdas enormes, uma tarefa que, por enquanto, nem sequer entrou na agenda.

Outro problema óbvio, lembra o economista Cláudio Haddad, do Ibmec, é como racionar as reservas cambiais. Hoje elas somam US$ 14,4 bilhões. Como não são suficientes para atender a demanda, o governo terá de definir prioridades: quais dívidas poderão ser pagas. Pode ser um processo longo, complicado, e afetar até a capacidade operacional da economia. Haddad concorda, contudo, que há espaço para emissão não inflacionária da nova moeda e para alguma reativação de curto prazo.

Valor Econômico e *Folha de S.Paulo*, 27/12/2001.

Posfácio

Mais desafios ao crescimento

Do final do regime militar à vitória de Lula em 2002, poucos países do mundo viveram uma trajetória econômica tão acidentada e turbulenta quanto o Brasil. Naturalmente, a sucessão de crises conjunturais pelas quais passamos nesse período – surtos inflacionários, congelamentos, trocas de moeda, expurgos, confiscos, moratória externa, crise cambial – encurtaram o horizonte do debate sobre os rumos da economia. Quando a emergência bate à porta, as atenções convergem para o desafio de curtíssimo prazo e tudo mais fica relegado a um plano secundário.

Com o advento do Plano Real em 1994 e a conquista da estabilidade, contudo, esse quadro começou a mudar. Após longa ausência, os problemas de fundo do crescimento sustentado e das reformas estruturais necessárias para alcançá-lo gradualmente voltaram ao debate público e à pauta do noticiário econômico.

As análises de Celso Pinto reunidas neste volume refletem de forma cristalina esse movimento. Com extraordinária lucidez e sentido de relevância, seus artigos do período pré-Real souberam destrinchar, no calor da hora, a natureza e o desenrolar das crises sucessivas pelas quais passamos. Virada a página da estabilização, entretanto, notamos o alargamento do horizonte temporal de análise e a ênfase conferida a temas cruciais do crescimento de longo prazo, como mercado de capitais, reformas microeconômicas, informalidade, política industrial e papel do Estado no investimento em infraestrutura. É precisamente nesse contexto que Celso Pinto formula a grande questão que, suspeito, vai nos acompanhar por bom tempo ainda, e sobre a qual ofereço algumas reflexões a seguir: como crescer sem capital?

Primeiro a foto: onde estamos? Do ponto de vista da produção média por habitante ou PIB per capita, os países do mundo podem ser classificados em três grandes grupos. O Brasil representa um caso intermediário entre os polos extremos representados aqui pela Índia e pelo Canadá (a escolha dos países é um tanto arbitrária – o importante é que eles sejam uma boa *proxy* do grupo a que pertencem).

Com uma população 5,9 vezes maior que a brasileira, a Índia tem um PIB per capita (ajustado pelo poder de compra do rupee na própria Índia) de US$ 2.500 anuais. Quer dizer: mesmo que a distribuição de renda na Índia fosse perfeitamente igualitária, isso só teria como resultado condenar toda a população do país à pobreza. A produção média por habitante na Índia é tão reduzida que não há cenário distributivo concebível que permita à massa da população sair de uma condição precária de vida.

No outro extremo está o Canadá. Com uma população relativamente pequena (a do Brasil é 5,6 vezes maior), os canadenses têm um PIB per capita (ajustado) na casa dos US$ 29 mil anuais. Ou seja: mesmo que a distribuição de renda no Canadá fosse tão desigual quanto ela é no Brasil, isso não condenaria a parte mais pobre de sua população a viver na miséria. Se os 50% mais pobres do Canadá recebessem apenas 13,5% da renda nacional canadense, isto é, a proporção da renda brasileira recebida pelos 50% mais pobres da nossa população, essa metade mais pobre dos canadenses ficaria ainda com uma renda média de US$ 7.850 ao ano, ou seja, 4,6% acima da renda média dos brasileiros (inclusive, é claro, a metade mais rica da população).

Se a renda desses 50% mais pobres canadenses fosse bem distribuída entre eles, isso produziria uma sociedade profundamente desigual, mas que, graças ao seu alto PIB per capita, estaria livre de carências materiais graves. A produção média por habitante canadense é de tal ordem que mesmo o pior cenário distributivo não provocaria nada parecido com o que se vê por aqui. Tudo considerado, e mesmo levando em conta o peso da economia informal nos diferentes países, o valor gerado a cada ano pelo trabalho de um canadense é, em média, cerca de 12 vezes maior do que o gerado por um indiano e 4 vezes maior do que o gerado por um brasileiro.

Até aqui a foto: o simples registro de uma situação de fato. O que mais importa, no entanto, é o filme, ou seja: o enredo que produziu esse instantâneo e que determinará a trajetória futura. A essência do crescimento, em sentido estritamente econômico, consiste na elevação continuada do PIB per capita. A situação presente resulta de um percurso e carrega um amanhã. Como explicar as enormes diferenças de PIB per capita observadas na economia mundial? Quais são os principais determinantes do crescimento, ou seja, das taxas de variação do PIB per capita em diferentes países? E o que as respostas a essas perguntas podem nos dizer sobre o fraco desempenho recente e as perspectivas de nossa economia nos próximos anos?

As causas dos enormes diferenciais de produção média por habitante no mundo são fundamentalmente duas. A primeira é o estoque de capital físico e capital humano por trabalhador. A diferença de produtividade entre o canadense, o brasileiro e o indiano, para ficarmos nos termos do exemplo, claramente não decorre do fato de que o número de horas trabalhadas seja desigual. O que faz diferença é o fato de que os países de alta renda investiram na formação de um estoque de capital que permitiu trocar enxadas por tratores e o mundo do roçado pelo mundo da informática. Esse capital potencializa a produtividade da hora trabalhada. É a existência de uma enorme massa de trabalhadores sem qualificação, ocupando empregos de ínfima produtividade ou subempregados que deprime o PIB per capita dos países de menor renda. A importância crescente do capital humano no mundo contemporâneo transparece na estimativa feita por Robert Fogel e Gary Becker de que ele hoje representa nada menos que cerca de dois terços do estoque total de capital na economia norte-americana.

O segundo fator responsável pelas diferenças de PIB per capita é a eficiência alocativa do sistema. Não basta a existência de uma dotação adequada de recursos produtivos para garantir um elevado nível de produção média por habitante. É igualmente fundamental que esses recursos estejam de fato empregados nos setores e ramos de atividade em que eles são mais rentáveis, ou seja, em que a sua produtividade marginal seja a mais elevada. Mas, para que isso aconteça, é necessário que o ambiente institucional e as regras do jogo econômico (direitos de propriedade, grau de abertura comercial, segurança jurídica etc.) promovam a eficiência alocativa, estimulando os indivíduos e as empresas a direcionarem os seus recursos e talentos para as atividades em que o seu potencial de geração de valor é maior. A diferença de PIB per capita entre as duas Alemanhas antes da queda do muro de Berlim torna patente o impacto da eficiência alocativa num contexto em que o capital humano per capita era basicamente uniforme nos dois países.

O estoque de capital físico e humano e a eficiência alocativa determinam o *nível* do PIB per capita: a disparidade entre um Canadá, um Brasil e uma Índia. Mas eles nada nos dizem sobre as *variações* do PIB per capita ao longo do tempo, ou seja, sobre o ritmo de mudança e os determinantes do crescimento.

O primeiro passo aqui é distinguir com clareza duas realidades distintas que se escondem – e muitas vezes se confundem – sob o termo crescimento: uma simples recuperação cíclica (RC), de um lado, e o crescimento sustentado (CS), fruto da formação de capital e ganhos de eficiência alocativa, de outro. Aí reside o ponto crucial, creio eu, para uma análise das causas do baixo crescimento do PIB per capita brasileiro no período recente.

A RC é um movimento de curto prazo e tem fôlego curto. Ela consiste numa expansão da oferta agregada, mas dentro dos limites definidos pela capacidade de produção já instalada. A RC representa, portanto, não mais que uma volta à normalidade após um período em que a economia vinha operando, por algum motivo, abaixo do seu pleno potencial. Tipicamente, numa RC, a melhoria das condições de demanda, estimulada por uma política econômica (monetária e/ou fiscal) mais expansionista ou por aumento das vendas externas (câmbio competitivo, termos de troca favoráveis, crescimento renda mundial), leva os empresários a expandir a oferta via redução da capacidade ociosa. A economia cresce e o PIB per capita sobe porque o estoque de capital físico e humano já existente passa a ser empregado de maneira mais intensa. A RC se desenrola num ritmo desigual entre os setores, alguns reagindo mais rapidamente que outros, mas tende a se difundir com o tempo pelo conjunto do sistema. Trata-se de um ajuste tático do nível de atividade, sem maior comprometimento futuro.

Coisa muito distinta, entretanto, é o CS – um enredo de crescimento com base não na utilização mais plena dos recursos existentes, mas na criação de capital físico e humano por meio da transferência de recursos do presente para o futuro. O fato inescapável é que há um momento a partir do qual a RC se esgota, pois já não há mais capacidade ociosa disponível para acomodar no curto prazo o aumento da demanda. A expansão da oferta passa a depender da ampliação da capacidade de produção por meio de investimentos em formação de capital (infraestrutura, máquinas, edificações, educação, treinamento, P&D etc.). Esse investimento, por sua vez, depende de duas coisas: a) financiamento adequado, ou seja, poupança a custos compatíveis com o retorno esperado dos projetos; e b) um ambiente institucional que promova a eficiência alocativa e estimule o investidor privado a empatar recursos em formação de capital específico. O CS não é uma acomodação de curto prazo, mas fruto de uma aposta no futuro. Ele consiste numa troca intertemporal em que os custos antecedem os benefícios ("pagar agora, viver depois") e o prêmio da espera se materializa, mais à frente, na forma da renda adicional conquistada graças à poupança e aos investimentos feitos.

Por que o Brasil cresce tão pouco? O cerne da resposta, creio, está na distinção entre RC e CS. Entre 1995 e 2005, o PIB real per capita brasileiro cresceu irrisórios 0,9% ao ano em média. Da flutuação cambial de 1999 para cá, a média tem sido 1% ao ano. Em apenas 3 dos 11 anos transcorridos desde o Plano Real a variação anual do PIB per capita ficou acima de 2,8%. Foram os anos em que a economia ensaiou uma retomada do crescimento, mas o movimento – contrariando as expectativas de muitos dentro e fora do governo – teve fôlego curto: 1995, 2000 e 2004.

O problema é que esses três episódios de flerte com o crescimento foram movimentos clássicos de RC, ou seja, basicamente ajustes táticos de curto prazo da oferta provocados por alguma melhora nas condições de demanda interna (política monetária e fiscal) e/ou externa (câmbio e renda mundial). A retração do crescimento em 2005 sem que houvesse qualquer tipo de choque externo ou doméstico (como a "restrição externa" decorrente da crise mexicana em 1996 ou o "apagão" e colapso argentino de 2001) é sem dúvida aquela que melhor ilustra o padrão descrito. Bastaram quatro trimestres de expansão um pouco mais vigorosa do PIB (4T2003 ao 3T2004) para o surgimento de pressões inflacionárias que levaram o Banco Central a se ver compelido a apertar outra vez a política monetária e "retirar o barril de chope quando a festa começava a ficar animada".

A grande questão, portanto, é entender por que a economia brasileira tem flertado com o crescimento (RC), mas não consegue firmar um casamento duradouro (CS) com ele. Os ciclos de redução do juro primário (como entre o 3T2003 e o 3T2004) são perfeitamente capazes de promover a RC, mas eles não têm condições de conduzir a economia ao CS. Não é porque os juros são altos que a RC não leva ao CS, mas é porque a RC não leva a uma retomada dos investimentos e ao CS que os juros precisam ser novamente elevados. Independentemente de acidentes de percurso (crises políticas, choques externos, "apagões" etc.), o desenrolar da RC conduz a uma situação em que os juros básicos atingem o ponto de equilíbrio e não podem mais continuar caindo, sob pena de aceleração da inflação. A partir daí, a RC terá se completado e a grande questão passa a ser o potencial de CS, dadas as condições estruturais e institucionais da economia. Mesmo na ausência de choques que obriguem a autoridade monetária a pisar no freio, há razões para crer que o CS factível no Brasil esteja atualmente em patamar bastante modesto, ou seja, algo em torno de 4% a 4,5% ao ano ou 2,5% a 3% ao ano para o PIB per capita.

Dois fatores limitam hoje o nosso CS factível: 1) um gigantesco *crowding out* fiscal, ou seja, a drenagem de recursos do setor privado para financiar gastos correntes do setor público; e 2) as deficiências do arcabouço jurídico-institucional que definem as regras do jogo econômico e terminam distorcendo o funcionamento normal dos mercados, tolhendo o empreendedorismo e inibindo o investimento privado.

Qual a magnitude do *crowding out* fiscal? A carga tributária bruta atinge hoje cerca de 35% do PIB (o padrão para países de renda média é 20% a 25% do PIB). Apesar disso, o nosso setor público apresenta, em condições normais, um déficit nominal consolidado da ordem de 2% a 3% do PIB. Quer dizer: algo em torno de 37% da renda nacional brasileira é intermediada pelo Estado. O fato espantoso é que, não obstante essa extraordinária cifra, a capacidade de investimento do setor público seja irrisória: a infraestrutura se deteriora a olhos vistos e os alunos brasileiros ficam nas piores colocações nos testes internacionais de aprendizado.

Isso significa que uma parcela expressiva da poupança do setor privado – recursos que poderiam estar financiando os gastos das famílias e das empresas em formação de capital físico e humano – está sendo deslocada para cobrir não investimentos capazes de elevar a renda futura, mas os gastos correntes do "Leviatã anêmico" em que se tornou a federação brasileira (União, 27 Estados e 5.562 municípios). Exemplo: os 3 milhões de aposentados do setor público geram um déficit previdenciário maior que o gasto total do governo (três níveis) com 37 milhões de crianças na rede pública de ensino fundamental. O que o nosso setor público gasta por ano em nome de cada cidadão brasileiro (R$ 4.380,00) supera em 48% a renda média por habitante da metade mais pobre da população (R$ 2.955,00). Não é apenas que "o Estado brasileiro não cabe no PIB brasileiro", como bem resumiu Delfim Netto. Ele agrava a desigualdade, esteriliza recursos e refreia por asfixia o crescimento do PIB brasileiro.

As falhas do arcabouço jurídico-institucional se somam a esse quadro. O investimento privado e a eficiência alocativa dependem de uma estrutura de incentivos adequada e de regras claras e confiáveis para o funcionamento da economia. Embora dotado de vigorosa vocação empreendedora, o Brasil é hoje um dos países mais complicados do mundo para se abrir e fechar empresas. As distorções do sistema tributário e do mercado de trabalho (legislação, encargos e risco contratual) estão empurrando parcelas crescentes da força de trabalho e do setor empresarial para a selva da informalidade: cada um por si e todos (ou quase) na lona. Isso condena milhões de brasileiros a uma existência precária, faz cair a produtividade e mina a motivação de investidores nacionais e estrangeiros em criar novos negócios ou expandir os existentes. A "classe média" das empresas é uma categoria em extinção: o equivalente brasileiro de uma Microsoft dificilmente teria conseguido sair da garagem onde nasceu. Paralelamente, a ausência de um marco regulatório confiável e de agências reguladoras livres da intromissão dos governos inibe os investimentos privados em infra-estrutura e nos setores que dela dependem para crescer.

O PIB per capita é determinado pelo estoque de capital e pela eficiência alocativa. As variações do PIB per capita resultam do fluxo de formação de capital (investimento) e da melhoria do ambiente de negócios (reformas microeconômicas). O Canadá dispõe de um elevado estoque de capital e de instituições que garantem uma alta eficiência alocativa: é um país rico. A Índia, por seu turno, parte de um baixo PIB per capita, mas vem fazendo espetacular avanço graças a um enorme esforço de formação de capital (físico e humano) e reformas pró-mercado: o PIB per capita indiano tem crescido 6% ao ano desde o início da década. Uns têm estoque (Canadá), outros têm fluxo (Índia). O Brasil encalhou a meio caminho entre os dois: estoque medíocre, fluxo anêmico. Medido pela paridade do poder de compra, o PIB brasileiro encolheu de 3,9% para 2,7% do PIB mundial nos últimos 25 anos. Até quando?

Eduardo Giannetti

Índice onomástico

N

P

R

S

Este livro foi impresso em fevereiro de 2009 pela Gráfica Cromosete
sobre o papel chamois fine dunas 80 g/m².